放养孩子

培养孩子自立自信自强的100个法则

谈 旭 ◎ 著

台海出版社

图书在版编目(CIP)数据

放养孩子：培养孩子自立自信自强的100个法则/谈旭著.
--北京：台海出版社，2015.8

ISBN 978-7-5168-0688-3

Ⅰ.①放… Ⅱ.①谈… Ⅲ.①家庭教育 Ⅳ.①G78

中国版本图书馆 CIP 数据核字(2015)第 200050 号

放养孩子：培养孩子自立自信自强的100个法则

著　　者：谈　旭	
责任编辑：王　品	
装帧设计：天下书装	版式设计：通联图文
责任校对：尹丹丹	责任印制：蔡　旭

出版发行：台海出版社

地　　址：北京市朝阳区劲松南路1号　邮政编码：100021

电　　话：010-64041652(发行，邮购)

传　　真：010-84045799(总编室)

网　　址：www.taimeng.org.cn/thcbs/default.htm

E-mail：thcbs@126.com

经　销：全国各地新华书店

印　刷：北京柯蓝博泰印务有限公司

本书如有破损、缺页、装订错误，请与本社联系调换

开　本：710mm×1000 mm	1/16
字　数：320千字	印　张：20
版　次：2015年11月第1版	印　次：2015年11月第1次印刷

书　号：ISBN 978-7-5168-0688-3

定　价：39.80元

版权所有　翻印必究

前 言

PREFACE

1

　　有人说,中国的家长太累,责任心太强。的确不假,许多时候,家长成了孩子的"代办者"。从生活琐事到思考问题都代办到底。其实这样容易使孩子形成依赖性和懒惰性,缺乏自主意识、自理能力和自我调控、管理能力。

　　从教育的角度讲,让孩子学会选择,就是让孩子学会按照自己的意愿办事,发展自己的爱好、兴趣和特长,满足自己的心愿。而中国家长总认为孩子不懂事,一切需要大人包办,养成了孩子的依赖心理,使孩子失去了许多受教育、受锻炼的机会,也失去了学习的机会和了解社会的机会。

　　每个父母都是爱孩子的,但父母不可能永远将孩子庇护在温暖和呵护中,孩子未来的路是要靠孩子自己去走的,培养一个自信、自立、自强的孩子,才是父母对孩子最好的爱。

2

　　我国著名教育家陈鹤琴先生提出"凡是儿童自己能做的事,让他们自己去做"的活教育原则。一般来说,孩子长到两岁左右便有了强烈的"我自己"的独立愿望,慢慢地就开始会有自己动手的愿望,什么事都想自己试一试。如果家长能循循善诱,孩子的独立能力便能不断提高。如帮助孩子逐渐学会自己吃饭、自己穿脱衣服、自己收拾玩具等等;到了三四岁,便可让孩子喂鱼、浇花、帮助妈妈剥豆、分碗筷等;五六岁的孩子可进一步学着自己洗手绢、洗袜子等等。在这些过程中树立独立意识。相反,如果父母不能因势利导地引发孩子蕴藏着的积极性,自觉或不自觉地忽视孩子参与劳动的愿望,就会使孩子失去早日获得自我服务技能的机会,而事事不愿意动手,养成一种依赖性。

现代教育理论已经证明:性格是决定孩子成功与否的关键点,家庭是培养孩子性格的"温床",而父母们则是培养孩子自尊、自信的最佳老师,父母的日常行为对孩子性格的形成具有深远的影响。有什么样的性格,就有什么样的人生。但性格不是天生的,而是后天培养出来的,特别是在儿童和青少年时期,正是一个人性格形成的关键时期。这时如果父母注重对孩子进行积极的性格培养,那么孩子长大成人后就会成为一个具有健全人格的人。

孩子在磨炼意志的过程中,需要非常强的自制力,要能够抵制住来自各方面的压力和欲望。只有专注于做好自己分内的事,才能最终达成自己的目标。坚强的意志力,是孩子能够在困难面前挺过去,不折不挠的关键品质。孩子的意志是从小磨炼出来的,父母要注意在平时的生活点滴中,逐渐提升孩子的意志力。

3

孩子终归要离开父母,开拓比父辈更广阔的发展空间。如果他们从小没有选择的权利,从未体验过选择的滋味,长大后就难以选择适合自己的发展道路,难以迎接各方面的挑战和竞争。因此,当孩子有了自己的主见,而且表示会对自己的选择负责的时候,家长一定要给予积极的支持。即使最后失败了,对孩子来说也是一次难得的经验的积累。而当这种经验积累到一定程度之后,何愁成功不会到来呢?

本书让中国的父母们,走出传统的管理和控制,解放自己的同时也解放我们的孩子,给予孩子充分选择的自由,放飞孩子的理想与智慧,让我们的孩子享受到民主的空气,实现真正的权利分享。相信每一个孩子,在正确"放养"的基础下,都能发挥出最大的潜能,飞扬起生命的旺盛律动。

目 录

CONTENTS

第一章　不挑剔,让孩子插上自信的翅膀 ………… 1
1. 自信是孩子心理成长的"维生素" ……………………… 1
2. 孩子的自信源于家长的信任 ……………………………… 4
3. 用赏识唤醒孩子的自信 …………………………………… 7
4. 孩子的自信心需要父母耐心的培养 …………………… 10
5. 帮助孩子看到自己的长处和优点 ……………………… 13
6. 将自卑消灭在萌芽中 …………………………………… 16
7. 在逆境中磨炼孩子的自信 ……………………………… 20
8. 不要总是责备孩子 ……………………………………… 23
9. 不要拿孩子与别人攀比 ………………………………… 27
10. 让孩子在乐观的心态下充满自信 …………………… 29

第二章　不包办,学会放手让孩子独自翱翔 ……… 32
1. 不要做孩子的保姆,让他尽快学会自理 ……………… 32
2. 让孩子自己的事情自己做 ……………………………… 35
3. 放手让孩子去做力所能及的事情 ……………………… 39
4. 培养孩子最基本的自理能力 …………………………… 42
5. 创造机会,鼓励孩子自强自立 ………………………… 44
6. 让孩子把握自己的选择权 ……………………………… 48

7.让孩子在集体生活中学会独立 …………………………… 50
8.让孩子在做家务中体味独立的快乐 …………………… 53
9.注意培养孩子在家庭事务中的参与意识 ……………… 56
10.培养孩子独立思考的能力 ……………………………… 59

第三章 多份担当,让孩子为自己负责 …………………… 63
1.让孩子知道责任感的重要性 …………………………… 63
2.从小事开始培养孩子的责任感 ………………………… 65
3.为自己的过失负责 ……………………………………… 67
4.面对过错,敢作敢当 …………………………………… 70
5.不要为错误找借口 ……………………………………… 73
6.教育孩子要懂得自我负责 ……………………………… 75
7.教育孩子做事要有计划 ………………………………… 79
8.教孩子做事情有始有终 ………………………………… 82
9.帮孩子摆脱做事拖拉的坏习惯 ………………………… 87
10.让孩子成为一个勇于承担责任的人 …………………… 90

第四章 学会掌控,让孩子轻松驾驭自己 …………………… 95
1.培养孩子的自制力 ……………………………………… 95
2.让孩子学会管理自己的情绪 …………………………… 97
3.让孩子在理智消费中学会克制冲动情绪 ……………… 100
4.教孩子学会控制愤怒的情绪 …………………………… 102
5.教孩子遇事要冷静 ……………………………………… 106
6.让孩子学会抗拒诱惑,加强自我控制能力 …………… 109
7.教导孩子学会克制自己的粗鲁 ………………………… 114
8.教孩子在自我控制中磨炼韧性和耐力 ………………… 117

9.让孩子懂得忍让 ………………………………………… 119
　　10.让孩子坚决抵制和远离庸俗有害的嗜好 ……………… 122

第五章　不做温室花朵,让孩子学会坚强 ………………………… 125
　　1.不要把孩子当成弱者 …………………………………… 125
　　2.培养孩子坚强的性格 …………………………………… 127
　　3.为孩子设置适度的障碍 ………………………………… 130
　　4.让孩子学会直面人生的挫折 …………………………… 134
　　5.放开庇护,让孩子经受磨砺 …………………………… 136
　　6.请允许你的孩子失败 …………………………………… 140
　　7.意志的磨炼要从细微处入手 …………………………… 142
　　8.培养孩子良好的心理承受能力 ………………………… 145
　　9.让孩子保持希望,笑对挫折 …………………………… 148
　　10.让孩子变得越来越坚强 ………………………………… 151

第六章　勇者无敌,让孩子拥有一颗无畏的心 …………………… 155
　　1.勇气,任何时候都不可缺少的性格优势 ……………… 155
　　2.让孩子拥有克服困难的勇气 …………………………… 159
　　3.鼓励孩子勇敢地表现自我 ……………………………… 164
　　4.让害羞的孩子勇敢起来 ………………………………… 166
　　5.敢想敢做的孩子才能成功 ……………………………… 168
　　6.让孩子勇敢做自己 ……………………………………… 171
　　7.让孩子做力所能及的事 ………………………………… 173
　　8.教孩子勇敢地面对"丑恶" …………………………… 175
　　9.体育锻炼,也是意志的锻炼 …………………………… 178
　　10.家长大胆地放手培养孩子从小敢于适度冒险 ………… 180

第七章　不打击,培养孩子当自强的精神 ············ 185
1. 引导孩子,树立远大的理想 ················ 185
2. 指导和帮助孩子树立合理的人生目标 ·········· 188
3. 家长要善于诱发孩子的求知欲望 ·············· 190
4. 激发孩子强烈的进取心 ···················· 193
5. 用荣誉感激励孩子积极上进 ················ 196
6. 激励孩子去学习新知识 ···················· 199
7. 当孩子遇到挫折时鼓励他上进 ·············· 203
8. 让孩子学会激发自己的灵感 ················ 206
9. 不要让你的孩子养成坐享其成的观念 ·········· 209
10. 强化孩子的竞争意识 ···················· 212

第八章　不狭隘,培养孩子更多的立身能力 ············ 215
1. 敢于向权威说"不" ······················ 215
2. 教孩子学会安排自己的时间 ················ 219
3. 让你的孩子心灵手巧 ······················ 222
4. 训练孩子的敏锐的观察能力 ················ 225
5. 从小就要培养孩子灵活的思维能力 ············ 228
6. 让孩子插上想象的翅膀 ···················· 231
7. 提高孩子的领导能力 ······················ 235
8. 培养孩子与人合作的能力 ·················· 238
9. 教孩子学会自我管理 ······················ 242
10. 注重孩子创造能力的培养 ·················· 244

第九章　不苛求,让孩子拥有独立自主的发展空间 ……… 247
1. 试着让孩子自己做决定 …………………………………… 247
2. 不做复读机,培养孩子的主见 …………………………… 250
3. 不要扼杀孩子的个性发展 ………………………………… 255
4. 不要过度指挥孩子 ………………………………………… 257
5. 尊重孩子的兴趣和爱好 …………………………………… 259
6. 给孩子真正自由的空间和时间 …………………………… 263
7. 适当放手,让孩子自己去交友 …………………………… 266
8. 不要随意打断孩子 ………………………………………… 268
9. 要把孩子的权利还给孩子 ………………………………… 271
10. 限制太多,就是让孩子丢掉自己 ………………………… 274

第十章　教孩子安全自救常识,为独立保驾护航 ………… 277
1. 应变能力让孩子的一生更从容 …………………………… 277
2. 教会孩子学会自我保护 …………………………………… 281
3. 镇定自若地面对突发事件 ………………………………… 284
4. 防患未然,培养孩子的安全意识 ………………………… 288
5. 地震发生时躲在哪里更安全 ……………………………… 291
6. 学会科学的避雷 …………………………………………… 294
7. 野外遇火,千万别慌张 …………………………………… 297
8. 告诉孩子:建筑工地不是"新奇"的游乐场 …………… 301
9. 让孩子掌握游泳安全常识 ………………………………… 303
10. 被烫伤怎么办 ……………………………………………… 304

第一章

不挑剔，让孩子插上自信的翅膀

1.自信是孩子心理成长的"维生素"

　　自信心是一种积极的心理品质，是一种促使孩子向上奋进的内部动力，更是一种能使孩子赢得成功的催化剂。

　　爱默生说："自信是成功的第一秘诀。"自信是孩子成长过程中的精神核心，是促使孩子充满信心面对困难，努力完成自己愿望的动力。但它并非与生俱来，必须由家长对孩子从小加以正确引导，使孩子逐渐学会相信自己，建立起自信。

鲁西南深处有一个小村子叫姜村,离县城有十几公里的距离。但就是这个小小的偏僻的村子在方圆几十里以内却声名在外。原来,从很久以前这个小村子每年都会有几个孩子考上大学,读上硕士、博士。久而久之,大学村成了姜村的新村名。

村里只有一所小学校,每一个年级一个班。很早以前一个班级只有十几个孩子。现在不同了,方圆十几个村的家长都千方百计把孩子送到这里来。因为他们觉得把孩子送到了姜村,就等于把孩子送进了大学了。在惊叹姜村奇迹的同时,人们也都在思索着:是姜村的水土好吗?是姜村的老师有教育孩子的秘诀吗?其实村子里的人也不知道这是为什么,但大家都隐隐感觉这件事与当年的那位老教授有关。

事情还得从二十多年前说起。原来的姜村小学也不过是山区里再普通不过的一所小学,可是就在那一年,小学调来了一个50多岁的老教师,听人说这个教师是一位大学教授,不知什么原因被贬到了这个偏远的地方。这个老师教了不长时间以后,就有一个传说在村里流传:这个老师能掐会算,他能预测孩子的前程。他说有的孩子能成为数学家,有的孩子能成为音乐家,有的孩子能成为作家。

之后,大人们发现,他们的孩子与以前大不一样了,他们变得懂事而好学,老师说会成为数学家的孩子,对数学的学习更加刻苦;老师说会成为作家的孩子,语文成绩更加出类拔萃;老师说会成为音乐家的孩子课余时不再贪玩,而开始专心地练习乐谱了。对孩子们再不用像以前那样严加管教,他们都变得十分自觉。因为他们都被灌输了这样的信念:他们将来都是杰出的人,而好玩、不刻苦的孩子都是成不了杰出人才的。

就这样过去了几年,当年的那些孩子要参加高考了。奇迹发生了,他们当中大部分人都以优异的成绩考上了大学。

后来,老教授年龄大了,离开了村子。他把预测的方法教给了新来的老师。那以后,姜村每一年仍然考出一批又一批的大学生。

那位老教授真的是能预测未来的先知吗?当然不是,事情的真相是,

老教授只不过是在那些幼小孩子的心里种下了自信的种子而已。

自信可以克服万难,化渺小为伟大。高尔基说过,只有满怀信心的人,才能在任何地方都自信,沉浸在自己的生活中,并实现自己的意志。反之,一个人如果失去信心,就容易被颓废和绝望所困扰,甚至会毁掉自己的一生。

正如维生素是孩子身体成长所必需的物质一样,自信对于孩子的心理成长也有着不可代替的作用。古希腊哲学家亚里士多德曾经说过,人的一生是否能够有所建树,关键取决于他是否有充足的自信心。自信心对于孩子的发展所起的作用,无论在体力上还是智力上,无论是在生活中还是学习上都是决定性的。自信是孩子各种能力的催化剂,有了自信,孩子的一切潜能都会被调动起来,从而使孩子各方面的能力都得到最优秀的发挥。

因此,家长要从小就注重对孩子自信心的培养。不然,孩子就很可能会因为缺少自信的"滋养"而导致"营养不良"。

(1)重视和保护孩子的自尊

孩子一般都很敏感,有很强的自尊心,如果自尊心受到伤害,就会对他们的自信造成打击。所以,父母要重视和保护孩子的自尊心,不要讽刺和挖苦孩子;不要拿别的孩子的优点与自己孩子的不足进行比较;不要在别人面前惩罚孩子;如果孩子犯错,父母不要一味地指责;要时常倾听孩子的想法和建议,不要乱施权威。只要父母重视和保护孩子的自尊,对孩子多一些肯定,少一些责怪,那么孩子的自信心就一定能够培养起来。

(2)利用成就感培养孩子的自信

任何微小的成功都能增强人的自信,孩子也一样。一个孩子每获得一次小小的成功,胜利的喜悦都会让他产生成就感,在成就感的鼓舞下,孩子会期望自己下一次做得更好。作为家长,要利用孩子的成就感来培养孩子的自信,让他通过点滴的成功不断增加自己的成就感。这样,经过

每一个小小的成功,孩子的自信心就会一分一分地积累起来。

(3)用全面的眼光看待孩子

孩子素质的发展是由很多方面构成的,家长不应该只是盯着学习成绩一个方面。孩子的性格,孩子的文明礼貌,孩子的劳动表现,孩子的交际情况,孩子的文体才能,孩子的兴趣爱好,孩子的动手能力,孩子的卫生习惯等等都需要父母给予全面的关注。父母不仅要看到孩子的缺点,还要充分认识到孩子的优点,这样才能在教育孩子的过程中给孩子积极的鼓励,然后让孩子在这些鼓励中不断建立自信。

(4)让孩子学会积极的自我暗示

对于那些做事缺乏信心、存在自卑感的孩子来说,父母在不断肯定他们的微小进步、指出他们闪光点的同时,更要教会他们如何面对困难和挫折。父母要让孩子学会积极的自我暗示,即在面对挫折和困境的时候应该这样对自己说"我可以的","只要再努力一点,我就一定会做好的","我不会被困难吓倒"等等,通过这些积极的自我暗示,孩子就会增强克服困难和挫折的信心。

2.孩子的自信源于家长的信任

一个人之所以自信是因为他首先获得了他人的信任;而失去了他人的信任,其信心也必将受挫。晓于此理的父母就不难理解孩子在信任的环境中更容易走向成功的奥秘。

何燕妈妈小的时候因为成绩不够理想没有考上心仪的大学,因此在

后来的职场中受到了很多挫折,所以特别在意何燕的学习成绩。她觉得何燕本来就不聪明,就更该好好努力。"笨鸟先飞嘛。"何燕妈妈总是这样对何燕说。

在妈妈的督促下,何燕每天都很用心地做作业,周末去上课外班,所有课余时间都扑在各种参考资料上,生怕自己掉队,惹妈妈不高兴。

然而,就算是这样,妈妈对何燕的学习仍然不是很放心,她每天都会检查何燕的学习进度,要是哪天何燕稍微耽搁了一点,立刻就是一顿批评:"何燕,看你现在这样子,没人家聪明还学人家偷懒,以后能考上哪所学校?"

何燕感到压力很大。有时晚上在床上翻来覆去地睡不着,担心万一到时候自己真的考不上该怎么办,又觉得自己不是很聪明,就算努力了,以后考个好学校的机会也不大,到时候妈妈是不是就不会喜欢自己了。

何燕越想越睡不着,第二天去上课也没什么精神。妈妈知道了何燕课上的表现不够好,晚上对何燕批评得更加严厉。

时间久了,何燕也觉得自己根本不可能考上好学校,渐渐变得自卑了起来。

每个孩子都希望从父母那里得到前进的勇气,也希望自己能成为父母眼中的骄傲。然而,家长不信任孩子,或口头上信任,行动上却表现得对孩子毫无信心,都是对孩子自信心的严重打击。上述事例中,妈妈对何燕的不信任,给他留下了一个错误的印象——学习对他来说很困难。妈妈经常对何燕的能力表示怀疑,何燕也就逐渐认可了自己"不够聪明,肯定学不好"的错误观点。像这样,家长对于孩子长时间地一再否定,慢慢地就使孩子的自信心被消磨干净了。

家长的态度往往会直接影响孩子对自己的评价。孩子总是受到消极的暗示,自信心经常被家长打击,往往就会产生自我怀疑的念头,认为自己处处不如人。家长如果不信任孩子,总是质疑孩子是不是在说谎、做了

坏事,孩子就会对家长产生抵触情绪。如果家长总是误会孩子,孩子很可能变得不再信任家长,一旦做了错事就撒谎隐瞒,甚至在意气之下把家长当成敌人,专以做家长禁止的事情为荣。

陶行知先生曾说过这样的话:"教育孩子的全部秘密在于相信孩子和解放孩子。"应该学会信任孩子,家长不仅要有口头上的信任,还要在行为上做到信任,做到言行一致。多说鼓励,少讲质疑,家长相信孩子,对孩子满怀期待,孩子才会对自己更有信心。

学会相信孩子,对家长来说也是一项考验,下面有几点建议供各位家长参考。

(1)相信孩子能独立面对挑战

很多家长都经常这样做:口头上说信任孩子,然而日常生活中,孩子一旦遇到稍有难度的事情,家长就以"你做不到"为名主动代劳。其实,这样的做法并不利于孩子的成长。

孩子都有好奇心,乐于面对挑战,很少会因为一时的失败而一蹶不振。他们成长和进步的速度都非常快,善于学习和模仿,他们渴望独立面对挑战,以向家长证明自己。因此,信任孩子,家长们应该尽量放开自己的顾虑,相信孩子有直面挑战的能力,信任孩子能够承受失败的后果,鼓励他们主动去做。

(2)相信孩子的建议能为家庭决策提供帮助

让孩子参与家庭重要决策的讨论,也是让孩子感到自己是被信任的有效方法。

在作出重要的决定时,家长不要认为小孩子不懂事就觉得没必要让他们参与。其实,孩子对于家里的大事也会有自己的看法,孩子的视角同样有可取之处。孩子渴望自己被信任,渴望能够帮上家长的忙。让孩子像大人一样参与重要家庭决策的讨论,就是对孩子思想、能力信任的直接体现。

在进行讨论时,如果孩子的建议不可取,家长应该认真地解释,而不是随意哄孩子两句就忽略这件事。让孩子感到自己的提议确实是被认真考虑过的,让孩子明白他的确是通过自己的思考为家庭做出了贡献,孩子会从中体会到家长对他的信任,从而更加自信。

3.用赏识唤醒孩子的自信

每个孩子在成长的过程中都会遇到许多事情,有些是孩子能够解决的,而有些则是在孩子的能力范围之外的。在处理这些事情和问题的时候,也是孩子的自信心不断受到挑战的时候。如果父母不能给予孩子足够的鼓励、欣赏和肯定,孩子的自信就会受到打击。久而久之,孩子就会因为缺乏自信而放弃不断尝试、不断进取的意识,最终孩子就永远无法获得成功、取得进步。

所以,当孩子面临挫折的时候,父母需要用自己的强有力的支持和赏识来唤醒孩子的自信。事实也证明,来自亲人的尤其是父母的赏识、鼓励和信任将会是孩子一辈子的财富。

在上学的时候,迪斯尼就对绘画和冒险小说特别感兴趣,并很快读完了马克·吐温的《汤姆·索亚历险记》等探险小说,他梦想着自己以后一定要把故事变成图系。

一次,上小学的迪斯尼出色地完成了老师布置的绘画作业:把一盆花的花朵画成了人脸,把叶子画成人手,并且每朵花都以各种表情来表现着自己的个性,但当时的老师根本就无法理解孩子心灵中的那个美妙的世界,竟然认为迪斯尼是在胡闹,并当众把他的画撕得粉碎。当迪斯尼反抗时,老师则更加严厉地批评了他,并告诫他以后不许胡闹。

委屈的小迪斯尼很不高兴地回到家里。父亲见了沮丧的他就问缘由，听完小迪斯尼的描述，父亲就亲切地对他说："我认为你的画很有创意，只要你足够努力，并始终坚持下去，你一定会成功的。不管别人怎样评价你，爸爸都相信你。你自己也要记住，你能不能成功不在于别人怎么看你，不在于你现在是否失败，关键是你自己怎么想和你能不能持续努力。"迪斯尼牢牢地记住了当时父亲的这句话。

第一次世界大战时，迪斯尼报名当了一名志愿兵，在部队中做了一名汽车驾驶员，闲暇的时候他就创作一些漫画，并寄给一些幽默杂志。虽然他的作品几乎都被退了回来，但是他记住了爸爸的话，他知道自己一定能够成功。

1923年10月，迪斯尼和哥哥罗伊在好莱坞一家房地产公司后院的一个废弃的仓库里，正式成立了属于自己的"迪斯尼兄弟公司"，他创造的米老鼠和唐老鸭几年后享誉全世界，并为迪斯尼赢得了27项奥斯卡金像奖，使他成为世界上获得该奖最多的人。

可见，孩子的自信心除了自我激励外，也需要来自父母的赏识。父母如果能够给孩子充足的赏识，不断激励孩子，相信他是世界上最聪明的人，对他的前途充满希望，孩子就会逐渐自信起来。

第一次参加家长会，幼儿园的老师说："你的儿子有多动症，在板凳上连三分钟都坐不了，你最好带他去医院看一看。"

回家的路上，儿子问她，老师都说了些什么，她鼻子一酸，差点流下泪来。因为全班30位小朋友，唯有他表现最差；唯有对他，老师表现出不屑。

然而她还是告诉她的儿子："老师表扬了你，说宝宝原来在板凳上坐不了一分钟，现在能坐三分钟了。其他同学的妈妈都非常羡慕妈妈，因为全班只有宝宝进步了。"

那天晚上，她儿子破天荒吃了两碗米饭，并且没让她喂。

儿子上小学了。

家长会上,老师说:"全班50名同学,这次数学考试,你儿子排第49名,我们怀疑他智力上有些障碍,您最好能带他去医院查一查。"

回去的路上,她流下了泪。

然而,当她回到家里,却对坐在桌前的儿子说:"老师对你充满信心。他说了,你并不是个笨孩子,只要能细心些,会超过你的同桌,这次你的同桌排在第21名。"

说这话时,她发现,儿子暗淡的眼神一下子充满了光,沮丧的脸一下子舒展开来。

她甚至发现,儿子温顺得让她吃惊,好像长大了许多。第二天上学时,去得比平时都要早。

孩子上了初中,又一次开家长会。

她坐在儿子的座位上,等着老师点她儿子的名字,因为每次开家长会,她儿子的名字在差生的行列中总是被点到。

然而,这次却出乎她的预料,直到结束,都没听到。

她有些不习惯。临别,去问老师,老师告诉她:"按你儿子现在的成绩,考重点高中有点危险。"

她怀着惊喜的心情走出校门,此时她发现儿子在等她。

路上她扶着儿子的肩,心里有一种说不出的甜蜜,她告诉儿子:"班主任对你非常满意,他说了,只要你努力,很有希望考上重点高中。"

高中毕业了。

第一批大学录取通知书下达时,老师打电话让她儿子到学校去一趟。

她有一种预感,儿子被清华大学录取了,因为在报考时,她对儿子说过,她相信他能考取这所学校。

儿子从学校回来,把一封印有清华大学招生办公室的特快专递交到她手上,突然转身跑到自己的房间里大哭起来。他边哭边说:"妈妈,我知道我不是个聪明的孩子,可是,这个世界上只有你最能欣赏我……"

要想让孩子自信起来,父母的赏识是最好的武器。父母要在生活中给孩子尽量多的赏识,让孩子意识到自己无论何时都是父母的骄傲,无论何时父母都是爱自己的,这样孩子就能够从父母的赏识中得到足够的鼓励和自信。

4.孩子的自信心需要父母耐心的培养

刘柔爸妈都是公司的老总,在公司习惯指挥别人,回到家也为女儿规划好一切,由于见惯了优秀的人,对女儿的要求也极其高,女儿稍有令他们不满意之处就严加批评,久而久之,刘柔变得没有一点自信。

为了重塑女儿的自信,刘柔爸妈也改变了一些教育方法,尝试着多夸奖孩子,刘柔言语中也渐渐地恢复了一些自信,爸妈见势又恢复了以往的方法。这次的学校才艺表演是爸妈帮她报的名,他们就是想要女儿证明自己优秀。没想到,刘柔竟然在一个简单的舞步上出了差错,摔倒在地,台下观众一片哄笑,刘柔爸妈觉得没有面子,就批评了她一顿。

自从那次表演失败后,刘柔有些不一样了,虽说还是每天按时上课、练舞,但她好像对自己特别狠了,回到家就关进书房,闭门写作业,连吃饭都不出来,写完作业后,又开始练芭蕾,直到晚上睡觉音乐都没停过。爸妈刚开始很高兴,认为女儿在努力了。可日子久了,爸妈开始有些不安了,这么练下去身体哪吃得消。

一天,爸爸妈妈突然听到重重的撞击声,赶紧拿了备用钥匙开了门,眼前出现了令爸妈惊讶的一幕,刘柔跌坐在地上,看见爸妈,满面凄然地说道:"妈妈,我不行,我根本做不到……"看着女儿泣不成声,爸爸妈妈才知道自己把孩子逼得太紧了,一个劲地想要孩子早点恢复自信,却从没想过孩子的感受,反倒给孩子的自信心造成更大的伤害。刘柔现在的状态,看来得要更长的时间才能恢复。爸妈既心疼又后悔。

自信心是孩子抵御挫折和打击的屏障,是孩子未来成功的保障。刘柔父母显然意识到了它的重要性,及时地采取了应对措施,并收到了一定效果,只是他们太急功近利了,迫不及待地想收获成果,反倒伤害了孩子。

有些家长在教育方面往往是没耐心的。孩子接受教育不仅仅是为了他们自己的未来,同时也背负了家长的希望。家长把自己没完成的梦想,把自己的面子都压在孩子身上,教育变成了一场赌博,就很难做到耐心地教育孩子。

比如,有些家长陪孩子背书时,孩子背个三四遍还可以耐下性子来听,可当一首古诗背了一下午孩子都没记住时,家长们就会没了耐心,指责孩子没有用心或是直接骂孩子笨。孩子或许很用心地在背,只是古诗实在拗口,家长们从来没有注意到在责备孩子的时候,孩子脆弱的自信心已经被挫伤。

自信是一种性格,长于内,不显于外,不能像花花草草一样看得见生长情况,而且孩子自信的培养是一个漫长和反复的过程,需要家长长期耐心的培养。

(1)耐心对待孩子的要求,多听听孩子的想法

研究发现,孩子三岁起就有了被尊重、渴望被平等对待的想法。父母们平时对孩子说的话"小孩子懂什么"、"大人的事,小孩别管"等,这些都在不经意间伤害了孩子的自信心。

有一天,妈妈在洗碗,被儿子神神秘秘地叫到一旁。"妈妈,你看我的裤子破了。"妈妈本来想开口教训他,可看到儿子脸上的神色,便忍住问

起原因,儿子告诉她自己因为给邻居小妹妹找猫而被铁丝钩烂了裤子,说起邻居小妹妹不再哭了,他的眼中还有几分得意。妈妈十分开心地夸奖了他。妈妈很庆幸没有一开始时就批评他,否则多么伤害孩子的自信啊,或许以后孩子就不会做这些事了。

教育家苏霍姆林斯基说过:"善于听孩子们说话是一种了不起的教育艺术。"从现在起,耐心倾听孩子的心声,给孩子建立一份自信吧。

(2)家长在行为和言辞中要顾及孩子的想法

成人说话做事往往注意分寸,而对待自己的孩子则随意得多,家长们总为孩子还小,对孩子说话做事不太注意,某些行为不经意间就伤害了孩子幼小的心灵。

一天,妈妈去幼儿园接孩子回家,刚好碰到一个朋友,就说起了各自的小孩,都是家长之间相互谦虚的话,妈妈说了些"我家的小孩又皮又闹,整天不得消停","一点都不自觉,上课爱动,不爱听讲"之类的话。有些是真的,有些纯属敷衍的话。没想到女儿竟然拉下了脸,拒绝了她最爱吃的肯德基,回到家,一本正经地对她说:"妈妈,我对你今天的话很失望,我本来今天得了朵小红花的。"妈妈看着女儿严肃的样子竟然第一次没有笑,她不知道自己的话会对女儿造成这么大的影响,也不知道自己的这个做法很有可能打击孩子的自信心。

这只是生活中的一个小片段,家长们或许从来没有想过要打击孩子的自信,但这种行为却在不经意间伤害了孩子。家长们要细心和耐心地照顾孩子的想法。

(3)让赞赏孩子成为生活中的常事

很早之前,教育家就提出了一种赞美教育法,顾名思义,这种方法就是以赞赏为手段教育孩子。教育学家对比几国孩子,发现美国的孩子普遍都很自信,就算是一些学习不好的孩子依然在举止上透着一股自信。这就与美国的教育方法有关,在美国最常听到父母对孩子说的一句话就是"宝贝你做得真棒",孩子的每一点进步都是值得鼓励的。这一点很值得中国的家长学习。

(4)允许孩子失败,鼓励孩子大胆尝试

没有人是天生的成功者,所有的成功都经过了无数失败汗水的浸渍。爱迪生在灯泡发明成功之前,经过了超过五千次的失败;阿里巴巴集团和淘宝创始人马云考上大学之前经历了三次高考失败。父母们应该支持孩子的每一次尝试,更要鼓励孩子从失败中吸取教训,取得成功。

5.帮助孩子看到自己的长处和优点

有一位落魄的青年流浪到了巴黎,他期望父亲的朋友查尔斯叔叔能帮助自己找一份谋生的差事。

"数学精通吗?"查尔斯问。青年羞涩地摇头。

"历史、地理怎么样?"青年还是不好意思地摇头。

"那法律怎么样?"青年窘困地垂下头。

查尔斯接连地发问,青年都只能摇头告诉对方——自己似乎没有任何长处,连丝毫的优点也找不到。

"那你先把自己的住址写下来,我总得帮你找一份差事做。"查尔斯最后说。

青年羞涩地写下自己的名字和住址,转身要走,却被查尔斯一把拉住了:"你的名字写得很漂亮嘛!这就是你的优点啊!"

把名字写好也算一个优点？青年在对方眼里看到了肯定的答案。

"我能把名字写得叫人称赞，那我就能把字写漂亮，能把字写漂亮，我就能把文章写得好看……"受到鼓励的青年，一点点地放大自己的优点，他脚步立刻轻松自信起来。

数年后，青年果然写出享誉世界的经典作品。这个年轻人就是家喻户晓的18世纪法国著名作家大仲马。

可见，孩子自信心的树立，靠的不仅是其他人的认可和肯定，更需要家人对他们的肯定和认同。孩子的思想还不成熟，往往会把别人的话当成自己的观点。这个时候，如果家长总是看着孩子的缺点而对优点全然不提。时间长了，孩子就会对自己产生怀疑，认为自己没有什么优秀的地方。这样的观点一旦形成，家长再去夸奖他、鼓励他，孩子也不会相信了，反而认为家长只是在安慰他们。

这样的孩子本来有出众的能力，却总是不自信，认为自己做不了大事，别人一定比自己更好，时间久了就会变得平庸了。还有一些孩子，本来在大家平时关注的事情上就不够擅长，又被不断地灌输着"你有缺点"、"你有问题"等观念，使得他们不仅在自己不擅长的事情上放弃了挑战的念头，连对本来擅长的东西，也逐渐失去了信心。

由此可以看出，孩子充分了解自己的优点和长处是十分重要的。这样他们才能根据自己的优点，有选择地对不同事物进行尝试和挑战，并从中获得成就感，才能在与他人的比较和竞争中找到自己的优势。因此，在日常生活中，家长们应主动帮孩子找到他们的优点和长处，而不是总盯着孩子的缺点，一味批评指责。

对于如何让孩子发现自己的优点和长处，这下面几点建议供家长们参考。

(1)让孩子每天记下一件自己做的好事

家长可以让孩子在每天睡觉前，在本子上写下一件自认为做得最

好的事情,月末的时候作一个总结,想一想"我这个月都做了哪些事情",然后让孩子在本子上写出对自己的评价。家长可以用另一个本子,每天也写下一件对孩子最满意的事情,月末时把两个本子放在一起分析,把总结出的优点按月份记在本子的最后一页。这样,孩子就可以清晰地看出自己都有什么长处,最近有了什么进步,哪些地方应该继续努力了。

家长要让孩子把这个本子保存下来,在遇到困难时就翻开看看自己是如何一点点进步的,孩子就会变得对未来充满了信心。

这样,既可以及时解决分歧又能避免孩子滋生自负的情绪。家长还可以尝试对孩子的不足之处也用同样的方法与孩子进行交流。亲眼看着自己的缺点一点点减少,也会给孩子带来很大的成就感。

(2)给"缺点"找到适合它发挥的空间

你听过著名化学家、诺贝尔化学奖获得者奥托·瓦拉赫的故事吗?通过这个故事,你会学会给孩子的缺点找到适合它发挥的空间。

奥托·瓦拉赫的父母一直对文学很感兴趣,希望能把他培养成一个文学家。奥托·瓦拉赫因而从小就开始学习文学知识,坚持文学创作。但一直到他上了高中,他所写出的最好的作品依然被老师认为"刻板至极"、"简直无聊得可怕",老师们都认为他很难在文学上有所成就。奥托·瓦拉赫对此感到十分难过,他很迷茫,在文学上没有出路,那自己的未来该怎么办?

这时,一位化学老师向他提出了建议:"不妨来尝试一下学习化学吧!我看过你的文章,作化学研究最需要的就是那样一丝不苟的严谨态度。"

奥托·瓦拉赫半信半疑地开始了尝试。结果没过多久,化学家就成了奥托·瓦拉赫人生的新目标,再没有什么东西比化学更适合他了。

优点和缺点不是绝对的,就像一片树叶的两面。很多时候,缺点只是被放错了地方的优点,称之为特点才更恰当。很早的时候,孔子就提出过

"因材施教"的概念,让奥托·瓦拉赫这样生性拘谨刻板的人去创作无疑是错误的,而化学这样严谨的学科才更适合他。

孩子看到自己身上都是缺点时会很沮丧,其实这只是因为把自己的特点用错了地方而已。

家长们在教育孩子的时候应该注意到这点。如果您的孩子生性活泼好动,总是坐不住,一看书就走神,那就多领他去户外运动,锻炼身体。这时,活泼好动就成了孩子的优点了。家长还可以在玩篮球的时候向孩子提出问题,比如"为什么篮球里都是气还能弹那么高",充分调动起孩子的好奇心,他就会自己去努力找出答案了。

(3)鼓励孩子多在集体活动中作尝试

如果孩子不够自信,总是觉得自己优点太少、缺点太多时。家长不妨鼓孩子多作尝试,多参加大型的、集体的活动。孩子通过集体间的分工合作会找到适合自己的位置,自然也就找到了自己的长处。从大家的口中得到的肯定,会比家长、老师单纯的夸奖更有说服力。

孩子多参加不同类型的活动,通过锻炼也能克服自己的缺点,把短处变成长处。而每次成功后的反思更会让孩子认识到自己的进步和身上的优点,变得越来越自信。

6.将自卑消灭在萌芽中

自卑是一种消极的自我评价或自我意识,对人的个性发展和身心健康有很大的危害。有些孩子无端地怀疑自己的能力,看不到自己的优点,总觉得自己不如人,处处低人一等,悲观失望,感觉有一种无形的压力使

自己不能充分发展,这种心理压力就是自卑感。奥地利心理学家阿德勒认为:"自卑感起源于人在幼年时期由于无能而产生的不胜任与痛苦的感觉。"事实上的确如此,自卑感就像一颗"毒瘤"一样在人体内生根、发芽,并逐渐侵蚀人们的勇气和信心。孩子有了自卑心理后,如果没有家长对其进行正确的引导,那么就有可能因自卑而造成人格的不完善,而这种不完善将影响孩子的一生。

英国学者弗兰克林小时候就有自卑的倾向。他总是抱着"我不行"的态度去面对生活,甚至有时做对了,也还要怀疑自己是错误的。这种自卑倾向对于一个孩子来说是很不幸的。但更为不幸的是,弗兰克林的父母和他的老师都未因此对他进行正确的引导,更没有教给他一些战胜自卑的方法,甚至没有鼓励过他。于是,自卑像一颗"毒瘤"一样根植于弗兰克林的心里。他总是否定自己,不敢承认和正视自己,而这也影响了他一生。

1951年,弗兰克林从自己拍摄的X照片上发现了DNA(脱氧核糖核酸)的螺旋结构,并且就这一发现作了一次演讲。但是,弗兰克林生性自卑,他不相信自己能有如此伟大的发现,因此演讲完之后,他又开始怀疑自己的假说是错误的,并且最终放弃了这个假说。

过了两年,科学家克里克和沃森也从照片上发现了DNA的分子结构,他们提出了DNA双螺旋结构的假说,并且对此进行了不懈地探讨和研究。DNA双螺旋结构的发现和确定,标志着人类生物科学时代的到来,克里克和沃森因此而荣获1962年度的诺贝尔医学奖。

假如弗兰克林的父母在其幼年时就帮助他克服自卑心理,并建立自信,那么长大成人后的他就会把这种自信带进工作中,就会坚信自己的发现与假说,那么这个伟大的科学成果也许会同他的名字一起载入史册。

(1)帮孩子把自卑消灭在萌芽状态

要消灭自卑,其最佳途径就是在孩子幼年时候,父母及时进行正确引导,把自卑消灭在萌芽状态,这样,自卑感就会与孩子无缘。

一位黑人母亲带女儿到商场买衣服。一个白人店员挡住女儿,不让她进试衣间试穿,还傲慢地说:这个试衣间只有白人才能用,你们只能去储藏室里一间专供黑人用的试衣间。可母亲根本不理睬,她对店员说:我女儿今天如果不能进这间试衣间,我就换一家店购衣!女店员为留住生意,只好让她们进了这间试衣间。

又一次,女儿在一家店里摸了摸帽子而受到白人店员的训斥,这位母亲再次挺身而出:请不要这样对我的女儿说话。然后,她对女儿说:康蒂,你现在把这店里的每一顶你喜欢的帽子都试一下吧。女儿快乐地按母亲的吩咐,真把每顶自己喜欢的帽子都试了一遍,那个女店员只能站在一旁干瞪眼。

面对生活中的各种歧视和不公,母亲对女儿说:记住,孩子,这一切都会改变的。这种不公正不是你的错,你的肤色和你的家庭是你不可分割的一部分。这无法改变也没有什么不对。要改变自己低下的社会地位,只有做得比别人更好,你才会有机会。

从那一刻起,不卑不屈成了女儿受用一生的财富。后来,她荣登《福布斯》杂志2004年全世界最有权势女人宝座,她就是美国国务卿赖斯。

在赖斯小的时候,当她面对歧视和不公正的各种待遇时,如果她的母亲要求她忍让,顺从,那么,还有今天的赖斯吗?不会,因为一个被自卑感包围的孩子,是没有勇气和力量去改变命运的。而赖斯的母亲显然意识到了这一点,因此,无论在什么情况下,她都是鼓励赖斯,帮助她驱赶心中自卑的阴影,从而使赖斯能保持自信,并且这种自信又帮助她一步一步走向白宫,走向国务卿那个令万人羡慕的位置。

(2)教育孩子不要过分地和别人比较

适当的比较能促使孩子上进,但过多的比较则容易使人产生心理失衡。很多产生自卑感的孩子,都有一个明显的比较心理。人各有长,各有所短,有的孩子总是忽略了自己的长处,而拿自己的短处与别人的长处相比较,这样越比就越觉得自己不如人,因此自卑感就越重。如果孩子有自卑感,父母则不妨多提提孩子的长处,这样便于增强自信,克服自卑。

(3)让孩子学会积极的心理暗示

一个缺乏信心的人,如同一根受了潮的火柴,是不可能擦亮希望的火光的。由此可见,信心是克服自卑最有效的良药,而自信是建立在正确认识自我与评价自我的基础之上的。因此,凡事相信自己的能力,相信自己的力量与作用,自卑就会逐渐远离我们。

心理学家研究表明:每个人的意识中都有一个理想的积极的自我形象,但这个理想的自我形象并不是总能指导和主宰自己的行为,它经常会受到另一个消极的心理暗示。把"我不行"、"我不能"改为"我能行"、"我能够",这也是弱化自卑心理的一个快捷方法。

(4)告诫孩子不要太在意他人的评价

如果让别人的言行左右自己,自卑就会如同恶魔附身一样,能将你压得揣不过气来。因此,不要太在意别人的评价,自己走自己的路,才更容易成功。

(5)父母要善于发掘孩子身上的闪光点

虽然世上没有绝对完美的孩子,但每一个孩子都有优点,这就需要父母有一双慧眼去发现,并告诉孩子"你是最棒的!"

7.在逆境中磨炼孩子的自信

所有的父母都希望自己的孩子充满自信、积极向上,但现实并非如此。我们常常看到有些孩子根本经受不了任何挫折和逆境的历练,他们就像养在温室的花朵一样,不能承受任何风吹雨打。父母的教育愿望与孩子的现实状况之所以产生如此大的差距,其原因是家长在生活中常常对孩子过于保护,不让孩子经受任何磨炼,尤其当孩子处于逆境的时候,父母总是极力避免孩子受到伤害,长此以往只会让孩子对家长产生依赖心理,使孩子在以后遇到逆境和挫折的时候不敢自己面对,这对于孩子自信心的培养一点好处也没有。相反,那些面对生活中的逆境和不幸,能够坚定自己的信心,在逆境中保持自信的孩子,往往能够战胜困境,笑到最后。

与他的名字不一样,杨光从小就没有多少机会见到阳光。8个月时,因为一场疾病,他双目失明。然而,从小失明的杨光并没有觉得自己跟别人有什么不一样,看不见东西的他反倒是对声音有着特殊的敏感。从两岁起,杨光的父母就发现他很有乐感。那时候电视里正每天播放连续剧《霍元甲》。该剧主题曲《万里长城永不倒》,杨光听电视里唱过两遍之后就会自己唱了,还是纯粤语的。于是每天晚上他就给家人演唱这首歌。

8岁那年,杨光的爸爸给他买了架电子琴,他就整天在家自弹自唱。一个盲人,看不到乐谱,甚至看不到琴键,怎么弹琴呢?其实,杨光自己也不知道怎么解释。他只是凭着自己的感觉去记歌曲的旋律,只要听过一首曲子,他立刻就能弹出来,连他自己也觉得不可思议。由此,杨光觉得自己有音乐方面的天赋,他相信只要勤加练习,自己将来一定能够在音乐方面有所建树。于是他要求父母给自己请老师来辅导,从电子琴到钢琴,15岁那年他又开始学习声乐,在自己不断的努力之下,杨光的歌唱水平有了很大提高。

1998年,杨光考入北京一家残疾人艺术团,但他很快发现那里的生活不适合自己,于是辞职开始了"北漂"生活。那段时间对于他来说特别艰难,他每天住在阴暗潮湿的地下室里,有时甚至困窘到一天只吃一顿饭。为了生计,他卖过手机,去文化公司做过策划。虽然生活艰苦,但杨光始终对自己充满了信心。他认为,凭着自己的努力,自己一定会在北京闯出一番天地来。

果然,机会真的眷顾了杨光。2007年他参加央视《星光大道》,从周赛到月赛,再到年度总决赛,一路过关斩将,笑到了最后。2008年,杨光参加春晚演出,并从此一炮走红。

谁都有身处逆境的时候,但只有充满自信、自强不息、奋斗向上的人才能最终获得辉煌成就。特别是作为孩子,他们正处于心理发育的重要阶段,他们的心理很脆弱。当孩子遭遇挫折,或者身处逆境中的时候,正是锻炼孩子自信心的大好时机,父母千万不要错过这种机会。父母对于孩子的关心是人之常情,但是对孩子过分爱护,不让孩子经历任何逆境和挫折的磨炼,孩子强大的自信心是不会真正建立起来的。没有经过千锤百炼的敲打,再好的铁匠也打不出好刀来;没有经过含辛茹苦的磨炼,再大的海贝也产不出珍珠来。事实证明,不经逆境磨炼的孩子,其自信心也是非常脆弱的,经不起任何挫折的考验。

人生因自信而美丽,生活因自信而精彩。自信的孩子敢于尝试新的领域,他们能够更快地发展自己的兴趣和才华,也更容易获得成功。自信的孩子也更快乐,因为他不会时刻担心和提防失败。在充满自信的孩子眼里,逆境中也能开出绚丽的花朵来。

美国有个叫肯尼的著名摄影师，出生的时候，只有一半身体是健康的。一岁半时，他已经做了两次手术，但腰部以下的神经依旧无法恢复，连坐都成了问题。

医生对肯尼的母亲说，凡事尽量让他用意志力和能力去坚持做，这样便能让肯尼学着独立的生活。母亲听从了医生的建议，总是鼓励着肯尼自己去尝试——无论穿衣服还是抓东西。几个月后，肯尼竟然奇迹般地坐了起来。

后来，肯尼学会用双手支撑着身体走路。他在家里的楼梯、房间木板墙上，钉了许许多多的把手，用以作为支撑自己的着力点。

肯尼上学时，每天都背负着6公斤的假肢和一截假胴体，这使他浑身疲惫，苦不堪言。但在老师和同学们的帮助下，他变得更加自信，相信自己能克服一切困难。

后来，肯尼喜欢上了摄影，经常在闲暇时间带上相机去记录身边的风景。长大后，肯尼成了一名优秀的摄影师，还主演了影片《小兄弟》，成为了一名成功人士。他对记者说："我在生活中没有困难，遇到困难就和大学一样，找出解决方法。"他总是那么自信、乐观，困难于他是再平常不过的了。

这样乐观自信的人，就好像暖暖的阳光，照在哪里都会有人喜欢。肯尼的邻居乔安说："我们喜欢肯尼，因为有了他，我们增加了战胜困难的勇气，我们要像肯尼那样，对生活充满自信！"肯尼的自信、乐观和勇气不仅成就了自己，也激励了身边的人。

身处逆境须自信，自强不息不言弃。当孩子身处逆境的时候，如果家长不能够利用逆境锻炼孩子的自信，那么孩子长大后就会因为缺少自信而经不起生活的考验。如今很多人稍微受到一点挫折和困难就想不开，畏缩不前，自暴自弃，有的人甚至去自杀。这些人正是小时候缺少了自信心的培养和锻炼。父母一定要给孩子灌输这种思想:即使到了绝境,也不要轻易放弃自己,只要有一口气在就有希望,就能够战胜困境。如此,孩子才能够克服困难,经受逆境的考验,在逆境中培养起坚定的信心。

8.不要总是责备孩子

在一堂语文课上,一名学生在朗读课文时把"还有后来人"误读成了"还有后人来"。大家听了都哄笑起来,教室里的严肃气氛顿时化为乌有。

怎么办呢?但见这位老师神态自若,她从容不迫地问:"同学们,你们在笑什么?这位同学念的意思并没有错呀!"

经老师这么一说,教室里静了下来。

她接着说:"'还有后来人'的意思是还有接班人,'还有后人来'的意思是还有人接班。"

这时,教室里鸦雀无声。老师又亲切地说:"当然,意思不变,并不等于说这位同学读对了。他之所以念错,是因为没有看清楚。如果仔细看,认真读,就不会出这种不该出的错误了。我们请他再为大家朗读一遍,好吗?"

学生们听了,情不自禁地鼓起掌来。这时,那位站着的学生情绪更加激昂地读了起来。

对待学生因为马虎犯的错误,老师并没有选择责备学生犯了一个这么低级的错误,而是先给学生解围,给学生宽慰,再要求孩子把正确的重新读一遍。老师这样做,充分维护了孩子的自尊心,也给孩子的进步增添了动力。面对错误,老师的这种方式无疑是对的。但是孩子的教育责任不仅在老师身上,家庭教育对孩子的影响无疑也是不可或缺的一部分。所以作为家长,你是否从这位老师身上学到了些什么呢?我们不能否认生活中有诸如这位语文老师一样懂得教育方式的家长,但是我们也要面对现实。

在现实生活中,有的家长对责备孩子的艺术没有充分地认识和运用。他们看到孩子的考试成绩不好,张口就说:"你太笨了,真给我丢脸!"虽是气话,可一出口就对孩子的心灵造成了摧残,严重伤害了孩子的自尊心。

他们非常留意自己孩子的种种淘气行为。而对孩子正确的言谈举止,却不善于发现。即使偶尔看到一次,既不说肯定的话语,也没有任何鼓励的行为。然而,一旦孩子有任何不符合自己要求的言行,轻则抱怨、批评,重则威吓,甚至拳脚相加。父母双方轮番责备孩子,旧账也被扒出来,孩子感到委屈,开始哭泣,责备变得更加严厉;孩子开始申辩,父母渐渐变得怒不可遏,孩子越发委屈,逆反心理就越作怪。其结果,一个负面的恶性循环形成了。这样的结果,往往令孩子做出更多不恰当的行为。

湛湛今年上五年级了,上课总是说话,调皮捣蛋,不爱写作业,成绩糟糕不说还对父母有敌意。湛湛妈妈很难过,私底下,总是说:"辛辛苦苦养大的孩子,竟养个仇人。"

湛湛怎么会变成这样呢?

原来,早在湛湛刚上小学的时候,就有些粗心大意的苗头了,平时考试、做作业,明明会的东西,总是出错。有好几次,别人都不会做的难题,只有湛湛自己做对了;偏偏是谁都会的基础知识,湛湛却错了一大堆。湛湛妈妈感到非常失望,每次都训斥他:"这么简单都做不对,整天就知道玩,你长心了没?叫你多用点心,做完了再检查一遍,说了多少回了,屡教不改。你说,连个拼音都能写错,你以后还能干点什么?"

开始,湛湛还想要改正,可好的习惯哪是那么容易养成的?每次被骂,湛湛都感到很难过。慢慢地,湛湛开始失望了,他觉得自己反正怎么做都做不好,何必再花力气?这样,他对学习产生了反感。

孩子总是把父母当作最亲近的人,关注着父母对自己的看法。家长的表扬,是孩子认可自己、树立自信的重要依据。有时家长随口的一句批评,能让孩子难过很久,甚至让他觉得自己根本就"不行",觉得家长只在乎成绩,根本就不爱他。如同湛湛母亲的一味责备,让他产生了不自信的念头,也失去了对母亲的信任,甚至产生了逆反的心理,本来有能力做好的事,也失去了兴趣。更何况,经常性地责骂,也会给孩子带来不好的心理暗示,让孩子产生自卑心理,觉得自己什么都不行,下意识地就会犯错。

因为对孩子不满意便开始责备,这种教子方式反映了目前家庭教育中一部分家长的传统思维方式:打是亲,骂是爱,不打不骂不成器。殊不知,这种不当的教育方式对孩子有百害而无一益。家长的责备让孩子觉得自己一无是处,没有成就感,自信心丧失,自卑感增强。自信是孩子学习的动力,没有自信,孩子很难进行独立自主的探索活动。责骂不仅打击了孩子的自信心,同时也让孩子养成了爱挑别人毛病的习惯,有句话是这么说的,在责备中长大的孩子学会了挑剔。因此责骂对孩子的成长没有任何好处。

孩子的童年是决定他们心理状况的重要阶段。在家庭生活中,如果父母采用否定型的教育方式,对孩子一贯以否定、指责为主,或是漠视冷落,或是保护过度,都容易使孩子缺乏自信和独立意志。孩子会认为自己无能,并因自己缺乏吸引力而苦恼,对自己未来的发展失去信心。毫不夸张地说,指责、贬低和否定,其本质就相当于情感上的虐待。心理学研究表明,儿童时期遭受情感虐待的人,成年后会倾向于自虐,如自残、酗酒、吸毒等。他会潜移默化地被强迫性地认为自己没有价值,会下意识地选择自虐来惩罚自己。

孩子都需要被认可,都需要觉得自己是重要的。喜悦、爱、赞美和欢庆,是灵魂的粮食。每个孩子天生都渴望得到他人的赞赏,同样地,也都惧怕责难。心理学家兼哲学家威廉·詹姆斯说:"人类性情中最强烈的,是渴望受人认同。"许多心理学家以动物的训练做实验,做好事给予褒奖,做错事给予惩罚,发现褒奖的效果大大好于惩罚。动物尚且如此,更何况人呢?

其实,孩子们每天都在寻找别人的理解,盼望公正的评价。人对生存价值的需要比生存本身更加强烈。所以,作为家长,你要学会将注意力更多地集中在孩子们那些令你愉悦、宽心的言行上。孩子们希望自己的言行被关注、被重视,希望得到父母的关注、称赞。那些惹了麻烦才被注意的孩子,尤其渴望在他们做了"好事"时被父母注意到。一味批评是无法获得好的效果的,家长要多讲其优点,多肯定,赞美孩子每一点点在你看来是微不足道的美德和进步,这对他的成长至关重要。当孩子被贬损得一无是处时,就会表现出明显的抑郁,既影响健康,还会产生厌世情绪,甚至会做出伤害自己或他人的极端举动。

因此,家长在日常的教育中就应该注意到这点,不要总是责备孩子。孩子冲动,不懂事,或是偷懒,或是因为不懂得问题的严重性而做错事是很平常的。这个时候,家长应该用冷静平和的心态来面对,对孩子满怀希望。家长应该以身作则,通过言传身教的方式,帮助孩子改正错误,而不是一味的批评和指责。

9.不要拿孩子与别人攀比

有句俗语这样说:"人比人,气死人。""既生瑜,何生亮?"喜欢攀比的人大概都会发出这样的慨叹。实际上,攀比之心人皆有之。如果和比自己强的人比,能够以对方为榜样,向别人学习,那自然再好不过。通过比,认识到自己的不足,然后加以完善和改正。但问题是,往往自己看到别人好的地方之后,并不是客观对待,树立榜样,而是不断地埋怨自己,甚至认为自己一无是处。攀比不是罪过,但攀比心太强,必定烦恼丛生。

攀比往往是因为自身的性格和心理上的缺陷,使自己有了自卑心理。有时候我们不妨退一步想,生活中有很多事情原本不需要太在意的,相反除了自我折磨以外,并不会产生任何积极的结果。

攀比之心过强对自己没有丝毫好处。记得有个名人曾经说过一段话:"我一直哭,哭我没有鞋穿,直到有一天,我看到了一个连脚也没有的人,我不再哭泣了,因为我发现自己至少还有脚。"我们应该擅长发现自己所拥有的东西,而不应该把目光集中在自己没有,别人有的物件上。

我们每个人都不应该有攀比之心,可现实生活中,很多家长都毫无察觉地拿自己的孩子和别人的孩子比,他们比的不是自己的孩子哪里比别的孩子好,而是把目光集中在孩子不如人的地方。一个刚上任的中队长,心里特高兴,回家忍不住跟妈妈"炫耀"。谁知妈妈却问:"大队委的候选人有你吗?"你说这位妈妈多不知足!儿子当上了中队长,她却看着别人的孩子当上大队长。家长总是很"贪婪",他们的标杆永远超越孩子的水平,这就是今天的孩子的悲哀呀!这样的家长的孩子永远都不会有成就感。

在一次问卷调查中有这样一道题："孩子犯错误时，您对孩子说的第一句话是什么？"接受问卷调查的53%的家长回答是"你看某某多好，你有他(她)一半，我就知足了"。从中我们可以看出，有些父母不能正确评价孩子，关键是评价标准有问题。他们常常把标准定得很高，而且这个高标准随着孩子的高水平的发挥而不断增高。他们常常觉得别人的孩子是天才，自己的孩子是蠢材；别人的孩子是金子，自己的孩子是沙子。

其实，世界上没有两片相同的树叶，也同样没有两个人是一样的，每个人都有他独特的天赋、性格和能力，因此，每一个孩子都是一笔宝藏。

一位母亲有两个儿子，一位当上了国王，另一位是地道的农民。当国王的儿子很有才能，把国家治理得很好，做农民的儿子是耕种能手，年年粮食满仓。

有人问母亲："你肯定为你的当国王的儿子感到自豪吧？"她说："不错，我为我做国王的儿子感到自豪，他学会了为国为民；同时，我也为我的另外一个儿子感到自豪，他现在正在地里挖土豆。"

这对我们现在的父母也有很大的教育意义。不管孩子是万人之上的国王，还是在田地里挖土豆的农夫，只要各地其所，努力进取，父母都应该为孩子感到自豪。卡耐基说过："对孩子们来说，父母的注意和欣赏是最令他们高兴的。"因此，无论孩子取得了什么样的成绩，无论孩子处于什么阶段，父母都应该感到由衷的自豪，依照孩子的天性和兴趣选择适合孩子的教育方式，为他制定合理的目标，积极寻找孩子的优点。

任何比较都是有害的。每一个孩子都有自己的个性，每一个孩子都应该在他实际的基础上发展，而不是做别的孩子的复制品。正确的方法应该是永远不和别人家的孩子比，只要你的孩子今天比昨天有进步，你就应该祝贺他、肯定他、鼓励他。这样，他不仅能发挥出自己的水平，甚至会超长发挥。

攀比是可怕的，不能总是这山望着那山高。攀比不仅对孩子的成长无利，对家长也没有任何好处。"望子成龙，望女成凤"是每个家长的心愿，试想如果因为拿自己的孩子和别的孩子攀比，让孩子产生自卑心理，而且无法走出自卑阴影的话，你怎能算是一个成功的家长，你又怎能实现自己的愿望？所以，聪明智慧的家长从来都会以孩子为荣，认为自己的孩子是最棒的。

10.让孩子在乐观的心态下充满自信

事物都有其积极的一面和消极的一面，乐观的孩子往往能够看到事物积极的一面，在困境中找到自信，而悲观的孩子常常只会看到事物消极的一面，面对困难唉声叹气，眼看着机会从自己面前溜走。明智的父母会培养孩子乐观的心态，让孩子在积极乐观的情绪中找到自己的信心。

古时候，有个秀才想考状元，他考了很多次都没考上。他的邻居都嘲笑他，认为他根本不是那块料，纷纷劝他不要再参加科举考试了，干脆在家种种地，照管好自己的庄稼就行了。但是他却并没有对自己失去信心，他决定下次还去考。

这一年，又到了科举考试的时间，进京赶考临出发前，秀才做了两个梦。第一个梦是梦到自己在墙上种白菜，第二个梦是下雨天，他戴了斗笠还打着伞，临考之际做此梦，似乎有些深意，秀才第二天去找村东头算命的解梦。算命的一听，连拍大腿说："你还是回家吧。你想想，高墙上种菜不是白费劲吗？戴斗笠打雨伞不是多此一举吗？这次科考你肯定没戏！"

秀才一听，心里琢磨着，虽说平时非常自信，但是自己大半生的时间都花在了科举考试上，竟然没有一次成功，自己的实力确实有一定问题。

于是秀才边想着算命先生说的话，边灰头土脸地往家里走。半路上，秀才碰上了一个朋友。朋友看他垂头丧气的样子，就问他何以如此。他就把算命先生的话说给朋友听了。朋友一听，笑着说："唉，我也会解梦的。我倒觉得，你这次一定能考中。你想想，墙上种菜不是高种吗？戴斗笠打伞不是双保险吗？你这次一定可以高中状元的！"

秀才一听，觉得有道理，想想自己大半生都参加科考，也积累了一定的经验，轻车熟路，难道没有高中的可能吗？于是，秀才立马对自己充满了自信。他第二天就收拾行李，进京赶考去了。结果，秀才还真中了个状元。

悲观情绪会使人丧失自信，而乐观情绪却能增强人的自信，就像上面故事中的秀才一样，算命先生悲观的话语打击了他的自信，而朋友乐观的语言却感染了他、让他充满自信从而考中了状元。身为父母，要多给孩子灌输积极乐观的思想，这样孩子才能在困境中看到成功的希望，从而满怀自信地走向成功。只有坚强、乐观、积极向上的孩子才能树立起对自己的信心，才能客观、正确地去生活、去做事、去学习。拥有乐观情绪的孩子，无论遇到什么困难都能够客观、正确地去面对。好的心态带来好的方法，带来理智和自信，只有乐观、自信的孩子才可能掌握自己的命运，才可能获得幸福灿烂的人生。

有这样一个孩子，他头戴球帽，手拿球棒与棒球，全副武装地走到自家后院。"我是世上最伟大的打击手！"他满怀自信地说完后，便将球往空中一扔，然后用力挥棒，却没打中。他毫不气馁，继续将球拾起，又往空中一扔，然后大喊一声："我是最厉害的打击手！"他再次挥棒，可惜仍是落空。他愣了半晌，然后仔仔细细地将球棒与棒球检查了一番。之后他又试了第三次,这次他仍告诉自己:"我是最杰出的打击手!"然而他这一次的尝试还是挥棒落空。

"哇!"他突然跳了起来,"我真是一流的投手!"

人生活在复杂的环境中,遇事抱有乐观的态度还是悲观的态度,不仅体现了一个人心理承受能力的高低,更有现实意义的是,能否使自己从困境中走出来,以乐观的情绪去赢得成功的机遇和希望。长期自卑会使人精神脆弱,总是担心不幸的事情将会来临,整天忧心忡忡,对工作学习失去信心。在漫长的生活中形成对事物的乐观态度,孩子的成长就会更顺利些。

第二章

不包办,学会放手让孩子独自翱翔

1.不要做孩子的保姆,让他尽快学会自理

　　老鹰第一次教小鹰飞翔的办法是把小鹰带到一个不算太高的悬崖边,然后把它踹出去;第二次把小鹰带到稍高的悬崖边,再踹出去……一直到把小鹰训练得能在高空中自由地翱翔。

　　小狮子长大后,母狮子就专门培养它的狩猎能力。母狮子带领小狮子来到小动物出没的地方,当它发现猎物时,母狮子让小狮子去追赶,如果小狮子没有捕到猎物,精疲力竭地回来,母狮子上去就又抓又咬,逼着小狮子再去追赶,直到小狮子捕到猎物为止。

　　草原上的羚羊,特别注重小羚羊的奔跑能力,因为它们知道,当敌人

来的时候,它们除了飞快地逃走以外,没有别的办法和对方较量。如果小羚羊不能练就一身善跑的能力,就必然成为食肉动物的美餐。

小鹰是被鹰妈妈踹下悬崖的,小狮子是被狮妈妈赶着捕猎的。在动物世界,不论是食肉的,还是食草的,不论是天上飞的,还是水里游的,它们都十分重视培养下一代的生存能力。因为这是动物能够生存,能繁衍后代的唯一途径。

动物尚且如此,我们人类呢?我们对待孩子太"仁慈"了,几乎"仁慈"得让孩子丧失了生存能力。

有一女孩,父母对她的期望值很高,为了让她把学习搞好,从小学到高中,什么事都是父母包办代替,饭来张口,衣来伸手。这个女孩很听父母的话,学习成绩也很优秀。后来,她考上了北京一所名牌大学。到学校报到的第一天晚上就给千里之外的母亲打电话求援:"妈妈,这里蚊子很多怎么睡啊?"妈妈说:"你不是带蚊帐了吗?""可妈妈,我不会撑蚊帐啊!"

作为家长,你读了这个故事有什么感想呢?你有没有为自己过于溺爱孩子而感到后悔?你有没有为自己没有培养孩子的自主能力而感到焦虑?你有没有因为自己没有好的办法而感到苦恼?

曾在很多场合听到这样的声音:"现在孩子可真是苦啊!"这个"苦",总是离不开作业多、考试多、升学竞争激烈。其实,这只是表象,孩子最苦的是自己无法做自己的主人。你看,孩子们所有的时间,都被老师和家长安排了,无法安排自己的时间。没有时间仔细看一眼小草、痛快地踢一场足球……

为什么让孩子自己处理事情这么难?难道家长就愿意为孩子辛劳?难道家长就喜欢伺候孩子吃喝,当他们的保姆?当然不是,而是因为现在孩子在家庭中的地位太重要了,一个孩子的命运关乎一个家庭的幸福,

因此，家长以百分之百的精心与细心去呵护、关注、指点着他们。结果关心过度就让我们的孩子成了一个个"公主"、"皇帝"，什么都不干，什么都不会干，什么都不敢干。既然如此，我们就要让孩子学会自己处理自己的事情。

一个4岁的美国儿童在弯腰费力地系鞋带，别人想去帮忙，却遭到了拒绝。孩子问："你知道我多大了吗？""不知道，但我想你还小。""我已经不小了，我都4岁了。"

显而易见，孩子认为自己已经长大了，系鞋带这样的小事应该由自己来做。

孩子的这种独立意识在美国是很普遍的。

当孩子还不能完全生活自理时，父母给予孩子生活上的照料，无可厚非，因为做父母的有这种责任和义务。但是，父母还应该明白，照料孩子的目的，不仅仅是为了孩子生活得舒适、幸福，更重要的是在照料的过程中，要让孩子逐步学会生活自理，进而掌握独立生活的能力。如果做父母的只想让孩子生活舒适，把孩子的事情全都包办代替，不让孩子自己动手、动脚、动脑，那么父母就等于把孩子的手、脚、脑都束缚起来，这样做的结果只能是孩子什么事都不能做，也不会做。将来孩子长大离开家庭、父母，进入社会独立生活、工作，就没有生活自理能力，这不但会给孩子今后的生活带来诸多不便，还会影响他们的学习和工作，甚至有可能因为缺乏生活自理能力而葬送他们的美好前程。

我们有些家长不相信自己的孩子，觉得自己孩子这不行，那不行，或担心这样不会，那样不会，很多事都替孩子做。其实，每个孩子都是能干的，要相信自己的孩子。

为了让孩子不被社会唾弃，父母要学会"偷懒"。作为父母，很多事情要放手让孩子去做，甚至有时候要下狠心，相信孩子有能力处理好自己的事情,让孩子吃些苦,经受考验和挫折。

父母在培养孩子自理能力的时候,一定要有耐性,不要怕麻烦。在孩子学习的过程中,父母一定要多表扬鼓励,帮助他们树立信心;少批评指责,更不可苛求和操之过急,以免挫伤他们的积极性。孩子的被子叠不好,可以反复教孩子;孩子不会刷牙,可以反复给孩子演示几次,并适当帮助;孩子洗衣服不干净,可以告诉他要重点洗衣领、袖口、前襟等地方,脏的地方多打肥皂……这样可以帮助孩子树立做事的耐心和信心。有些父母当孩子做事情动作慢时,索性代劳,把事情抢过来做;当孩子想表达自己的意见时,父母却抢着说。这种不耐心,会干扰孩子创造性的思考过程,使他变得沉默、依赖。

培养孩子的自理能力,家长要走出爱孩子的误区,不要把"溺爱"当做爱,不要认为自己为孩子处理一切才叫爱。只有放开手让孩子自己处理自己的事情才能培养出自立的孩子,这样孩子才能在未来的社会中立足。

2.让孩子自己的事情自己做

什么是自立,顾名思义,自立就是自己的事情自己做,不会的事情学着做,而且一定要做好,不依赖别人。我们每个人来到这个世界都要学会自立,因为自立是人在社会上的立足之本,只有学会自立才能在这个充满竞争的社会上生存下去。

在小洛克菲勒4岁时,有一次,当他远远看到父亲老洛克菲勒从外边

走进来时,就张开双手兴冲冲地向父亲扑过去。老洛克菲勒并没有去抱他,而是往旁边一闪,结果小洛克菲勒扑了个空,跌倒在地上,哇哇大哭起来。等孩子哭完这后,老洛克菲勒严肃地对儿子说:"孩子,不要哭了,以后要记住,凡事要靠自己,不要指望别人,有时,连爸爸也是靠不住的。从现在开始去学会自立吧。"

正是因为洛克菲勒家族教育子女特别认真,注重培养孩子的独立生活能力,使孩子养成自立、自强的习惯。所以洛克菲勒家族里没有出败家子,使其家族跨越了两个世纪依然繁盛如初,没有像美国一些其他的跨国财团、亿万富翁家族仅仅经历几十年就衰落了。

在中国,大多数父母都喜欢把孩子列为自己的私有财产。既然是财产,又掌握所有权,当然无一例外得投资。于是5年计划、10年计划统统都出来了。而且每位这样做的家长都怀着无比伟大无私的情怀,他要为孩子创造一个美好的将来。但是,孩子的将来不是你创造得了的,将来得靠他们自己创造。

如果把孩子比做一张白纸,那么,画笔应当握在他们自己的手里。你的任务,只是带他们出外看风景,长见识。因此为了孩子有一个美好的未来,好父母应该要学会让那个孩子做自己的主人,让他自己去描绘他的人生。

在何涛刚上小学的时候,父母就跟何涛做了一次严肃认真的谈话:"你现在是小学生了,应该学会自己管理自己。每天按时起床,穿衣上学,不准迟到;放学回家,先完成各科作业并认真检查,收拾好学习用品后才能去玩。父母有自己的工作,你有你的学习任务。现在,我们每个人都必须做好自己的事情。"

父母还把何涛每天的零花钱按月交给他,让何涛自己掌控,告诉他节约自得,超支不补。他们默默地关注着何涛的一举一动,定期不定期地抽查作业,只要不出大的原则性问题,从不多加干涉。像今天多用了5块钱,星期五放学没把作业做完之类的事情,父母从不过问,给了何涛一定的自由空间。何涛也还算听话,基本上能按照要求去做。当然,刚开始少不了需要父母提醒,但慢慢地时间长了,习惯就养成了。就这样,何涛轻轻松松地度过了他的小学阶段。

何涛上初中的时候,父母也仅给他买了一只闹钟交给他,让闹钟提醒他按时起床,之后就再也没有对他操心过。何涛总是在父母的睡梦中悄悄地去上学。

上高中、上大学的时候,何涛也是自己收拾好行李,拎着行李箱自己去的。再后来到找工作,也没让父母操过心。虽说"儿行千里母担忧",何涛在外地工作,他的父母只是想念,"忧"却少了许多。因为他们知道,不管遇到什么问题和困难,儿子都会想办法解决的,因为他知道那是他自己的事情。

作为父母,不能一辈子都牵着孩子的手。有些家长总爱包办孩子的一切,这样使他们形成对父母的依赖,从而丧失了宝贵的独立意识,为他们将来的发展设下障碍。

在西方一些国家,许多父母十分重视从小培养孩子的自理、自立能力。他们从锻炼孩子的独立生活能力出发,对孩子的教养采取放手不放任的做法。放手,就是从孩子生下来,父母就设法给孩子创造自我锻炼的机会和条件,让他们在各种环境中得到充分的锻炼。美国1岁的孩子基本上是自己吃饭,父母将孩子"绑"在椅子上,把食物放在小桌子上,让他们自己用小刀叉吃饭,吃得到处都是,脸上沾满了奶油,将饭菜打翻,父母不急也不恼,但父母决不哄着喂食,这样2岁的孩子就能与家长一块用餐。

在瑞典,孩子出生后很少被父母抱在怀里,在家里一般是放在小床上,出门放在小车上,会走的自己走,哭也不抱,小孩子从不与父母同睡。

在德国，孩子1岁左右开始学走路，摇摇晃晃地艰难前进，跌倒了爬起来，再跌倒再爬起来，基本上没有赖在地上大哭不止，非要大人扶起来不可的情况。

美国中学生有一句口号"要花钱自己挣"，上大学要靠打工自己挣学费，在美国新罕布什尔州有77%的高中生打工。在寒冷的冬天，当大多数中国孩子还在热被窝里熟睡时，美国的好些孩子已经挨家送报纸了。

相比之下，我国的许多家庭，特别是富裕的独生子女家庭中，父母过度地保护与过多地照顾的教养方式，不利于孩子的自理、自立。父母应该清楚，你不可能跟孩子一辈子，也不可能包办一辈子。从小培养自理自立的能力、坚毅顽强的性格、适应环境的能力，将使孩子受益终生。人生是一个艰难的路程，有时会遭遇困难，有时会遇到挑战，这时，真正能够帮助孩子的只有他自己，能够拯救他的也只有他自己。此时，最要紧的是他必须能够自立。

自立就是孩子在掉进泥坑中后，自己帮助自己勇敢爬出来；自立就是孩子摔倒后，自己依靠自己重新站起来；自立就是遇到困难时自己想办法自己解决；自立就是遇到挑战自己勇敢反击。

培养孩子的独立意识，对于孩子今后的成长有至关重要的作用。他会在今后的成长过程中摆脱依赖心理，在工作中形成自己的意向，做出自己的决定。做事会更充满信心，不至于陷入孤独无望的境地。

家长们要培养孩子的自我意识，给他们一些成长的空间，多鼓励他们去独立地完成事情，锻炼自己的独立意识。即使是他们失败了，也要多给予他们鼓励，增强他们的信心。真正具有独立精神的人对自我意识有一种强烈的需要，他们无须借助这样那样的依赖，就能形成自己的意向，做出自己的决定。

3.放手让孩子去做力所能及的事情

我国教育家陈鹤琴先生说:"凡是孩子自己能做的事,让他自己去做。"美国心理学家戴尔说:"孩子需要一定的空间去成长,去试验自己的能力,去学会如何对付危险的局势。不要为孩子做任何他自己能做的事。如果我们过多地做了,就剥夺了孩子发展自己的能力的机会,也剥夺了他的自立及信心。"

琳琳今年才两岁半,现在已经每天自己洗完脸后会自己抹润肤露,会自己到饮水机上去倒水喝,自己会把奶粉一勺勺地倒进奶瓶里冲上水,会自己玩完玩具睡觉之前收拾起来,会自己搬着凳子洗自己的小杯子小碗小奶瓶,会自己穿裤子穿衣服穿外套,会自己把盘放在DVD机器里调出动画片。最近又学会了在地上把外套平铺好然后两只胳膊在脑袋上一翻就穿进去了,穿厚厚的棉服的动作和方法让琳琳的妈妈都看傻过很多次,惹得妈妈忍俊不禁。琳琳看见妈妈高兴就更高兴地每次都要求自己穿外套。

琳琳之所以自理能力这么强,主要归功于琳琳妈妈什么都放手让琳琳自己去做,不怕做错,就怕不做。

琳琳妈妈的观点就是:水撒了不要紧,要紧的是告诉孩子从哪里去拿什么去擦又怎样才能擦干净;奶粉撒到奶瓶外面不要紧,要告诉孩子怎么拿勺子用什么角度倒就不会撒;吃饭时不用人喂,怎么样才能不把饭吃得到处都是,为什么推盘子就意味着吃饱了;开冰箱倒饮料没关系,一定记住要把冰箱门再给关回去;喝饮水机里的水,一定记着只倒常温的那个出水开关,因为热水口出来的水会烫了手;上了卫生间要如何自己脱了裤子坐上马桶下来后再怎么自己冲马桶然后去洗手;洗手的时候要如何挽起自己的袖子到哪里,又如何用香皂才能自己洗干净手;从润肤霜的瓶子里用哪个指头,怎么取,取多少才能既不浪费擦脸油又能把自己的脸擦得匀匀;早上从哪个抽屉里会拿出干净袜子来,晚上脏袜子脱下来又要放到哪里去;书收在哪里,各自的衣服收在哪里,玩具又各自在哪里;DVD机哪个键是电源,哪个键是播放,哪个键是回放,电视机的遥控器哪个键可以控制声音,孩子们自己现在都知道也可以自己去操作……

正是在琳琳妈妈的教导下,小小的琳琳才学会了这么多的生活技巧。

在现实生活中,一些父母看到孩子做事情时,总是习惯于上前包办或者帮忙,殊不知,这些不经意的帮助或限制会挫伤孩子探索的积极性和独立的意识,同时也会挫伤孩子的自尊心。这样做的结果会造成今后孩子在处理一切事物时认为自己无能,不愿意去尝试,甚至逃避,进而产生自卑心理,对自己丧失信心。

这些父母之所以这么做,是害怕累着孩子,怕孩子做不好,自己重新再做太麻烦;还有一些父母认为,吃饭、穿脱衣服等生活技能是不用训练的,因为孩子长大自然就会。其实这些观念都是不正确的。从儿童发展的观点来看,不给孩子锻炼的机会,就等于剥夺了孩子自理能力发展的机会,久而久之,孩子也就丧失了独立能力。

希尔顿是美国希尔顿饭店的创始人,他很小的时候,父亲就注重培养他的劳动实践能力。

有一天,天刚亮,父亲就把希尔顿叫起来,把一个大约两米长的草耙交给他,并且用愉快的声调说:"你可以到畜栏里工作了。"小希尔顿接过这个比他的个头高两倍的草耙,开始了他人生中的第一次劳动。就这样,希尔顿少年时代便在父亲的带动下,边读书边干活,养成了勤勉和善于经营的本领。

希尔顿上学后,父亲专门开辟了一块地给他,让他自食其力,学会耕种赚钱。他在地里种上青菜,每天放学后就跑去松土、浇灌和施肥。等青菜收获了,他便拿到市场上去卖。这时,他的第一个顾客往往是他的母亲。当他接过母亲手中的钱时,他总是深深地感受到收获的喜悦和成功的快乐,同时也对自己的劳动成果倍加珍惜。

学校放假时,小希尔顿就跑到父亲的商店里去打工,跟父亲学做生意。父亲教他如何处理各种各样的业务,如何衡量信用,如何与顾客讨价还价,如何揣摩顾客的心理需求,如何进货退货,以及如何在紧要场合保持心平气和。有一次,父亲让他帮助进货。他一个人跑到离家几百里的地方,一去就是十几天。在这样的磨炼中,他得到了许多经验,胆子也越来越大,迅速地成为了一个出色的小生意人。正是这些必要的训练和宝贵的经验促成了他日后的成功。

培养孩子是每个父母的责任,但父母的责任不是将孩子牢牢地抓在手里,让他们无法动弹,而是对孩子适当放手,让孩子在自由的空间里翱翔。因此,在保证孩子安全的前提下,放手让孩子去做力所能及的事情。

任何一位父母,都不可能包办孩子的一生。孩子的将来,包括学习、工作以及事业的成功,都要靠他们自己去闯、去努力、去奋斗。而这一切,没有自立自强的意识和精神,是很难取得满意结果的。父母应该明白,独立既是生存的需要,也是孩子成长中的必然一课。

罗伯特·汤森说:"人最终要独立地走向社会,就必须拥有自主独立的能力。因此从小就培养自我意识,培养自主、自立、自强的精神和实践能力。自我发展本身也是个人对自身的一种反思。正是从这种反思中人才不断地找到自我,超越自我,实现自我。"独立就是自我生存的意识和能力。只有一个人具备了独立的意识和能力,才能比较容易地适应社会,摆脱逆境,把握机遇,发展自己。所以,父母应该重视对孩子独立性的培养，在孩子很小的时候就有意识地培养他们的独立性。

另外，做家长的需要注意的是，小孩子无论做什么事情都有一个规律，即从不会到会，从做不好到做得好。所以，在看到孩子做得不好时，不要求全责备，也不要看到孩子做不好就去代替他，这样等于剥夺了孩子锻炼的机会。

家长们要看到在孩子自己做事的过程中他们获得了发展，这是价值所在。孩子只要自己愿意做事，不管做得如何，家长都应该鼓励他，孩子获得鼓励后就会感到自己有了自信，这种感觉非常重要，它是培养孩子独立性的一种动力。

4.培养孩子最基本的自理能力

自理能力是人生存和发展所必需的能力之一。培养孩子的自理能力就要让孩子从小从身边的小事做起，学会由易到难，学会一些自我服务的技能，如穿衣、学习整理床铺等。这些事看上去虽小，但实际上给孩子创造了很好的锻炼机会，无形中让孩子学到独立生活的能力。

阿翔是个聪明的男孩，他的学习成绩很好，所以父母在家什么都不用阿翔干。阿翔没事的时候就在家打打游戏、上上网。阿翔的家离学校比较远，父母担心阿翔在路上太辛苦，到了学校已经没有充足的精力学习，因此，尽管他们的工作很忙但是每天都会开车接送阿翔上下学。

一天晚上，阿翔的爸爸接到阿翔爷爷的电话，爷爷说阿翔的奶奶生病了，让他们赶快回老家看看。阿翔的父母立刻向单位请了假准备回老家看望阿翔的奶奶，考虑到阿翔已经上了初中，课业很紧，便没让阿翔回老家。父母和阿翔说："爸爸妈妈回老家估计得三四天，你要自己照顾好自己，给你这几天的生活费自己买饭吃吧，上学不要迟到，路上骑车的时候要小心啊。"第二天，爸爸妈妈就回老家了，阿翔一个人留在了家里。

父母走的第一天阿翔就迟到了。早上没有人喊阿翔起床，他自己也没有定闹钟，醒来的时候就快八点了，被子来不及叠，早饭也顾不上吃，阿翔赶忙洗洗脸就打车去了学校。

中午回家的时候阿翔买了很多零食，吃完后把垃圾袋摆满了桌子。阿翔也懒得收拾，看了一会儿电视就骑自行车去上学了。

晚上回到家，阿翔简单地写了写作业就去打游戏了，早上的被子正好还没叠，阿翔躺下就睡了。就这样，阿翔浑浑噩噩地过了两天，家里被他弄得乱七八糟，整个人玩游戏也玩得没有了精神。一天下学回家的时候，阿翔不注意看红绿灯还骑得特别快，便和其他的自行车撞上了，车筐撞得变了形，阿翔的腿和胳膊也都被划伤了。

阿翔的父母不放心阿翔，看阿翔奶奶的病有了好转，阿翔的妈妈便回来了。一到家，阿翔的妈妈就看见满屋子的垃圾，阿翔的脏衣服扔了一房间，被子也没叠，阿翔的妈妈很是生气，一边收拾屋子一边埋怨阿翔："这孩子这么大了，怎么不会照顾自己呢？屋子也不收拾，天天吃零食……"中午阿翔回来了，妈妈本来准备好好教训他一顿，结果看到儿子胳膊上的伤便不忍心再说他了："你这是怎么弄的？怎么这么不小心？""不小心和别人撞了一下，只蹭破了点皮而已。"阿翔无所谓地说。

等阿翔的爸爸回来后，阿翔的妈妈便把儿子这几天的情况和他说了一番，俩人都很担心儿子将来的生活。"儿子这么不会照顾自己，咱们怎么能放心他以后一个人出去上大学？"

其实，任何一个孩子都是由于家庭的教育和环境的影响才形成了不同的人格品质和能力。那些缺乏自理能力的孩子之所以什么都不会做是

因为没有机会尝试。因此,父母要尽量为孩子创造动手的可能性,因势利导,把握孩子这个时期的心理特点,在保证孩子安全的前提下,放手让孩子去做力所能及的事情。当孩子完成一项工作后,做父母的要给以适当的肯定和赞赏,当孩子的存在价值被肯定、自己的工作能力被肯定时,他们也会感到无比的兴奋和快乐,在很大程度上增进了自信心。父母不要总认为孩子小,许多事情都舍不得让他做而事事代劳,久而久之,孩子没有机会练习,渐渐地,很多事情就真的不会做了。

而很多孩子常常由于年龄小,所有他们早期出现的劳动热情往往会给父母增添一些麻烦,可能要浪费父母一点时间,甚至还会糟蹋一些东西,即便如此,父母也不能因此轻易地放过教育孩子的好机会,而要根据孩子的年龄特征和能力范围,给孩子分配一些简单的家务活,必要的时候,父母还要耐心讲解,反复示范,甚至手把手地教,再逐渐放手让他独立操作。

5.创造机会,鼓励孩子自强自立

一个人若是生活能力强,就意味着独立性强,具备生活能力的人,一般的事情都难不住他,他的自信心就会很强。而缺乏生活自理能力、事事不会做、处处有困难的人,不仅生活上会遭受许多磨难,还会逐步滋长自卑心理,以至在学习和工作中也觉得自己处处不如人。

有一位教育工作者曾经说过,如果你想让你的孩子早日能够独立,那么就应该教会他如何去从事工作,并养成习惯。将孩子培养成一个自强自立的人,是每个家长的心愿,也是父母给予孩子最珍贵的礼物。当孩子拥有了独立的能力时,他的学习能力会更好,他的耐挫能力也会更强。

现代的孩子若要像跑出去的小狮子,无论在什么环境中都能顺利地成活,就需要父母注重孩子独立性的锻炼,让孩子早早体验独立的生活。

有一位母亲为了培养儿子的独立性,给了儿子2元钱,嘱咐儿子1元钱买香菜,另外1元钱可以去买根冰棍,算是对他的奖励。儿子极不情愿去买菜,虽然他已经5岁半了,可是他从来没办过这样的事,平时都是饭来张口,衣来伸手。

母亲告诉儿子,在自己像他一样大的时候,早就能买酱油,帮家里办事情了。做通了孩子的工作,看着孩子离开的身影,母亲一边庆幸,一边担心。庆幸的是孩子长大了,能帮自己做事了。担心的是,害怕孩子出现危险。等了半天,孩子还不回来,母亲就跑出去寻找孩子。刚出楼道口,便看到儿子小小的身影,左手提菜,右手吃冰棍,笑眯眯地回来了。母亲高兴地夸奖孩子真乖,儿子也一个劲儿地向母亲叙述买菜的经过,原来,他是让院里一个大姐姐陪他一起去买的。儿子还真有办法,自己胆子小,倒会找陪同。虽然不是儿子单独完成的这项工作,但母亲依然觉得儿子是很棒的,毕竟是第一次帮父母去买菜,以后多锻炼就会好的。

由此可见,有时候父母大可不必过分担心自己的孩子,更不可低估了孩子的能力,孩子自有他的办法。只要告诉孩子必要的安全知识,大可放手让孩子自己去做一些力所能及的事,早一点体验独立的生活。父母只需像朋友一样站在儿子的身边,做他的参谋和启蒙老师,但最终的决定权一定要交到孩子手上。当发现孩子的一些决断明显欠周到时,父母可以在与孩子共同探讨的过程中,让他认识到自己的问题,然后再让他调整自己的决定。

需要注意的是,任何人都可能犯错误,既然父母已经把一些事情交给孩子去做,就要允许孩子犯错误。不要因为害怕把事情做砸了,就不让

孩子做一些力所能及的事。因为孩子犯错本身也是一个学习的机会，可以借此培养孩子的自我反省能力，找出失败的原因，然后及时调整自己的行为。如果父母在孩子没做好事情时责罚他，这是一种不明智的做法。父母经常这么做，就会扼杀孩子自主做事的积极性，会让孩子畏缩不前，不敢尝试。

教育孩子必须坚持一个原则：孩子自己能做的事情，就让他自己去做，千万别替他去做，然而，在我们的身边，独生子女居多。对待孩子，家长们总是"含在嘴里怕化了，托在掌上怕摔了"。孩子是家里的小太阳，全家都围着他一个转。殊不知，对孩子过分宠爱，过度保护，过多照顾，生活上包办代替，给孩子穿衣、喂饭、整理玩具等等，是在剥夺孩子独立做事的机会，这将直接导致孩子缺乏独立性，生活能力低下，依赖性强，意志薄弱。如果让自己的孩子在这样的家庭环境下长大，不要说铸就天才了，只会培养出低能儿。

虽然父母为孩子做一切是出于对孩子的爱，但如何爱，一定要有智慧、有方法。孩子年龄较小，独立性是孩子自我发展的动力，是孩子全面发展的基点。一个孩子有了初步的独立性，去做力所能及的事情，爱动脑筋想问题，独立地从事一些活动，往往在身体、智力、情绪、性格、意志等方面发展较快、较好。如果家长过分"关心"、"保护"，一切包办代替，孩子就会缺少锻炼的机会，进而影响他们各个方面的发展，日后造成能力低下、性格懦弱，智力发展也会受到阻碍。

婷婷是家里的独生女，妈妈总是把她的生活事无巨细安排得十分周到，但婷婷却对妈妈的劳动不屑一顾。她总是不耐烦地说："妈妈，你烦不烦？我自己也能独自处理好自己的生活。"

妈妈想，那不妨创造一个机会，看看她到底行不行。于是，在一个周末，爸爸出差之后，妈妈留下了一张字条后也走了。字条上说："外公病了，我需要去照顾他，所以，也许三天，也许一个星期，我不会在家，希望宝贝能照顾好自己。"妈妈走的时候想,看你怎么生活?离开妈妈,你是无法生活的,我要让你知道这个道理。

妈妈走后的第一天,婷婷尽情地玩耍,把房间搞得天翻地覆。第二天,她醒来一看,房子里乱糟糟的一片,不能再这样疯玩了,要好好安排一下,把房间打扫干净了再玩。

一个上午过去了,婷婷把房间打扫得干干净净,中午还照着菜谱给自己准备了午餐。

三天后,妈妈回来了,当她看到整洁的房间和女儿时,突然间觉得自己很无知,"原来,孩子是具备独立做事的能力的。看来,以后要多给孩子创造独立做事的机会。"

当然,孩子独立自主能力的获得也并不是一帆风顺的。对孩子来说,在他的发展道路上每前进一步都是要付出代价的,家长也要有足够的耐心。

自立与自强总是结合在一起的。自强,意味着自力更生、奋发图强;自立,意味着在困难面前知难而进、顽强拼搏。美国的学生中有句这样的口号:"要花钱自己挣!"也是这个意思。

一个人做什么事情都不要想着依靠别人,依靠别人的人长大以后是没有出息的。靠自己的双脚走出人生之路,靠自己的双手创造美好生活的人,不仅会拥有美好的生活,还会受到人们的尊重。

自立就是靠自己劳动来创造生活,不依赖别人;自强就是不安于现状,勤奋进取,依靠自己的努力不断地向上。一个事事依赖别人的人,必然会无所作为。靠自己的劳动创造生活的人,一定会受到人们的尊重。要让孩子学会自己安排自己的学习生活。

6.让孩子把握自己的选择权

由于成长的环境和一些先天遗传因素的不同,每个孩子总会有自己的兴趣爱好,如果父母硬要他们做自己不喜欢的事情,往往是"强扭的瓜不甜",效果适得其反。

然而,许多父母并没有意识到这个问题,依然我行我素地让孩子按照自己的期望去发展,给孩子造成极大的压力,其结果可想而知。要知道,想要获得成功,其中的因素有很多,也很复杂,这期间存在着许多机缘和变数,这些都不是我们可以左右的。所以,人为地去控制或强行塑造孩子,不仅不会取得良好的教育结果,还会带给孩子巨大的伤害。

一位学者曾对一所中学的150名中学生的自主性状况做过一个调查,结果让人担忧。学者的问题是:如果在学习和生活中遇到难题,一时解决不了时,怎么办?被调查的150名学生几乎异口同声地回答:有困难当然是找父母解决;而对于今后准备从事什么职业,90%的学生说要问过父母后才能回答。试想一下,在这种环境下成长起来的孩子怎么能在竞争激烈的社会中站稳脚跟呢?因此,要想让孩子将来能开拓出更广阔的发展空间,父母就要从即刻做起,把选择的权力还给他们。

孩子的成长过程是一个不断发展变化的过程。在孩子的成长道路上,会遇到许多十字路口,随时都要面临选择。自主选择是一种能力。家长要注意孩子这种能力的培养,它是建立在对自己负责的基础上的。尽管有的孩子年龄尚小,但也有自己独立的人格,孩子们的事应该由他们自己作出决定。如果家长能够把选择的权力交给孩子,尊重孩子的选择,孩子就会对自己负责。

卡茨是德国著名的生理医学家。1970年,因在神经和肌肉研究领域,特别是神经肌肉传递的物理——化学机制方面所取得的成就,获得诺贝尔生理学及医学奖。

卡茨小时候很聪明,也很好奇,对很多事物都感兴趣。一旦感兴趣了,就全身心地投入进去,不争个高低决不罢休。他还善于动脑,会找窍门。比如,在做游戏时,伙伴们往往按部就班地忙碌,而他却总是第一个找到窍门,然后轻松取胜。

然而,在上中学时,他却遇到了一个不能轻易取胜的对手。那时,卡茨正在学习国际象棋,而他的同桌刚好是国际象棋的高手,结果屡战屡败。这对一向以胜利者出名的卡茨来说,是难以接受的。他下决心要战胜对手。

开始时,卡茨凭着自己的聪明和努力,下得越来越好。两人一到下课时间就摆开战场"厮杀",下得难解难分。有时,下得连上课都不知道了。有时即使坐在课堂上,脑子里装的还是下棋,时刻都在盘算着棋路,制订自己的对策。后来,他甚至一放学就跑到茶馆去下棋,既不做作业,也不复习功课。久而久之,沉迷其中难以自拔了。

老师发现卡茨的学习成绩不断下降后,经过进一步的了解,终于弄清了原因。学校把这个情况迅速通报给了卡茨的父亲。父亲把小卡茨叫到自己的房间,平静地问道:"你很喜欢下棋是吗?"小卡茨担心父亲会责骂他,但父亲却和颜悦色地对他说话,这使他放下心来,点了点头。"这是不是说明,你不再喜欢读书了?"父亲又问。"不,我当然喜欢读书。爸爸,这个你是知道的。"小卡茨争辩道。是啊,卡茨从小就热爱读书,并从知识的海洋里获取了无穷的乐趣,还打算将来当科学家呢。他怎么会不喜欢读书呢?"可是,人的精力和时间都是有限的。一个人只能同时做好一件事;要想把两件事都做好,是很难的。你很喜欢下棋,想把棋下好,却把学习的时间浪费掉了。到头来,学习没跟上去,棋也未必下得好,这不是两败俱伤的事情吗？"小卡茨眨了眨眼睛，若有所思地点点头。父亲严肃说道："所以，我今天叫你来，就是告诉你要做一个决定，就是打算把精力和时间到底放在什么地方，是放在读书上面，还是放在下棋上面？现在就请你自己做出选择。不过，我提醒你，一旦选择了，你就必须努力做好，并且彻底忘掉已经放弃的东西。"

小卡茨犹豫了半天，终于恋恋不舍地把象棋收进箱子里锁起来，决定专心读书了。不久，他的学习成绩就恢复了最好的状态。

只有培养孩子学会选择，学会承担责任，那么当他有一天长大成人时，他就能够很从容地面对生活，知道自己需要什么，知道怎么去选择适合自己的东西。

7.让孩子在集体生活中学会独立

刚升入初中的岚岚是住校生，与寝室的其他五个姐妹一起生活。

一个星期三早上，大家都醒来晚了，离上课只有几分钟了。于是大家都匆匆忙忙穿上衣服，拎着书包就出门了。

大家刚坐下，上课铃就打响了。语文老师习惯性地拿起点名册开始点名。点到岚岚的时候，大家才发现岚岚没来。平时对岚岚照顾最多的寝室长小雨开始担心："岚岚没有跟上我们吗？不会还在睡觉吧？"

小雨怀着忐忑的心情掏出书，开始听课。直到第一节课快下课了，岚岚才上气不接下气地赶来。

下了课，小雨跑去问岚岚怎么回事，没想到，岚岚爱理不理的。小雨

以为岚岚出了什么事,心情不好了,就更加急切地追问。这时候,岚岚咕哝了一句:"你们起床了都不喊我一声就走了。"

岚岚感到有些委屈,但也并没有说什么。小雨看到岚岚桌上放的是历史书,惊讶地说道:"咱们今天上午没有历史课啊,是政治课。"岚岚一听,慌忙翻书包,发现带错了书。

类似的丢三落四的事情几乎每天都发生。岚岚不是忘记叠被子,就是忘记打水,轮到岚岚值日的时候,宿舍总会被扣分,而且每到周末回家的时候,她都带回去一大包攒了一周的脏衣服。

离开家,岚岚的生活一下子变得乱糟糟的。

现实中有很多孩子都有类似岚岚的经历。孩子的独立性这么差,除了父母平时对孩子事事包办、百般溺爱之外,一般还有以下几个原因。

首先,孩子的依赖性太强。孩子觉得生活在群体中,很多事情都不必自己操心,反正有大家呢。事例中的岚岚就有这种心态,以为起床有人喊,上什么课有人提醒,所以平时就不愿意自己去处理这些琐事。然而总有出现意外,需要靠自己的时候,这时孩子往往会手足无措。

其次,家长不相信孩子独立做事的能力。当孩子独立完成某件事或者试图帮父母做某件事时,由于经验少往往不能做得很好,很多家长都会嫌弃孩子动作不利索、考虑不周到等而不让孩子做,甚至还会责怪他们,不尊重他们的劳动成果。这样,孩子的满腔热情受到打击,以至于他们不敢再去尝试独立做事,错过了很多锻炼自立能力的机会。

最后,孩子很少有独自生活的经历。很多学生都是到了大学才第一次离开父母,他们从小到大没有过完全脱离父母,自己照顾自己的经历。当某一天突然离开父母独自生活的时候,他们就会对很多从没有独立完成过的事情感到手足无措。

父母不敢放手让孩子从小学会自立,那么他们长大后就有很强的依赖心理,经不起困难和挫折的打击,遇到事情也没有主见。他们在生活中

无法很好地照顾自己,就像事例中的岚岚一样,什么事情都弄得一团糟。

所以,家长们要想让自己的孩子能够早点自立,做一个能扛得住事情的人,那么就要对他们"狠"一点。

(1)让孩子自己去医院看病

对于年龄大一点的孩子,如果遇到感冒发烧等不算很严重的病时,父母不妨让他们学着一个人去医院。没有了可依赖的人,他们就不得不自己完成挂号、找医生、付钱买药这个过程。在与医生护士打交道的时候,其实他们就已经学会了在脱离父母的情况下如何自己处理生活中的困难,也在不知不觉中提高了他们的自立自强意识。

(2)让孩子积极参加竞赛

对于学校里组织的大小竞赛,比如书法大赛、歌唱比赛、数学竞赛、球赛等,家长应鼓励孩子参加,或者可以直接承诺孩子如果参加了比赛就给予他们一定的奖励。这样孩子的积极性会大大提高,在整个过程中,他们会自己为比赛做各种准备,并主动与老师同学沟通。通过参与比赛这样一个平台,不仅可以提高孩子的专业技能,还可以锻炼孩子独自思考问题、独自克服困难的能力。

(3)当班级组织集体活动时,鼓励孩子当"领队"

当班级组织春游或者辩论赛等集体活动时,父母可以鼓励孩子"主动请缨"当小组的组长或者领头人。小组的大事小事都会经过"组长"来决定,这样的话,孩子肩上扛着小组的荣辱使命,他们心里有些压力了,就不会想着去依赖小组的其他成员,而是思考着怎么管理好自己的队员,怎么为自己的队员们做好榜样。渐渐地,孩子就会形成坚毅、独立的性格,遇到困难也不会轻易被打败。

8.让孩子在做家务中体味独立的快乐

教育家苏霍姆林斯基曾语重心长地告诫父母们:"不要把孩子保护起来而不让他们劳动,也不要怕孩子的双手会磨出硬趼。要让孩子知道,面包来之不易。这种劳动对孩子来说是真正的欢乐。通过劳动,不仅可以认识世界,而且可以更好地了解自己。劳动是最关心、最忠诚的保姆,同时也是最细心、最严格的保姆。"

做家务是孩子获取劳动机会的最简单的方法。家长要鼓励孩子多做家务。五六岁的孩子已经到了能够自立的阶段,鼓励他参与做家务,他会更爱这个家,也使他学会了责任、自理和独立思考。

做家务看起来似乎只是简单的重复性动作,但让孩子先从和自己相关的事情做起,再扩展到为其他家人服务,从小学着为家中尽一份心力,便可培养出责任感。因为家务本就是家中每个人的共同责任,整理自己的东西更是责无旁贷,大家生活在一起,自然都有责任参与整理和打扫。

不仅如此,在做家务的过程中,孩子还能获得自信心和成就感。虽然年纪还小,不能做得很完美,但在练习的过程中,孩子会发现自己有能力完成很多事,所以从中获得自信。

孩子在做家务的同时,也是培养其正确的劳动态度的过程,热爱劳动不仅仅靠的是一种理论说教,更多的是通过孩子自身对劳动的体验而产生的。对孩子来说,劳动实践是学习知识、了解认识社会的重要途径。孩子日常的家务劳动锻炼正是难得的学习机会。如果在他的记忆中只有书本知识,而没有运用这些知识指导实践的体会,也很难激发他进一步的求知欲望和热情。

通过和父母一起承担家务劳动,还可以让孩子知道:只有通过自己的劳动,才能享受真正的人生,享受真正的生活,才能体验到创造的快乐。

张晓满13岁了,已经懂得追求漂亮了,最直接的表现就是她换衣服的频率越来越高,这直接加重了妈妈的负担。于是,妈妈决定找她谈谈。妈妈说:"宝贝,妈妈工作很忙,你已经13岁了,可以为妈妈分担些家务,做一些自己的事情了,以后你的衣服要自己洗。如果你忘记的话,就只好穿脏衣服了。"张晓很痛快地点了点头。

一周过去了,妈妈发现洗衣机里塞满了张晓的脏衣服,她很生气,于是很严厉地批评了张晓,张晓答应妈妈下次不会忘了。

接下来的一周,张晓还是没有洗,脏衣服更多了,洗衣机里已经放不下了,它们都堆在了张晓屋里,几乎占了一地,最严重的是张晓已经没有几件干净衣服可以换了。妈妈决定对此置之不理,以便好好教育教育她。但是张晓有她的应对办法:她从脏衣服堆里捡出稍微干净的衣服继续穿,就是不肯自己动手把它们洗干净。

几周过去,张晓已经再也拣不出一件稍微干净点的衣服可以穿了,而妈妈的态度丝毫没有改变,张晓没办法,只好把衣服一件件洗干净了,此后,张晓的衣服都是由她自己来洗,而且她发现洗衣服并没有她想像的那么难。张晓甚至还渐渐开始帮妈妈做其他的家务了。

虽然做家务的习惯可以从小培养,但是家长也必须了解,孩子的年龄越小,能力就越有限,所以不可能将家务做得完美,要懂得欣赏宝宝用心和认真做家务的过程,而不要只以结果为标准去评判孩子。另外家长还要引导孩子做家务,以下是几种可参考的方式。

择菜:让孩子一起参与,从择菜到洗菜,让孩子知道所吃的菜肴需要经过哪些步骤才能食用,从学习中教导孩子做家务。

洗米、煮饭:从打开米缸舀米开始,家长与孩子一起参与,并告诉孩

子需要多少米。洗米时,也可以告诉孩子,这水除洗米外,还可以留着做其他用途,如洗菜,让孩子除了参与家务外,还能懂得节约。

扫地、擦桌子:先找出一块孩子专用的抹布及扫把,让孩子试着去做家务,或由父母教孩子如何做,才能将桌子、地板弄干净。

晒、收、叠衣服:晒衣服时可请孩子帮忙拿衣架,由妈妈晾衣服;收衣服时,孩子还小,可由他负责拿自己的衣服;叠衣服时,孩子也可以学习折叠及分类放好。

在引导孩子做家务或给孩子做示范的时候家长应该少说话。如果家长只顾说,那么孩子就没有时间看你的双手在做什么,而是注意你的嘴巴。也就是说,你要多做示范少说话。举个例子来说,你先把面包、装花生酱的瓶子和小刀子都放在桌子上,然后确定当你舀花生酱的时候你的孩子一定在认真看着呢,最后,给他示范怎么样一只手拿着面包另一只手在面包上抹花生酱。你示范一遍过后就可以让你的孩子尝试一下了,这时候你可以在旁边告诉他,他的做法是否正确。

让孩子做家务,应用温和的语气、商量的口吻,不能以家长权威压孩子,让他觉得做家务是一种负担。孩子做好一件家务事,应给他一些言语上的奖励,当然也可以给他一些零用钱,但不能让他觉得这是做家务的条件,否则,他可能会认为捡起自己的袜子,都应收到报酬。

当孩子做家务时,我们总是说要多鼓励、多赞美孩子,但是请注意,赞美一定要清楚具体,让孩子知道好在哪里。例如擦桌子,不要只是笼统地说:"哇!你好棒!"不妨跟孩子说:"你擦得真仔细,看,多干净啊!"另外,在与孩子一起做完家务后,不妨和他坐下来喝杯水、吃点东西,并告诉他:"辛苦了,干干净净的看起来好舒服!来,喝杯茶,休息一下吧!"让孩子知道做家务不是为了讨妈妈欢心,而是享受做完家务的成就感。

总之,家长要让孩子喜欢上做家务,不要说孩子小,等长大了再做也不迟。如果现在孩子大了,而且不做家务,我们也不要抱怨,从现在开始教会孩子做家务。

9.注意培养孩子在家庭事务中的参与意识

提起让孩子参与家庭事务的决策，很多家长都会说："孩子这么小，他懂什么？"家长的这种观点是不对的。孩子也是家庭成员之一，因而家庭的事也是孩子的事，他们也有权参与家庭的决策。家庭的重大财务决策包括：买汽车、买家具、买大型家用电器、买奢侈品等。虽然孩子小还不太懂事，但通过让孩子参与家庭事务的决策，不仅可以让孩子觉得自己是家庭的一员，自己很受父母的重视，像个大人，能感受到"主人翁"的责任感和幸福感，而且也才能让孩子的决策能力得到锻炼和提高。

瞳瞳家的房子装修时，瞳瞳妈妈把儿子当成了小大人，经常与他商量：
"你喜欢自己房间的墙壁涂什么样的颜色呢？"
"你喜欢把书架摆放到哪里呢？"
"你认为什么款式的家具好呢？"
有时，瞳瞳自己也拿不定主意，妈妈就会鼓励儿子发表意见：
"如果是你，你该怎样做？"
"我想听听儿子的意见。"
通过装修房子，瞳瞳感到妈妈对他特别重视，因此他备受鼓舞，在任何场合都爱表现自己了。现在，他不仅当了班级干部，而且做什么事都"振振有词"，喜欢主动承担家里家外的一些事情。

据调查，发现能经常参与家庭决策的孩子性格开朗，能关心别人，有较强的集体感和责任心，且遇事爱动脑筋，有较强的自信心；而那些从不参与家庭决策的孩子,常常以自我为中心考虑问题,集体意识淡薄,遇事习惯于依赖、等待。可见是否让孩子参与家庭决策对孩子的发展有很大的影响。

一般说,凡是参与的过程和结果有利于孩子身心健康发展的,就可以让其参与,否则就不宜让孩子参与。例如,家里要添置什么日用品,买什么品牌、买什么型号,都可以征求孩子的意见。旅游前要选择哪条线路,要以什么样的方式去旅游……在让孩子参与商量做决策时,父母可以让孩子想想以前爸爸妈妈在准备类似活动时,都是怎么准备的,带些什么东西。通过回忆联想,孩子根据过去的经验提出意见,这样就顺利地介入了决策。

尽管孩子有时候可能还不一定能说出所以然,但当父母征求孩子的意见时,孩子就会就父母所提的问题进行思考、分析、比对,然后作出自己的决策,这正是对孩子决策能力的一种锻炼。这样既有利于孩子增长知识,又有利于培养孩子的决策能力,还能增强孩子的家庭责任感。

参与家庭生活,是孩子参与未来社会生活的基础,因此,家庭教育应该注意培养孩子在家庭中的参与意识,培养他的参与能力。家长具体该怎么做呢?

(1)要培养孩子在家庭中的角色意识

角色是个人在特定的社会关系中的身份,孩子虽然小,父母也要言传身教地引导他在不同的情况下充当不同的角色。

例如,有的父母为孩子不愿意和来玩的小客人分享玩具感到恼火。这其实就是小孩缺乏角色意识的一种表现,孩子没有从儿子的角色转换到主人的角色。怎么办?父母除了平时在不同的情境中利用各种机会引导外,还需要在客人到来之前临时培训,进行类比说明,开展移情教育。

(2)要培养孩子在家庭中的责任意识

角色意识带来的必然是责任意识,因为角色决定了一个人该做什么和不该做什么。参与家务劳动就是培养小孩责任意识的第一步。

目前有一种从西方国家引进的家庭教育观点,认为有偿家务劳动可以培养孩子的独立意识。

这有它的可取之处,但是如果从家庭责任角度来看,这种观点就值得商榷了,因为它把家庭成员应该承担的责任变成了一种业务,容易导致小孩的功利思想,使他过于计较自己的利益,缺乏奉献精神。如果孩子参加家务劳动需要报酬,那么,父母在家庭中承担的一切家务劳动和无形的精神操劳谁付报酬呢?为什么父母就应该在劳累了一天之后做好一家人的饭菜,而同为家庭成员的小孩洗一次碗,扫一次地,就非要付报酬呢?同为家庭成员,生活在同一个屋檐下,大家都有责任付出和奉献,都有义务参与家庭劳动。不给予小孩家务报酬,并不是无视他的劳动,父母可以在一定的时候通过购买他心仪已久的礼物作为补偿。这与直接给予他金钱上的报酬的性质是不一样的。前者是一手交钱,一手劳动的业务关系,后者是家庭成员温馨的一起购物,共同挑选的亲情表达。

(3)要培养孩子在家庭中的权利意识

每个人的权利始终伴随着责任和义务,责任、义务和权利的主体应该统一,不可分割。也就是说,享受权利的人,同时也要承担责任,承担责任的人同时也拥有权利。我们追求民主平等,我们追求以人为本的理念。人人平等的社会虽然在短时期内还很难达到,但是我们完全可以从家庭成员之间的民主平等做起。例如,当孩子要求你到阳台上吸烟的时候,你会认为他是目无长辈吗?这其实是他的权利;当你的儿子向你索要额外的零花钱时,你会耐心地告诉他你拒绝的理由吗?你不妨严肃地说:"父母是有支付它的义务和责任,但是你也有作为孩子认真读书的责任。你最近沉迷于游戏之中,荒废学业,没有尽到一个学生和孩子应尽的义务,我们很难满足你的额外要求。"学会适时的拒绝是为人父母的一种技巧,但是拒绝的目的不是伤他的自尊心,也不是使他心灰意懒,而是要使他明晰你拒绝的理由,帮助他树立起正确的权利和责任意识。我们很难想象,一个随时都能够得到满足的小孩在他未来的社会生活中,或在他现时的学校生活中,如何面对同事或同学的拒绝,如何能够承受工作和学习中的挫折和打击。

孩子参与家庭活动是非常有意义的。随着孩子年龄的增长,他参与家庭事务的程度应不断深入,家长应该为孩子提供更多发表自己的意见的机会,这对他的健康成长是非常有益的。

10.培养孩子独立思考的能力

正如伟大的物理学家爱因斯坦所说:"学会独立思考和独立判断比获得知识更重要。"他说:"不下决心培养思考习惯的人,便失去了生活的最大乐趣。"父母要培养孩子独立思考的习惯,循序渐进地引导孩子认清世界,体味人生,思考自己的未来。

一个孩子能否成才,最关键的还是在于从小能否进行有效的思考能力的锻炼。纵观世界上那些有杰出贡献的人,他们都有一个共同点,那就是善于思考。

有着"数学王子"之称的德国数学家高斯,是个从小就善于思考的人。

高斯的父亲作泥瓦厂的工头,每星期六他总是要发薪水给工人。在高斯三岁那年,有一次当他正要发薪水的时候,小高斯站了起来说:"爸爸,你弄错了。"然后他说了另外一个数目。原来三岁的小高斯趴在地板上,一直暗地里跟着他爸爸计算该给谁多少工钱。重算的结果证明小高斯是对的,这把站在那里的大人都吓得目瞪口呆。

在高斯10岁的时候，老师在算数课上出了一道难题："把1到100的整数写下来，然后把它们加起来！"每当有考试时他们有如下的习惯：第一个做完的就把石板面朝下地放在老师的桌子上，第二个做完的就把石板摆在第一张石板上，就这样一个一个落起来。这个难题当然难不倒学过算数级数的人，但这些孩子才刚开始学算数呢！老师心想他可以休息一下了。

但他错了，因为还不到几秒钟，高斯已经把石板放在讲桌上了，同时说道："答案在这儿！"其他的学生把数字一个个加起来，额头都出了汗水，但高斯却静静坐着。

这时候，老师发现高斯没动笔，而是皱着眉头想事情的样子，于是走上前来问他怎么了，为何还不开始计算。小高斯笑了笑，对老师说，他已经知道答案了，是5050。

老师被惊得目瞪口呆。

高斯对老师说，他仔细观察了这些数字，发现这一组数字中1加100等于101、2加99等于101……这样的等式一共有50个，因此这道题可以化简为"50×101=5050"。

看完高斯的故事，也许你回觉得他简直是个神童！其实，神童并非先天资质多么优越，只不过他们都有一个共同点，那就是喜欢思考。高斯正是因为善于思考，所以才做出了令人惊异不已的事。

可是，看看我们现在很多孩子，多数情况下都是一遇到困难，就想从父母或者其他别人那里得到帮助，获取现成的答案。

实际上，孩子只有从小学会独立思考，才会更具有创造力，长大后也能够更好地掌握自己的命运。而作为父母，最重要的就是培养孩子的独立能力，让他懂得如何去思考，改变自己的人生轨迹，并为自己的人生绘出美好的蓝图。

现在越来越多的家长都已经意识到了让孩子学会思考的重要性，那

如何让孩子学会思考呢?

(1)鼓励孩子发表自己的看法

在很多家庭的教育中,都存在"父母专制"的现象。他们认为,自己比孩子经验丰富,自己的判断、决定也是强于孩子的,所以孩子只听就行了,没必要参与讨论。

岂不知,这样下去,孩子凡事都依赖父母了,在他的心里会认为,怎么都得听父母的,自己也就没有必要发表意见。这样一来,孩子独立思考的能力不就被扼杀了吗?

其实,在任何情况下,孩子都应当被允许表达意见,不仅仅是他可接受的、安全的话题,而且要允许讨论、争论。这对孩子思考能力的发展是至关重要的因素。

如果孩子的意见正确,父母要肯定、表扬,让孩子增强发表意见的信心。在这种鼓励下,孩子爱思考的积极性就会大大增强,这样也就达到了父母培养孩子思维能力的目的。

(2)保护孩子的好奇心

好奇心是孩子的天性,他们对所有看到的、听到的,甚至想到的事物都会好奇,想探个究竟。其实,这正是孩子求知欲望的反映,也是孩子智慧火花的迸发。

看看身边那些有主见、有思想的孩子,他们往往具有较强的好奇心。因为正是好奇心的驱使,使他们乐于探索和思考,并逐渐形成探索和思考的习惯。因此,作为父母,一定要尊重、保护和正确引导孩子的好奇心。

比如,当孩子提出问题的时候,父母只要知道,就要准确、通俗地给出答复;如果父母一时不知道答案,就要和孩子一起查资料或者请教别人,最终找到正确答案。这对培养孩子的想象力、思维能力有很大的帮助。

(3)多为孩子创造思考的情境

在培养孩子爱思考的过程中,父母可采取向孩子提问的方式,这样会激起孩子了解问题答案的兴趣。这种提问,就是一种创造思考情境的

方式。

所以,父母可以多带孩子一起外出游玩、参观,然后问孩子看到了什么,听到了什么。或者就某个问题和孩子展开讨论,问问孩子他的想法是怎么样的,或者他觉得怎样会更好,等等。

其实,这种思考情境的创设,除了培养孩子爱思考的能力和习惯外,也是保持家庭成员之间和睦相处的良好渠道。这样,会让孩子感觉自己在民主的气氛中成长,不会有什么拘束和压力。

事实上,每个孩子都有一定的独立思考的能力,所以,在平时,父母不要急于给孩子现成的答案,而应鼓励孩子自己认真思考一下。如果孩子通过认真思考,还是想不出来,父母可以逐步提示,以此引导孩子思考。如果孩子回答错了,父母也不要指责孩子,而应耐心地为他讲解,同时提一些启发性的问题,来让孩子自己去发现和纠正错误。

第三章

多份担当,让孩子为自己负责

1.让孩子知道责任感的重要性

如果你问一些孩子,责任是什么东西,他们或许告诉你责任是什么。但是如果你问他们为什么责任很重要,很可能他们就说不出来了。这就说明现代的孩子只知道什么是责任,却不知道责任感的重要性。这对于孩子责任感的培养也是不利的。所以,家长在交给孩子什么是责任感的同时,也要让孩子知道责任感的重要性。

(1)让孩子知道责任对于他人的重要性

每个人都应该有责任,而每个人的责任也会对他人的生活产生一定的影响。这些对于成人来说非常简单的道理,对孩子来说,并不一定简

单,甚至他们根本就没有意识到。所以,在培养孩子责任感的时候,一定要让他们明白,自己承担责任不仅仅对自己来说非常重要,对别人来说也同样重要。

学校组织去国家公园野餐,老师将需要带的东西分派了下去,由班上的每个同学负责回家准备一项。同学们有的负责去超市买食品,有的负责准备烤肉的炉子,有的负责所有的餐具……威尔逊分到的任务是负责准备烤肉要用的调料。

期盼这次野餐已经很久了,因此,消息一得到确认,威尔逊就开心地蹦了起来,直到放学回家,他都开心地楼上楼下地欢呼着,惹得爸爸妈妈一阵怜爱。妈妈提议威尔逊列一个单子,把需要带的东西先想好了,然后交给妈妈检查,这样不但可以防止遗漏,还可以防止没有经验的威尔逊漏拿了东西。

但是威尔逊说要先出去跟小朋友宣布这个消息,回来后再列清单。他说:"放心吧,爸爸妈妈。我会带好的,别担心。"

妈妈虽然不是很相信他,但一想,这是一个很好的锻炼机会,就没有再要求他必须现在开列出清单来。

小威尔逊在外面玩了整整一天,临到晚上该睡觉的时候他才匆忙跑到厨房里收拾。

第二天,当全班人准备就绪,开始野餐时,小威尔逊却怎么也找不到烤肉汁,他惭愧地低下了头。这次教训让他意识到由于自己的疏忽,使这次活动大为逊色,影响了自己,也麻烦了别人。

(2)让孩子知道责任对自己的重要性

现实生活中,家长包办式的抚养孩子,渐渐让孩子产生了一种错觉:事情没做好不是自己的责任,而是父母的责任。比如,上学迟到,不是自己的责任,而是妈妈没有及时叫醒自己;上学忘记带书本,不是自己的责任,而是妈妈没有将书本收拾进去……甚至很多孩子产生了"书是为父母读,考试也为父母考"的意识,他们并不知道,负责对自己有什么好处,对自己有多么重要。所以聪明的家长一定要告诉孩子:"学习是你自己的事情,而不是别人的事情,你成绩好只会对你自己有好处,而不会对别人有好处。"

(3)让孩子知道责任对于结局的重要性

没有责任感的行为是不会有什么好的结局的,因为一个缺少责任感的人是不会真正关心他人,无法与他人真诚合作的,也是无法适应社会的。所以,家长在培养孩子责任感的时候,同样要让孩子知道责任感对于结局的重要性。

2.从小事开始培养孩子的责任感

苏达已经是个三年级的小学生了,可总是把自己的事情推给别人。苏达出去跟小朋友们踢球,回家把脏鞋一脱,就扔给妈妈:"妈妈,你给我刷鞋!"老师布置了手工作业,苏达却想着看动画片,便让爸爸替自己做。苏达跟妈妈出去逛超市,所有的东西都让妈妈拿着,妈妈让他拿自己的玩具,苏达却拒绝了:"我是小孩,你是大人,大人就该照顾小孩。"

对此,苏达的爸爸妈妈都很无奈。他们也曾经试着让苏达明白哪些是苏达的责任,并教他做一些力所能及的事。但每次苏达都以"大人应该照顾小孩"为由拒绝。父母也就不再坚持。

久而久之,苏达变成了一个没有责任感的孩子。有一次轮到苏达的

小组值日时，他竟然把所有的值日劳动都推给了同学，自己却什么都不干。这种做法不仅惹怒了同学，也让老师非常生气，老师狠狠地批评了苏达。

苏达作为一个三年级的小学生，却连一些基本的责任感都没有，总是把自己应该做的事推给别人。究其原因，就是父母没有培养起他的责任感，没有教会他为自己的行为负责。这个年龄段的孩子正处于性格塑造的关键期，如果家长总是事事代劳，很容易让孩子对父母产生依赖性，不懂得对自己的行为负责。

责任心是一种重要的品质，对孩子来说，只有具备强烈的责任感，才能自觉勤奋地学习知识和技能，长大后才会更好地融入社会。然而，很多家长并不重视对孩子责任感的培养，导致他们出现与苏达一样的情况。还有一些家长虽然知道责任感的重要性，还有也想培养孩子的责任感却感到无从下手。

其实，培养孩子的责任感和培养孩子的其他习惯一样需要从小事入手，这样孩子才更容易接受。

(1) 让孩子自己收拾玩具、衣服和文具

小事出现在生活中的方方面面，任何一件小事都可以培养孩子的责任感，比如，让孩子自己收拾玩具、衣服和文具。

让孩子自己收拾玩具是培养孩子责任心的第一步。孩子喜欢玩玩具，却不考虑到处乱扔玩具带来的后果。让孩子自己收拾玩具，不仅可以让他知道要承担自己的责任，还能帮孩子养成做事有条理的好习惯。

(2) 通过听故事、看动画片等方式教孩子认识责任

孩子们年龄小，对父母讲的一些大道理并不能很好地理解，对故事却更容易接受。因此，家长可以通过一些孩子喜闻乐见的事物来教他们认识责任。比如，给孩子讲些与责任有关的寓言童话，与孩子一起看一些与责任有关的动画片等。

(3)做个"责任表",让孩子知道自己的责任

培养孩子的责任感要从小事入手。家长可以为孩子做个"责任表",把孩子应该做的事和应该承担的责任一一列出来。"责任表"不仅会起到监督的作用,还会让孩子有"主人翁"意识,感到自己是独立的一分子,从而更好地去承担责任。

(4)孩子做错小事,不承担责任时也要给予惩罚

培养孩子的责任感还要注意,孩子做错了事,不承担责任时也要给予惩罚。这样,孩子就不会存有侥幸、逃避的心理。

3.为自己的过失负责

犯下错误之后,如果只想到推诿和逃避责任,那么受到最大伤害的只能是自己。我们必须面对属于自己的问题,归咎于环境或者他人,并不是明智的做法。因为这样做问题并没有得到解决,只会让错误像高利息债务一样,越滚越大,成为横亘在我们人生路途前的一座大山,让人变得小心翼翼,害怕犯错,从而丧失面对挑战的勇气,最终变成一只鸵鸟。

2004年4月一个周末的上午,比尔·盖茨正在书房看几份文件,猛然听见厨房里"乒乓"一声,似乎有什么东西摔在地上了。

比尔·盖茨赶到厨房时,看到冰箱前面已是牛奶汪洋,两岁的菲比正对着地上的牛奶罐发呆。比尔·盖茨阻止了保姆打扫厨房的行为。菲比有点不知所措,看起来她也受到了一些惊吓。

"菲比,我从来没有见过如此壮观的牛奶海洋。难道是有头奶牛来我

们家,挤完牛奶就跑掉了么?"比尔·盖茨夸张地说道。

"很糟糕,爸爸,那牛奶已经不能喝了。我拿不住它,所以,牛奶罐就摔倒了。"小菲比不好意思地说道。

"亲爱的菲比,我建议下回你可不要把牛奶再摔到地上了。记住,一定要请妈妈帮你倒进浴缸去,这样,你就可以洗个'牛奶浴'了。"

菲比被逗笑了,比尔·盖茨继续说道:"我想,既然我们的菲比这么出色,那我就要荣幸地邀请菲比一起清理战场,难道我们不是最佳搭档吗?"

"哦,爸爸,我十分愿意和您一起来清理。"菲比开心地回答。

是的,比尔·盖茨要让菲比亲自清理她犯过的错误。没有人不会犯错,辉煌的成功建立在无数次错误的基础之上,所以不要怕犯错。但是这不应当成为轻率的理由或者推卸责任的借口。关键是要让每一次错误都变得有价值。不为自己的错误负责,把错误的原因归结为环境因素或者他人因素的人,无法正视错误,也不会在错误中成长。

保姆拿来清理工具后,比尔·盖茨拿起干抹布,让菲比学着他的样子蹲下身,一点一点地清理。在父女的通力合作下,厨房也大致恢复了原状。

比尔·盖茨扶着菲比的肩膀站起身来说:"好了,菲比。接下来,我想我们得认真地学习一下,怎样制服这些牛奶罐了。"比尔·盖茨让保姆在牛奶罐里盛满清水,放进冰箱,然后对菲比说:"亲爱的,怎么才能制服它呢?菲比,看仔细哦!必须像特里这样,用双手一起拿,牛奶罐才会老实听话。然后,我们把它平稳地放在这张小桌子上,接下来,轻轻松松地打开盖子。这样,牛奶才不会打翻在地上。来吧,亲爱的菲比,请做一次'实验'怎样?"

比尔·盖茨回头对菲比做了个鬼脸,竖起了大拇指,"来吧,我的小士兵,勇敢地面对困难吧,爸爸支持你?相信你可以做得很好。"

"金无足赤,人无完人"。人难免有因为疏忽而犯错的时候,这是人之常情。但是,以怎样的态度看待因为自己的疏忽而已经出现的问题,就能看出一个人是否能够勇于承担责任。

日本著名的文化人类学学者高桥敷先生,当年在秘鲁的一所大学任客座教授时,曾与一对来自美国的教授夫妇比邻而居。一天,这对夫妇12岁的小儿子,不小心将足球踢到了高桥敷先生的家门上,一块很大的茶色玻璃被砸得粉碎。

虽然发生了这样令人不愉快的事情,但高桥先生和他的夫人还是很宽容。按照东方人的思维,他们估计那对美国夫妇会很快登门道歉。然而,他们想错了。第二天一大早,那个闯祸的12岁男孩在一位出租车司机的帮助下,送来了一块用于赔偿的大玻璃。

小家伙见到高桥敷先生,彬彬有礼地说:"叔叔,对不起。昨天我不留神打碎了您家的玻璃,因为放学之后商店已经关门了,所以没能及时赔偿。今天商店一开门,我就去买了这块玻璃来赔偿您。请您收下这块玻璃,也希望您能原谅我。以后我会小心的,这种事情再也不会发生了,请您相信我。"

高桥夫妇不仅原谅、而且喜欢上了这个通情达理的孩子。他们在家款待孩子吃了早饭,而且还送给他一袋日本糖果。事情本来就可以画上"句号"了。然而,出人意料的是,当孩子拿着那袋糖果回家之后,那对美国教授却出面了。他们将那袋还没有开封的糖果客气地还给了高桥夫妇,并且解释了不能接受的理由:一个孩子在闯了祸的时候,是不应该得到奖励的。

孩子父母的做法,让人觉得似乎很不近情理。其实,他们是在培养孩子勇于承担错误的思想。在他们看来,12岁的"男子汉",应当学会对自己的行为后果负起他能负的责任。孩子打碎了邻居家的玻璃,为了赔偿这

块玻璃,他几乎花掉了自己存折上所有的零花钱。但是,他决不会因此得到父母一分钱的"财政补贴"。如果他的钱不够的话,父母可以考虑借钱给他,但他必须有自己的还款计划。比如,早晨为附近的邻居送牛奶、取报纸,周末为别人修剪草坪,节约自己每周的零花钱等等。之所以这样做,是让他必须为自己的过失付出代价。只有付出这种代价之后,他才能接受这个宝贵的人生教训。

生活中我们要做敢于承担责任的人,并严格要求自己,把敢于担当作为一种习惯去培养,一旦出现问题,就设法去解决困难。任何人都喜欢敢于承担的人,而敢于承担责任的人,才有可能成长得更快,才会有更多的成功机会。一个推卸责任没有任何担当的人,他永远无法到达更高的位置。

责任感是做人做事的基础。一个有所作为的人必定是一个负责的人;不负责任的人,即使能力再强,也是庸才。一个人只有负责任,肯担当,才能够独当一面,成为骨干力量。

当你习惯了让别人替你承担责任,那么你将永远碌碌无为;当你少一些抱怨、少一些借口,多一份责任、多一份主动的时候,成功自然就会敲响你的门。

4.面对过错,敢作敢当

很多父母不知道如何去教育犯了错误的孩子,对其不闻不问?担心孩子会因此学坏。严加处罚?又怕伤害孩子。借用古人的一句话"人非圣贤,孰能无过?过而能改,善莫大焉"。在某种意义上,错误对任何人来说都是不可避免的,它将伴随人的一生。孩子犯错并不可怕,关键是父母要教育孩子勇于承认,并及时改正。

勇敢地承认错误、承担责任是一种可贵的品质,也是孩子不断进步、健康成长的性格基础。几乎所有的成功者都具有面对过错敢作敢当的优良性格。孩子敢于承认错误、担负责任才能从中吸取教训,不会再犯同样的错误。这样,孩子在人生的旅途中才能不断前进,实现美丽的梦想。

美国著名政治家本杰明·富兰克林从小就是一个贪玩的孩子,他经常和小伙伴们到波士顿郊外的一个池塘去钓鱼。那儿的水边有一片深深的泥塘,有鱼上钩的时候,他们必须站到泥塘里才能抓住它们。

一天,大家都站在泥塘里,一个同伴抱怨道:"站在泥塘里太难受了,我的鞋每次都被弄得一塌糊涂。"

"就是嘛!"别的男孩子们说,"如果能换个地方多好啊!"

在泥塘附近的干地上,有许多用来建造新房地基的大石块。小富兰克林爬到石堆高处说道:"站在泥塘里太难受了,泥浆都快淹到我的膝盖了。我有一个好办法能让大家既钓到鱼,又不必泡在烂泥里。你们看到这些石块了吗?如果我们把这些石块扔到泥塘里,那么我就可以踩着这些石头钓鱼了,大家说怎样?"

众人一致赞成富兰克林的办法,他们决定当晚再聚到这里开始他们伟大的计划。在约定的时间里孩子们都到齐了,于是他们开始搬运石块。他们像蚂蚁那样两三个人一起搬一块石头。最终,他们在泥塘边上建成了一个小小的"码头"。从此,他们可以不用泡在那些难闻的烂泥里了,大家都很高兴。

然而,第二天早晨当工人们来做工时,他们惊奇地发现所有的石块都不翼而飞了。经四处寻找,工头才发现那些用来盖房的石块全被扔在了那个烂泥塘里了。工头非常生气,就立即跑到地方法官那儿去报告。法官下令调查案件,找到偷石头的家伙。

富兰克林的父亲得知这一事件后非常生气,他带着自己的儿子向工头道歉,并说愿意为自己儿子的行为向主人赔偿。由于富兰克林的父亲是一名很有声望的绅士,工头原谅了富兰克林。但是,富兰克林的父亲坚决要求孩子和自己一起,将扔在烂泥塘里的石头又一块一块地挖了出来,再放回原地。

完事以后,父亲严厉地对富兰克林说:"你要记住,犯了错误就要勇于承担责任,自己要对自己的行为负责。"

富兰克林牢牢地记住了父亲的训斥,他一生都无法忘记他和父亲的那次谈话。在他以后的人生道路上,他始终都坚持着他明智的父亲教给他的原则。他后来成为了美国有史以来最杰出的政治家和外交官之一。

这个故事曾传遍了整个世界,影响了一代又一代不同肤色的人。承认错误、担负责任,同时成为很多国家和民族共同的人生信条。应该说,富兰克林是幸运的。他平凡的父亲告诉了他一个不平凡的道理:一个人只有勇于承担自己的责任时,他的所作所为才变得伟大而值得称颂。尤其是一个男子汉,更应该担当起崇高而不浮华的责任,这是一个人一生中最重要的使命之一。

孩子犯了错误,父母不要责怪孩子,要耐心地教育孩子,让孩子明白为什么会犯错误。同时父母还要让孩子懂得不能把错误归结于别的因素,或是把错误推到他人的身上。父母要鼓励孩子站出来,勇敢地承认自己的错误,这样孩子才能成长为一个敢作敢为、勇于负责的人。一个具有勇敢无畏、敢作敢为性格的人,不会因为犯错误而停下脚步,也不会因犯错而逃避责任,而是从失败的阅历中取得难得的经验,吸取错误的教训,努力寻找可以弥补错误的办法。对于一个勇于面对错误又设法加以弥补的人,人生的回馈也会更加丰厚。

作为父母,要重视每一件小事,不能因为事情很小而纵容孩子。实际上,任何一个小错误都有可能引起严重的后果,造成不可挽回的损失。所以说,"面对错误,敢作敢当"应从小错开始。如果孩子说了一句脏话而不加以引导纠正,久而久之他也许就会养成粗鲁、暴躁的性格。很多抢劫犯、杀人犯都是由于儿时的一些错误没有得到及时的纠正而愈陷愈深最终走上了不归之路的。

此外,父母要以身作则,为孩子树立知错就改的模范。如果父母犯了错误不敢承认,文过饰非,又怎么要求孩子面对过错勇于承担呢?

总之,孩子犯了错,最好的教育就是让他敢作敢当,承担起责任,以负责的态度尽快弥补过失。有时候,处理得当还能带来意想不到的效果,很可能因此而成就孩子的一生。

5.不要为错误找借口

借口只是不思进取之人的拖延的战术,它不是一个好的习惯。一个人一旦养成了找借口的习惯,做事就会变得没有效率。遇到困难时找个借口为自己推卸责任,可能暂时让你过得舒服些,但是,这样的人离成功只会越来越远。

有一次,巴顿将军想提拔一个自己的下属,有6个候选人。于是巴顿将军给这6个人布置了一个任务:让他们挖一条8英尺长、3英尺宽、6英寸深的战壕,说完就走开了,躲到一个角落里观察他们的表现。

6个候选人拿出工具,放在地方,沉默了几分钟,开始讨论,有人说:"为什么巴顿将军让我们挖这么浅的战壕,6英寸深能有什么用呢?"有人抱怨:"这样的体力活,应该是新兵该干的。"只有一个人坚定地说:"让我

们把战壕挖好再离开吧。巴顿将军既然让我们挖，就肯定有他的理由。"最后，这名候选人被提拔了。

巴顿将军说："伙计们能够思考问题没什么不好，但是有问题可以跟我提前或稍后讨论，当时接受了命令就必须不容置疑去完成。我想挑选的是不为任务找借口、全力以赴完成任务的人。"

你的孩子是否一个在日常的学习生活中经常给自己找借口、推脱责任的人呢？考试没考好是因为老师出题太难了，作业没按时完成是因为生病了，上课不认真听讲是因为老师讲得太枯燥……其实，作为家长应该培养孩子的责任意识，出问题时要学会自己对自己负责，要明白问题的责任不在于老师、家长、同学，更不在于外来的一些因素，这是一种对自己负责的人生态度。

一个人犯了错误，是不需要解释的，而是要进行反思、改正。从自己身上找原因，会进步得快些；归咎于客观的人，是很难有进步的。父母要告诉孩子，犯了错误的时候，不要为自己找借口。

康康今年12岁了，上小学六年级。她是一个很努力且成绩非常优异的小女孩，每次考试，不是第一名就是第二名。

这次期中考试，康康的英语成绩考得不是很理想。妈妈问她："康康，你英语成绩一向都是很优秀的，怎么这次考成这个样子？"康康害怕妈妈责怪她，于是赶紧找借口说："考试的时候，我头疼，所以影响了发挥。"妈妈说："你的试卷我已经看过了，你被扣分的题目都是因为你的不细心，英语单词不是拉下一个字母就是错误地拼写。这次考得不好没有关系，但是你为什么不积极总结考试失败的原因，而是找借口为自己开脱？"康康低着头对妈妈说："其实，考试的时候我一直想着第一个交卷，所以才那么不细心。"

妈妈笑了，说道："这就对了，一件事情，无论怎么样，都要勇于负责，

不找借口,要找原因。你现在认识到了自己的错误了吧,下次一定要认真细心,不要那么着急交卷,做完之后再检查一遍……"

生活中,很多人做错了事总是为自己寻找似乎很有说服力的借口,他们宁愿把时间和精力花费在找借口逃避责任上,也不愿花费同样的时间和精力来分析原因,把借口当做推卸责任的"工具",这样往往会使自己变得越来越懒惰。这样的孩子缺少的是负责的态度,缺少的是想尽一切办法通过各种途径做事情的精神。

因此,我们要在平时的点滴小事上教育孩子不要为过错或者失败找借口,与其费尽心机地找借口,不如分析、总结问题的症结来加以改正更为有效。告诉孩子:"不为失败找借口,只为成功找方法。"因为找借口实在不是一个好的习惯。责任感是人立足于社会的根本,任何一个人都希望把工作都交给有责任心的人,谁也不会把重要的职位交给一个遇到问题总是推卸责任、找各种借口的人。所以,要追寻成功就一定不要为自己找借口。

6.教育孩子要懂得自我负责

虽然孩子在法律意义上还没有完全的民事能力,但是要培养孩子的责任感,父母同样向孩子传达一个概念:要对自我负责。

所谓对自我负责是指对和自己有关的事情负责,比如对自己的行为负责、对自己的言语负责、对自己的安全负责……只有孩子懂得自我负责,才会懂得对他人负责,才会懂得对这个社会负责。相反,如果

一个孩子连对自我都负责不了,他凭什么对别人负责?凭什么对这个社会负责?

这一点,家长在教育孩子的时候一定要注意到:

(1)对自己的行为负责

毫无疑问,好动、调皮的孩子总是做出一些伤害别人的举动。很多时候,家长都知道这些行为已经造成了伤害。所以,聪明的父母会通过让孩子对自己的行为负责来告诉孩子:在这一点上,你做错了。

一个11岁的美国男孩踢足球时,不小心打碎了邻居家的玻璃。邻居向他索赔13美元。那是在1920年,当时13美元可是笔不小的数目,足可以买125只生蛋的母鸡。男孩没有办法,只好去向父亲承认错误,请求父亲的帮助。然而,父亲却斩钉截铁地说,男孩必须对自己的行为负责。

"我哪有那么多钱赔人家?"男孩非常为难。

"我可以借给你。"父亲拿出13美元,"但一年之后你必须还我。"

于是,男孩开始了艰苦的打工生活。经过半年的努力,终于挣够了13美元这一"天文数字",还给了父亲。

这个男孩就是日后的美国总统里根。他在回忆这件事时说:"通过自己的努力来承担过失,使我懂得了什么是责任。"

的确如此,让孩子对自己的行为负责不仅仅有利于孩子认识到自己的错误,而且还对孩子责任感的培养,对提高孩子的抗挫折力非常有帮助。因为孩子在负起责任的同时,感受到了凡事应该以自己稚嫩的肩膀去承受,这正是很多孩子所缺少的。

(2)对自己的想法负责

每个孩子都会有自己的想法,这些想法有对也有错。但是很多孩子在有了错误的想法之后,并不知道自己的想法是错误的,乃至一错再错。要避免出现这种情况,比较有效的方法是当孩子第一次出现错误想法的时候,家长就应该让孩子对自己错误的想法负责。

柔柔的同学在学电子琴,她跑过去和同学学了一天,跑回家来便要妈妈也给自己买一台电子琴。可是妈妈考虑到电子琴并不便宜,买一台将近要花掉自己一个月的工资,便没有立刻答应,她想看看柔柔是不是真的喜欢学电子琴。

在接下来的几天时间里,柔柔一直都嚷着妈妈给自己买电子琴,考虑到柔柔的爱好,妈妈最终决定给柔柔购买电子琴。不过在购买之前,妈妈和柔柔协商了一下:决定利用柔柔的压岁钱购买,如果不够,妈妈再用自己的钱补上。

为了能得到电子琴,柔柔想都没想就答应了。

第二天,妈妈带着柔柔买回了她梦寐以求的电子琴,可是,果然不出所料,柔柔在学了一周之后发现学电子琴并不是一件轻松的事情。渐渐地,也就对电子琴失去了兴趣。后来,她竟然耍赖,让妈妈将她的压岁钱还给她。

对于这样的要求,妈妈严词拒绝,并且告诉柔柔,要对自己的想法负责。她现在不仅拿不到压岁钱,而且还得好好练琴。妈妈甚至告诫柔柔:如果做不到这两点,以后任何玩具、任何零食她都得不到。

至此,柔柔虽然后悔不已,但迫于妈妈的威胁,还是乖乖地接受了妈妈的要求。不过让柔柔妈妈欣慰的是,从此,柔柔在购买东西的时候学会了思考,因为她记住了妈妈的那句话:要对自己的想法负责。

(3)对自己的安全负责

孩子的安全是做父母的最为担心的事情了,所以有的父母恨不得寸步不离地保护孩子,以保证孩子的安全。但是家长应该清楚一点:你不可能保护孩子一生,你唯一能做的就是告诉孩子:要对自己的安全负责。如果自己都不对自己的安全负责,那么没有人会对他们的安全

负责了。

(4)对自己的言语负责

很多孩子之所以养成说话不算数的坏习惯,和他们从小不懂得对自己言语负责有着密切关系。所谓对自己的言语负责是指要孩子明白:自己说过什么,就一定要做到什么。切不可说话不算话,失去信誉,否则以后没有人再相信他。

丝兰是个8岁的小姑娘,虽然才上小学二年级,但是父亲对她的教育却非常严格,从小事到大道理,父亲都一而再、再而三地和她说,希望她能负起自己的责任。有一次,爸爸和她说起要为家人负责任,丝兰问爸爸:"爸爸,什么是对家人负责任啊?"爸爸告诉丝兰:"帮家里做一些力所能及的事情就是一种为家人负责的表现。比如说帮爸爸妈妈擦鞋、帮妈妈收拾家务……"

听完了爸爸的话,丝兰觉得很好奇,于是就对爸爸说:"从今天开始,我帮妈妈洗碗。"爸爸很高兴,对丝兰说:"说到一定要做到,才是好孩子哦。"丝兰毫不在乎地对爸爸说:"没问题。"

可是第二天,爸爸回家的时候却发现,家里人已经吃完晚饭,妈妈在洗碗,丝兰却在看动画片,爸爸知道丝兰食言了。于是他勒令妈妈放下碗筷,让丝兰停下看电视去洗碗。正看在兴头上的丝兰自然不愿意,见此情景,爸爸严厉地批评了丝兰。丝兰只好停止看动画片,边流泪边洗碗。自此,她明白了什么叫对自己的言语负责。

7.教育孩子做事要有计划

做事情没有计划的人,不管从事哪一行都不可能取得成就。一个在商界颇有名气的经纪人把"做事没有计划"列为许多公司失败的重要原因之一。

"凡事预则立,不预则废。"做事有计划对于一个孩子来说,不仅是一种做事的习惯,更重要的是反映了他的做事态度,是孩子能否取得成就的重要因素。对于孩子来说,做事有计划是一种需要终生都要保持的良好习惯。因为它可以帮助孩子有条不紊地处理学习和生活中的事情,而不至于手忙脚乱、无从下手。

然而,在现实生活中,很多孩子都有早晨起来找不到袜子、学习用品或者生活用品的现象,这就是做事缺乏计划性和条理性的坏习惯所导致的。做事情缺乏条理、没有计划是儿童时期的一种自然反应,但是,如果父母不注意引导,孩子往往就会养成不良的习惯,从而给自己的一生都会带来麻烦。所以说,教育孩子从小有制订计划做事情的观念,对他们的一生是有大裨益,非常重要的。

那么,父母如何培养孩子做事情的计划性呢?

(1)了解孩子做事没有计划性的原因

做事没有计划性是孩子在儿童时期最常见的表现,由于孩子的逻辑思维不强,所以不容易把事情安排得井井有条。正是因为如此,我们就常常替孩子安排生活。比如,我们早晨叫他起床,傍晚督促他写作业,晚上监督他按时睡觉,周末还要安排他去哪里玩。于是,孩子常常在我们的指挥下生活,他根本就没有自己做计划的机会。

某些时候,孩子表现出想要自己安排生活的欲望,我们却总是"及时"地打压他,让他听我们的。听话的孩子固然会受到家长的喜爱,但是乖孩子却通常很依赖父母。从某种程度上来讲,孩子之所以乖,是因为他离不开父母,所以不得不"乖"。

而那些想要计划自己生活的孩子,却被我们看作是不听话的孩子,在不断地打压下,他们只好变得没有计划性,凡事都听我们安排了。

所以,当孩子想要按照自己的想法做事,按照自己的计划行事时,我们不妨允许他按照自己的计划去做。也许,他的计划并没有我们安排得那么合理,但是他却能因此养成按照计划做事的好习惯。

(2)告诉孩子做计划的重要性

威尔逊和同学要到山里去参加为期两天的野营活动。学校向他们介绍了营地的一些情况,并为他们的准备工作提出了建议,让孩子们自己回家去准备营地生活用品。妈妈问威尔逊是否需要帮忙,威尔逊说自己能够照顾自己。在他出发前,妈妈检查了他的行李,发现他没有带足够的衣服,因为山里要比平原冷得多,显然威尔逊忽视了这一点。妈妈还发现他没有带手电筒,这是野营时经常需要带的东西,但是妈妈并没有给他更多的提示。威尔逊高兴地走了。过了两天。等他回来时,妈妈问:"怎么样,这次玩得开心吗?"

威尔逊说:"我的衣服带得太少了,而且由于我没有带手电筒,每天晚上都要向别人借,这两件事搞得我好狼狈。"妈妈说:"为什么衣服带少了呢?"

"我认为那里的天气会和这里一样,所以只带了平常穿的衣服,没有想到山里会那么冷!下次再去,我就知道该如何去做了。"

"下次如果你去佛罗里达,也带同样的衣服吗?"

"不会的,因为佛罗里达很热。"

"是的,你应该先了解一下当地的天气情况,再作决定。那手电筒是怎么一回事呢?"

"我想到要带手电筒,可我忙来忙去,最后把手电筒给忘了。我想,下次野营时我应该先列一个单子,就像爸爸出差时列的单子一样,这样就不会忘记东西了。"

在妈妈和威尔逊的一问一答中,妈妈帮助威尔逊总结了计划不周的教训。其实,这位妈妈完全可以在事先提醒孩子,但她认为,经验对于一个人的成长是很重要的,因此,她没有提醒孩子,而是让孩子在体验中尝到自然惩罚的后果,从而逐步学会有条理地安排一切事情。

(3)告诉孩子做事要分清先后

要让孩子养成有计划做事的好习惯,家长就应该让孩子知道,在任何时候做任何事情,都要有主次之分,一般情况下,将要做的事情按照轻重缓急排序,主要的、重要的事情先做,不重要的、次要的事情可以放在后面完成。

如果孩子懂得了这一原则,做事情就会有条理起来。

(4)教孩子做计划

要想让孩子做事有计划,父母可以向孩子示范自己的计划。即把自己的计划告诉孩子,并征求孩子的意见,让孩子帮着计划,比如,在周末的清晨,可以这样对孩子说:"今天我想好好安排我们的生活,吃完早饭后,我们到公园去看花展,然后回来吃午饭,午饭后你小睡一会,一点钟我们去少年宫学画画,三点我带你去海洋馆,回来后,你要写一篇一天的见闻,你觉得这样安排好不好?"

这种示范不仅可以帮助孩子理解计划的重要性,而且,他能够学着去安排自己的事情。

如果孩子对父母的计划提出了疑问或者孩子有了计划的意识后,那么,父母就可以让孩子来安排、计划一下了。

比如,一家人有老有小,在周末的时候去公园游玩,孩子往往会喜

玩一些新奇刺激的活动,像碰碰车什么的。于是,可以让孩子将一些活动,如划船、拍照、玩碰碰车、钓鱼,按一次的次序和时间来安排,既要照顾大家,也要考虑个人的喜好。如果孩子安排得合理,就按照孩子的安排去做。如果安排得不合理,就要跟孩子讲清为什么。

这种实践性的锻炼最能培养孩子做事有计划的习惯。对于孩子自己的事情,父母更应该让孩子自己来安排和计划,这样孩子能够更好地遵守自己的计划。

(5)督促孩子完成计划

在孩子学会制订计划之后,我们就应该督促他完成计划。因为,计划做得再好,如果不去执行,也只是空计划。可是,孩子的年龄小,自控能力也差,很多时候制订了计划却不能很好地执行。这时家长就应该及时督促他、提醒他,并随时检查他完成计划的质量。这样,才能让他养成按时完成计划的好习惯。

当然,有些时候,因为事前对任务的难度和所需要的时间估计不足,这时候,家长可以引导孩子学会调整计划,使其更合理。

8.教孩子做事情有始有终

美国著名心理学家威廉·詹姆士有这样一句经典名言:"播下一个动作,你将收获一种习惯;播下一种习惯,你将收获一种性格;播下一种性格,你将收获一种命运。"可见,如果一个孩子在年轻时就养成良好的学习和生活习惯,那么他就拥有了一生的财富。

第三章 多份担当,让孩子为自己负责

宋刚要搬新家了,他存了一大罐子的硬币,爸爸妈妈和他商量,让他将这些硬币拿到银行兑换成纸币。宋刚想到能换成大面额的钞票,就欣然应允了。

不过,摆在他面前的有这样一个难题,就是要将硬币数出来。可是这么多的硬币自己一个人数实在是太难了,而且肯定要花费很多的时间。于是爸爸妈妈建议将硬币分成三份,爸爸妈妈和宋刚每人各负责数一份。

宋刚负责的那堆最小,但十几分钟后他就开始东张西望,竟然把刚刚数到多少给忘了,不得不重新数。宋刚偷偷地看看爸爸妈妈,发现他们两个人干得可认真了,一枚硬币、一枚硬币地数,一边还在纸上记着数字。

半个小时后,当爸爸妈妈都数完时,宋刚才数了一点点。爸爸妈妈就及时指出宋刚做事慢的原因:"儿子,你干活时总是开小差,不认真。"宋刚认识到了自己的问题,最后,他终于将他的那一堆硬币数清楚了,三个人的硬币加在一起,总共是225.8元。

很多时候,当孩子独自面对难题时,他们总想去求助自己的父母或者他人,表现出精力不集中、拖延、消极等待的态度。一旦孩子出现这种情况,父母一定要让你的孩子明白这样一个道理:认真,也就意味着节省更多的时间和劳动。让他学会对自己的事情负责,不要拖延,甚至可以采取一些适当的惩罚措施,督促孩子坚持去完成事情。

"三天打鱼,两天晒网"或者"虎头蛇尾"的做事方式,只会把孩子拉进失败的旋涡。而一个做事有始有终的孩子,一定会认真、负责地对待每一件事情,进而凭借不断的努力走向成功。

做事有始有终是一种重要的素质,与孩子的坚持不懈、耐性、自制力和责任心密切相关。孩子做事总是有头无尾,不能坚持是责任心不强的表现。长期如此,孩子的耐性和意志力将会很差,在学习和生活中可能都

会虎头蛇尾,不利于他们的成长和发展,对他们将来融入社会也会造成障碍。因此,培养孩子做事有始有终的好习惯是至关重要的,以下是一些可供借鉴的方法。

(1)授之以渔,教给孩子做事方法

教给孩子做事方法可以帮孩子减少做事过程中的障碍或困难,让他们更容易坚持下去。

晶晶已经上一年级了,是个聪明可爱的孩子。这天,学校里的科学老师给大家布置了一项特殊的作业:让同学们观察布谷鸟,并就此写一篇观察日记。

这项作业可难不倒晶晶,因为他爸爸是个业余动物学家,经常到野外观察各种动物。晶晶准备让爸爸替自己写这篇观察日记。可是,听完晶晶的话后,爸爸却拒绝了。他对晶晶说:"晶晶,虽然爸爸的确了解布谷鸟,也会写观察日记,但我不能替你写这篇日记。因为这是你的作业,是你的事情和责任,你自己来完成,好吗?"晶晶只得同意。

星期天,爸爸带着晶晶来到了郊外,让晶晶自己观察布谷鸟。晶晶观察得很仔细,很顺利地完成了观察日记,还得到了老师的表扬。从那以后,晶晶有了强烈的责任感,自己的事情坚持自己做,不再推给别人。大家都说他是个勇于承担的好孩子。

面对晶晶的不合理请求,他的爸爸没有选择简单地替他完成作业,而是带他到野外去观察,让他自己完成作业。这样做不仅培养起了晶晶的责任意识,教会了他如何解决问题,还让他学会了不轻易放弃。

当孩子遇到问题时,很多家长为了减少麻烦,不让孩子受累,便出面替孩子完成任务,而不是教孩子如何解决问题。这样做也许使得孩子暂时轻松了,却不利于他们责任感的培养。渐渐地,孩子会对家长产生依赖心理,遇到挫折时不再坚持,做事也马马虎虎。久而久之,孩子就会变得没有责任感,不会对自己的行为负责。所以,当孩子遇到困难时,家长一定不能代劳,而要正确引导孩子,教孩子学会解决问题的方法,让孩子自己去完成任务,从而培养孩子做事有始有终的好习惯。

(2)在孩子遇到困难时及时给予鼓励

孩子遇到困难容易气馁、退缩,需要家长及时鼓励才能坚持下去。

苒苒今年十岁了,最近正在学骑自行车。可是由于年龄小,平衡感不好,苒苒老是摔倒,学了很长时间都没学会。苒苒的妈妈又无奈又着急,看到孩子摔倒又心疼,却还是忍不住训斥苒苒几句。苒苒却因此越来越没信心,甚至想放弃不学了。

这天,当苒苒再次摔倒时,妈妈决定不再批评她,而是鼓励她。妈妈对苒苒说:"苒苒,摔倒了没关系的,刚学的时候都是这样的。慢慢来,你的平衡感会越来越好的,很快就会学会的。"

听完妈妈的话,苒苒好像吃了一颗定心丸,她下决心要学会骑车。没多久,苒苒就掌握了技巧,学会了骑自行车。从这件事以及妈妈的鼓励里,苒苒还学会了不轻言放弃,责任感更强了。

当苒苒遇到困难时,妈妈心里虽然着急,但最终还是选择了鼓励她,这给苒苒带来了勇气,让她坚持了下去,责任感增强,没有半途而废。

遇到困难,事情总做不好时,孩子通常会没有自信,甚至想要放弃,这时家长难免会有些焦急。然而,这时一定要控制情绪,以最有效、最正确的方式帮助孩子:表扬孩子做得好的地方,教孩子如何改善不足之处,鼓励孩子坚持下去。孩子得到鼓励,便拥有了坚持到底的勇气和自信,就更有可能把事情做好,同时,孩子的责任感也得到了培养。

(3)从孩子感兴趣的事入手并经常变换任务

培养孩子做事有始有终,家长要学会从孩子感兴趣的事入手,并经常变换任务,这样容易引起孩子的兴趣,有利于他坚持下去。

康康虽然才五岁,却已经会做很多事了,自己穿衣吃饭,自己叠衣服、开关电视,有时还帮妈妈扔垃圾。邻居们都很喜欢他,经常向他的父母请教教育方法。

其实,康康爸妈的教育方法很简单,就是"随着孩子的兴趣走"。康康的爸爸很重视对康康责任感的培养。康康三岁时,爸爸发现康康很喜欢搭积木,可玩完后却不管了,而是等着妈妈来收拾。于是,爸爸就从积木入手,培养康康的责任感和动手能力。他先是陪康康搭积木,搭完后便要求康康和自己一块收拾。渐渐地,不用爸爸说,康康玩完积木马上就会自己收拾好,不再留给妈妈。

后来,无论康康喜欢做什么,爸爸都会教他有始有终,自己玩,自己收拾。久而久之,康康责任感增强,该自己做的事不用爸妈说就会主动去做,从不依赖父母,也从不半途而废。

康康的爸爸没有给他讲什么大道理,而是从他的兴趣爱好入手,逐步培养起了他的责任感,教会了他做事有始有终。

孩子好奇心重,从他们喜欢做的事入手来培养他们负责任、做事不半途而废的好习惯是比较容易被他们接受的。此外,家长也要注意,不要给孩子过难的任务,应从比较容易的事开始,逐步培养孩子的责任感。同时,由于孩子兴趣广泛,家长也可以根据孩子的兴趣来变换任务,让孩子更易接受。

9.帮孩子摆脱做事拖拉的坏习惯

拖拉是指不能按照自己或他人的意愿、计划等按时完成任务的一种消极状态。拖拉的人总是会找很多借口与托词来掩饰自己没有达到目标的原因,别人往往也会因此原谅他们的拖拉。于是,拖拉就很容易形成习惯。而拖拉一旦成为一种恶习,会侵蚀人的意志和心灵,会使人丧失进取心,将应该做的事情一拖再拖,最后以失败或者不了了之告终。

拖延的恶习,并不是天生就有,而是在后天的环境中逐渐形成。生活中,许多父母都有着这样的苦恼:孩子动作太慢,做起事情磨磨蹭蹭,慢条斯理,浪费宝贵的时间,降低了做事的效率,尤其是穿衣服和吃饭等方面,显得极为磨蹭,让大人非常头疼。这些行为一旦形成习惯,不单会导致孩子学习不积极,还会成为孩子以后成长的绊脚石。

早上六点钟,妈妈叫超超起床,到了六点二十,超超才只穿好一件上衣,而妈妈已经准备好了早餐。为了避免孩子上学迟到,妈妈赶快走到孩子的床前,帮孩子快速地穿好衣服,然后给孩子挤好牙膏,倒上洗脸水,让孩子刷牙洗脸。

六点四十分,开始吃饭了,超超拿着一块面包,咬一口后看见了旁边的玩具,就离开饭桌拿着玩具玩了起来,妈妈急忙把他拉到桌边吃饭,但一块面包超超整整吃了十五分钟。妈妈眼看着孩子要迟到了,就只好把早餐奶放进孩子的书包里,急忙去送孩子上学,而此时,刚好敲响了上课的铃声。

孩子处处磨蹭的生活实在让超超的妈妈感到很累,她担心孩子长大

后做事情还会磨蹭,以后跟不上时代的步伐。

的确,磨蹭、拖拉对孩子的危害很大,它会消磨孩子的意志和进取心,让孩子变得懒惰、颓废、得过且过,这样就容易导致失败,而这个失败的结果又会使孩子情绪消极,从而更加不想立即行动。在这样的恶性循环中,成功也会远离孩子。

孩子做事拖拉,多源于家庭教育环境的影响和良好教育方式的缺失。对于做事拖拉的孩子,不少家长总是心急如焚,一味地批评甚至打骂孩子绝对不是好方法,孩子的慢性子并不是天生的,所以我们一定要对症下药,用耐心和爱心帮助孩子逐步改正,不要操之过急,要注意总结方式方法,不断提高孩子做事的速度,进而帮孩子改掉拖沓的坏习惯。

几乎所有的家长都被孩子拖拉、磨蹭等行为习惯折磨着,很多家长都想要改变孩子的这个问题,但是就像雯雯妈那样,总是觉得无处入手,实际上,只要家长付出足够的耐心,培养孩子的时间观念,那么慢慢地孩子就会改掉拖沓的坏毛病。

事实上有很多家长存在这一个误区,就是认为时间观念随着孩子的成长,他们会自然懂得。其实不然,只是知道时间的概念并不等于有了时间观念,怎样支配、掌握时间这方面,家长需要教导孩子,当孩子学会如何把握时间之后,才算是真正有了时间观念,才会懂得珍惜时间,合理利用时间。

每个人的生命都是由时间搭建起来的,没有多余的时间让人浪费,所以时间观念的培养最好趁早。孩子越早学会珍惜时间,懂得合理利用时间,他们的进步越大,越容易领先一步。每个家长都希望自己的孩子赢在起跑线上,那么就应该马上行动了。

(1)让孩子正确的认识时间、提高效率

对于喜欢玩闹的孩子来说,他们根本就不懂什么是时间,在他们眼

中,快乐的时光是短暂的。家长可以利用这点来教育孩子,让孩子知道,做事情的时候时间在流逝,不管是玩,还是学习,或者是做其他的事情。要对时间有一个客观而真实的认识,这也是教会孩子珍惜时间、合理利用时间的前提和基础。

白霞是一个容易走神的女孩子,无论是吃饭,还是写作业,总是不专心,不知道她天天都在想些什么。对此,她妈妈说了她很多次,可就是没有效果。后来她妈妈发现,白霞学习的时候总看表,原来她等着磨蹭完学习的时间看动画片呢!知道了这点之后,白霞的妈妈给白霞定了个规矩,如果专心写作业,写完以后她的时间是自由的。这样一来白霞写作业的时候专心了,效率也非常高,渐渐地她走神的毛病改了,也懂得珍惜时间了。

孩子通常都会觉得学习的时间很漫长,尤其是家长给他固定学习的时间的时候。家长不妨从另一方面入手,规定任务量,而不是学习的时间,让孩子早完成早休息,这样孩子自然就懂得抓紧时间,在这个过程当中,孩子会慢慢体会到专心的好处,也会加强对时间的关注。时间久了,珍惜时间就会成为孩子的习惯,他也会在这个过程当中逐渐学会合理利用时间。

(2)至少让孩子误一次事

孩子不懂得珍惜时间有一部分原因在于父母,因为家长为孩子安排的非常好了,孩子根本不需要自己动脑筋去安排,在他的心里一定会这样想:我慢一点也没关系,爸爸妈妈一定知道我磨蹭,会给我留出充足的时间来。如果时间快来不及,他们会提醒我。

家长应该打破常规,改掉孩子的这种惯性思维,不管他几次,让他自己承担误时的后果,这样第二次他就会牢牢记住,渐渐地他就会学习自己管理时间了。

(3)你要先做个守时的父母

如果家长做事拖拖拉拉,孩子很难当机立断。因此,家长要先拿出一个干练的样子来,做一个表率。榜样的力量无穷大,在家长的影响之下,孩子无形当中就会意识到要珍惜时间,从而学会安排时间。

家长除了平时要懂得守时之外,也可以和孩子一起制订计划,共同安排时间,这样孩子就会通过实践学会安排时间,懂得怎样分配时间更合理。当孩子做事提前安排成为一种习惯之后,那么家长就不用担心孩子做事拖沓、没有时间观念了。

(4)偶尔用点计时器

时间对于孩子来说有些抽象,他们不懂得时间的深刻,家长可以适当地运用一些计时器让孩子意识到时间的存在。比如孩子做事的时候给孩子限定时间,然后用闹钟、沙漏等工具计时。这样孩子会感到紧迫,懂得珍惜时间了,而且在这个过程当中孩子也会逐渐正确地认识时间。

10.让孩子成为一个勇于承担责任的人

在社会生活中,个人的行为总是对社会和他人产生直接或间接的影响,如果忽视这种影响的存在,就只能各行其是,谁都不能对他人和社会负责,最终导致社会的混乱,个人在这样的社会中也就无法实现自己的最基本的需要。所以,责任心不仅是个体事业成功的保证,而且关系到整个社会的有序发展。因此,责任心也是个人的重要的道德品质。

在一个雪天的傍晚,中士杰克先生匆忙地走在回家的路上。路过公

园时,他被一个人拦住了:"先生,打扰一下,请问您是一位军人吗?"这个人看起来很着急。

"是的,我是。我能为您做些什么吗?"杰克急忙回答道。

"是这样的,我刚才经过公园门口时,看到一个孩子在哭。我问他为什么不回家,他说自己是士兵,在站岗,没有接到命令是不能离开这里的。和他一起玩儿的那些孩子都不见了,估计是回家了。"这个人说,"我劝这个孩子回家,可是他不走。他说站岗是自己的责任,必须接到命令才能离开。看来只能请您帮忙了。"

杰克心里一震,说:"好的,我马上就过去。"

杰克来到公园门口,看见那个小男孩在哭泣。杰克走了过去,敬了一个军礼,然后说:"下士先生,我是杰克中士,你站在这里干什么?"

"报告中士先生,我在站岗。"小男孩停止了哭泣,回答说。

"雪下得这么大,天又这么黑,公园门也要关了,你为什么不回家?"杰克问。

"报告中士先生,这是我的责任。我不能离开这里,因为还没有接到命令。"小男孩回答。

"那好,我是中士,我命令你现在就回家。"杰克对小男孩严肃地说。

"是,中士先生。"小男孩高兴极了,还向杰克敬了一个不太标准的军礼。

小男孩的举动深深地打动了杰克,这个孩子的倔强和坚持看起来似乎有些幼稚,但他所体现的责任和守信却是很多成年人都无法做到的。

不得不承认,这个男孩的父母对他所进行的教育时相当成功的。因为责任心是衡量一个人是否成熟的重要标准,同时责任心也是一种习惯性行为,是成为一个优秀的人所必备的素质之一。我们的孩子只有拥有了责任心,才能拥有前进的动力,进而取得更好的成就。

英国王子查尔斯曾经说过:"这个世界上有许多你不得不去做的事,

这就是责任。"

一个人真正地成为社会一分子的时候,责任作为一份成年的礼物已不知不觉地卸落在他的背上。它是一个你时时不得不付出一切去呵护的孩子,而它给予你的,往往只是灵魂与肉体上感到的痛苦,这样的一个十字架,我们为什么要背负呢?因为它最终带给你的是人类的珍宝——人格的伟大。

父母们无不希望自己的孩子将来能够成为一个有责任心的人,然而现代家庭的教育却不尽如意,很多孩子只会坐享其成,没有责任心。

究其原因,很大程度上是和父母望子成龙心切有关。在这种急切渴望孩子成才的愿望驱使下,他们心甘情愿地倾其所有,尽己所能,恨不得把孩子身上的担子都转移到自己身上来,不让孩子经历一点风风雨雨。

这些父母不知道,他们这样做的结果往往是孩子逐渐丧失了奋发向上的动力,也就无法培养其强烈的责任性,既如此,又有什么成才成功可谈呢?

几经波折,最终登上美国总统宝座的林肯曾这样说过:"人所能负的责任我必能负;人所不能负的责任,我亦能负,如此,才能磨炼自己。"

事实上,责任感是任何一个民族和文化崇尚最重要的道德品质之一,凡是社会中的一员,不管是青壮年还是老年人,抑或是孩子,都需要承担责任。责任感是我们每个人对自己言行所带来的价值进行自我判断后的情感体验,更是我们安身立命的基础。

(1)通过言传身教来引导和影响孩子

一个人的责任心绝非与生俱来的,而是经过父母从小的培养才能得来,而其中最有效的方法,莫过于日常生活中的言传身教。

我们都知道伟大的科学家诺贝尔。据说,他的父亲一直对研究炸药很感兴趣。一次,诺贝尔问父亲:"这种会伤人的可怕东西,为什么还要研制它?"父亲告诉他:"炸药虽然会伤人,但我们能够利用它来开凿矿山、采集岩石、公路和水坝,为人们造福呀!"听父亲这么说,诺贝尔点点头,然后在心理做出决定:长大了,也要像父亲一样研究炸药,造福人类。

不难看出,诺贝尔深受父亲责任感和事业心的影响。事实上,这种言传身教的方式远比听上去漂亮的理论有效得多。

所以说,想要培养孩子的责任感,让他对某件事情负责到底,父母得先让自己成为一个有责任感的人,遇到什么事情都敢于承担,而不是推卸责任。只有这样,才能让你的孩子从父母身上获得榜样的力量,并逐渐学会对其自身的行为负责任。

(2)让孩子知道他需要承担一定的责任

一些父母在教育孩子的时候,往往因为方式不当,而将一些不恰当的观念灌输给孩子。比如,有的父母想要培养孩子爱劳动的习惯,就会对孩子说"来,帮妈妈洗洗碗",或者"宝宝可不可以帮爸爸擦地板",等等。岂不知,这样会让孩子认为做家务是父母的事,和自己没有直接关系,不属于自己的责任范围;他向父母"伸出援手"不过是在自己乐意的情况下所进行的偶然行为,而根本不会把这看做是自己份内的事。

如果想让孩子拥有责任感,这样的教育方式显然不行。我们应该让孩子明白他作为家庭中的一员,也应该和爸爸妈妈一样,承担相应的责任。父母们不妨在要求孩子做家务的时候这样告诉他:"我们每个人都有做家务的义务,你所做的事情是你应该负责的部分。"通过这样明确的引导,孩子会从小建立起对责任感的概念,并学会为一些事情承担责任。

(3)让孩子学会处理自己的事情

有些父母大包大揽,几乎把孩子的事务都包办了,这样孩子就没有伸展手脚的机会,也就没有责任意识。所以,要想培养孩子的责任心,需要父母克制包办的欲望,在孩子学习和生活中及时纠正他的不良习惯,让他学会自己的事情自己做。

随着孩子年龄的逐渐增长,他所做的事情也会一点点多起来,父母

就可以据此进行明确的分工,分配给孩子做一些在他力所能及范围之内的事。这样就会克服孩子的依赖性,学会独立做事的同时,责任感也得到了培养。

(4)让孩子体验成功

当孩子由于自己的努力获得一定成绩的时候,他的内心十分渴望别人的认可,因为任何成绩都是在克服困难的基础上取得的,假如此时父母能够给予及时的积极肯定,那么他会在增强自信心和成功感的同时,明白自己原来可以做很多事情,自己应该做很多事情并且能做得很好。

第四章

学会掌控，让孩子轻松驾驭自己

1.培养孩子的自制力

家庭是孩子的第一堂课，父母是孩子的第一任老师，孩子又是父母的"影子"，父母的言传身教对孩子的健康成长起着潜移默化的作用。随着社会的不断发展，对人口素质的要求越来越高，未来世界的竞争是人才的竞争，知识的竞争，作为独生子，家庭的教育就显得更为重要。目前多数家庭教育存在着一种片面地追求知识记忆及积累，忽视对孩子的生存能力、自我控制能力培养的误区。所以，家长要充分认识到自我控制力在子女成才问题上的重要性，家庭德育教育应侧重于对孩子进行自我控制方面教育，必须懂得从小培养他们的意志凝聚力。

威特6岁时，父亲带他去附近村子的牧师家去做客，并在他家住了几天。第二天吃早餐时，威特弄洒了一点牛奶。按威特家的规矩，洒了食物是要受罚的，只能吃面包和盐。威特很爱喝牛奶，加上牧师全家都非常喜欢他，给他的牛奶是经过特意调制的，此外还有上好的点心。威特的脸红了一下，迟疑了一会儿，但终于没有喝牛奶。

父亲假装没看见，牧师家的人看到这种情况，沉不住气了，再三要他喝牛奶，可儿子还是不肯喝。牧师家的人不明白他为什么不喝，就一再劝说，威特终于说："我洒了牛奶，就不能喝了。"牧师家的人都说："没关系，喝吧，一点关系也没有。"父亲只顾吃自己的点心，仍然假装没看见。威特还是不喝，于是，牧师全家推测，威特一定因为怕父亲责备才不敢喝，就向威特的父亲发起了进攻。

这时，威特的父亲让威特出去一下，然后向牧师全家说明了原因。他们听了都说："一个才6岁的孩子，因为一点小过错就不能吃他喜欢吃的东西，你的教育也太苛刻了吧。"威特的父亲解释说："不，威特并不是因为怕我才不喝的，而是因为从心里认识到这是约束自己的纪律，所以才不喝。"可牧师一家还是不相信，威特的父亲只好说："既然这样，那么我离开餐厅，你们把威特叫来，再劝他喝，他肯定还是不会喝。"说完就离开了。

他们把威特叫进去，热情地劝他喝牛奶、吃点心，但毫无作用。接着他们又换了新牛奶、拿出新点心对威特说："吃吧，你爸爸不会知道的。"但威特还是不吃，并一再说："就算爸爸看不见，我也不能撒谎。"他们又说："过一会儿我们就要去散步，你不吃东西，半路上要挨饿的。"威特回答说："没关系。"牧师一家实在没有办法，只好把威特的父亲叫进去，儿子激动地流着泪如实地向父亲报告了情况。父亲听完后对他说："威特，你对自己良心的惩罚已经够了。我们马上要出去散步，你把牛奶和点心吃了，不要辜负了大家的心意，过一会儿我们好出发。"儿子听父亲这么说,才高兴地把牛奶喝了。

一个6岁的孩子就有这样的自制力,牧师全家感到十分不解。

读了这个故事,不知你有何感想,大家可能和牧师家的人一样,也认为老威特的教育太严格了。是的,从某种意义上说他的教育确实很严格。通常,严格的教育会给孩子带来很多痛苦,但他的教育却没有。这是因为他的教育方法合理。对孩子的教育就是这样,只要从小抓起,孩子就不会感到有任何的痛苦。孩子之所以害怕严格的教育,是因为刚开始时的教育方法不当。教育孩子,就像砌砖头一样,一定要打好基础,老威特正是很好地做到了这一点。

一个孩子如果缺乏鲜明的道德观念和是非意识,不对自己的言行进行适当的控制,任性放纵,为所欲为,就会导致人格偏离和违法犯罪,造成对他人、对社会的危害,最终就会影响到他的健康成长。

所以,父母们要做好充分的心理准备,让自己带着耐心来对待孩子的每一步成长。相信只要父母能够坚持不懈,那么你的孩子成为一个懂得有所为有所不为的人将指日可待。

2.让孩子学会管理自己的情绪

美国著名心理学家戴尔·卡耐基说:"在我们生命中的每一天,每个人首先面临的就是情绪管理。因此,我毫不犹豫地将情绪管理称为整个人生的第一管理。"

事实证明,在事业上有所成就的人,大多懂得如何控制情绪,比如美

国历史上伟大的总统亚伯拉罕·林肯、伟大的数学家阿基米德、中国古代的智囊诸葛亮。

控制自己的情绪和行为的能力是衡量一个人心理健康的重要方式。善于控制和调节自己的情绪,不仅有助于建立良好的人际关系,培养健全的人格,而且也是社会性成熟的一个重要标志。

有一天,拿破仑·希尔和办公大楼的管理员发生了一场误会。这场误会导致了他们两人互相憎恨,甚至演变成激烈的敌对状态。

这位管理员为了显示他对拿破仑·希尔的不悦,当他知道整栋大楼里只有拿破仑·希尔一个人在办公室中工作时,他马上把大楼的电灯全部关掉。这种情况一连发生了几次,终于,忍无可忍的拿破仑·希尔打算进行反击。

一个星期天,机会终于来了。拿破仑·希尔到书房里准备一篇预备在第二天晚上发表的演讲稿,当他刚在书桌前坐好时,电灯熄灭了。

他马上跳起来,奔向大楼地下室,他知道在哪儿能够找到这位管理员。当他到达那儿时,他发现管理员正忙着把煤炭一铲一铲地送进锅炉内,同时一面吹着口哨,似乎没有任何事情发生似的。

拿破仑·希尔马上对他破口大骂。在长达5分钟的时间里,他都以常人难以忍受的词句对管理员进行污辱漫骂。

最后,拿破仑·希尔实在想不出什么骂的词句了,只好放慢了速度。这时候,管理员站直身体,转过头来,脸上露出开朗的笑容,并用一种充满镇静的柔和声调说道:

"你今天晚上有点儿激动吧,不是吗?"

这句话就如一把锐利的短剑,一下刺进拿破仑·希尔的身体。

站在拿破仑·希尔面前的管理员既不会写也不会读,是一位地地道道的文盲,然而就是这个文盲却在这场战斗中打败了拿破仑·希尔,更何况这场战斗的场合以及武器都是拿破仑·希尔自己所挑选的。

拿破仑·希尔明白,他不仅被打败了,更可怕的是,他是主动的,而且是不对的一方,这一切只会加大他的羞辱感。

后来拿破仑·希尔转过身子,以最快的速度回到办公室。他再也没有心思做其他事情了。当拿破仑·希尔把这件事反省了一遍之后,他马上看出了自己的不对。

在意识到自己的错误后,拿破仑·希尔知道要使内心平静下来,办法只有一个,那就是向管理员道歉。最后,他费了很长的时间才下定决心,决定到地下室去,忍受必须忍受的羞辱。

拿破仑·希尔来到地下室后,把那位管理员叫到门边。

这时,管理员用平静、温和的声调问道:"你这一次想要干什么?"

拿破仑·希尔告诉他:"我是回来向你道歉的——倘若你愿意接受的话。"

管理员脸上又露出那种微笑,他说:"凭着上帝的爱心,你不用向我道歉。除了这四堵墙壁,以及你和我之外,再没有其他人听见你刚才所说的话。我不会把它说出去的,我知道你也不会说出去的,所以,我们干脆就把此事忘了吧。"

这段话对拿破仑·希尔所造成的触动更甚于他第一次所说的话,因为他不但表示愿意原谅拿破仑·希尔,其实更愿意协助拿破仑·希尔隐瞒此事,不使它宣扬出去,以免对拿破仑·希尔造成伤害。

拿破仑·希尔向他走过去,抓住他的手使劲握了握。他明白,自己不仅是用手和他握手,更是用心和他握手。

在走回办公室途中,拿破仑·希尔感到心情非常愉快,因为他终于鼓起勇气,改正了自己做错的事。

在这件事发生之后,拿破仑·希尔下定了决心,以后绝不再失去自制。因为倘若失去自制之后,别人能够毫不费力地将你打败。

在下定这个决心之后,拿破仑·希尔的身体马上发生了巨大的变化。

后来这件事成为拿破仑·希尔一生中最关键的一个转折点。他经常对人说：这件事使我懂得：一个人除非先控制了自己，才能改变自己的命运。而这正是拿破仑·希尔最终取得成功原因之一。

孩子的情绪问题对孩子的成长至关重要。积极的情绪对孩子的身心发展能起到促进作用，有助于孩子的潜能发挥，消极的情绪则可能使孩子的心理失去平衡甚至影响他人格建构，影响他未来的生活和事业。

因此，为了让孩子能够健康快乐地成长，父母应当让孩子学会管理自我的情绪，不要让不良情绪影响到自己，从而为他将来的成功打下坚实的基础。

3.让孩子在理智消费中学会克制冲动情绪

高雅今年10岁了，是个爱美的小美女，既开朗又大方，很受同学们的喜欢。

高雅的爸爸妈妈都是普通公司员工，收入只能维持家庭温饱，但是他们很疼爱女儿，给高雅花钱从来都没有舍不得的时候。

高雅每天中午都在学校吃饭，妈妈担心她在学校吃不饱饭，每天都给她一些买零食的钱，但是高雅并没有把这些钱用来买吃的，而是买了发卡。高雅是个爱美的女孩，每次到食杂店看到柜台上摆着五颜六色的小发卡时，她都控制不了自己内心的冲动，把用来吃零食的钱都买发卡了，导致她在饿的时候没有钱买东西吃。

高雅喜欢发卡只是一时的冲动，时间久了就不喜欢了。有一次，她看到同学们的手上贴着很好看的卡通图案，自己也很喜欢，但是她身上的钱不多了,她就在犹豫自己是买还是不买,最后她还是没法控制自己的冲动,买了几张贴纸贴到手上了。渐渐地,她养成了乱花钱的习惯。

时间久了,高雅乱花钱的毛病就被妈妈发现了,妈妈认为是自己太宠着孩子了,决心帮助她改掉这个毛病,学会克制内心的冲动。

像高雅这样的孩子是典型的不会克制自己冲动的孩子,当她看到自己喜欢的东西时,就无法控制自己想要这个东西的冲动,导致她养成了乱花钱的坏习惯。所以家长要让孩子学会理性地控制自己的冲动。

孩子在思想上对金钱的认识不够,不能理解家长赚钱的辛苦,缺乏对金钱使用的控制力,所以才导致他们养成盲目消费的心理,而这种消费心理的本质就是孩子无法抑制自己的心理冲动。

冲动做事的孩子总是抑制不住自己的想法,他们总是随着自己的兴致做事,而且做事不考虑后果。当孩子长大以后,面对一些不良诱惑也会因为自己的一时冲动,无法控制自己而走向歧途。

孩子在学会控制心理冲动的过程中,需要家长的大力支持与帮助,让孩子学会抑制自己的心理冲动,会让孩子在面对困难或者是面对诱惑时,更容易选择正确的解决方法。

(1)让孩子体谅家长从而抑制做事冲动

很多家长把孩子乱花钱和做事冲动归结于孩子不懂事,其实不是那样的,很多孩子在做事时不是因为自己不知道这件事做得不对,而是他们明知道自己做得不对,但是无法控制自己的心理冲动。所以家长要让孩子懂得体谅家长从而抑制自己的冲动心理。

(2)不能让孩子随兴做事

家长在教导孩子控制冲动时,往往会采取引导和监督的方法,但是会有很多孩子在家长的监督下也不能完全控制自己的冲动。在这时家长就应该采取强制的方法解决问题,不能让孩子随兴做事,而是要帮助他作出取舍的决定。

(3)了解孩子冲动的原因,对症下药帮助孩子解决问题

孩子在面对诱惑时无法控制内心的冲动,有些是因为孩子之间的攀比,有些是因为孩子好奇,但是无论是哪种原因,家长都要先了解孩子冲动的原因,再帮助孩子从本质上找出控制内心冲动的办法。

让孩子学会控制内心的冲动,有助于孩子在以后面对诱惑时,更加坚守自己的原则,面对困难时,更容易找出正确的解决办法。这样孩子在长大以后做事才能不意气用事,更理智地面对生活。

4.教孩子学会控制愤怒的情绪

学会控制自己的情绪,当苍蝇落在你的主球上的时候,不要理它,专心致志地击你的球!当你的主球飞速奔向既定目标的时候,那只苍蝇就会不用你赶自己就会飞走。相反,如果你跟自己的情绪斤斤计较,并不断地任由坏情绪控制自己的行动,那么,你的一时冲动可能会造成悔恨终生。

1965年9月7日,世界台球冠军争夺赛在纽约举行。路易斯·福克斯的得分遥遥领先,只要再得几分就能稳拿冠军。就在这时他发现一只苍蝇落在主球上,他挥挥手赶走了。可是他伏身击球时苍蝇又飞回来了,他起身驱赶,但苍蝇好像在跟他作对,他一回身,苍蝇就落在主球上,周围的观众发现了这个现象,开始哈哈大笑。

他的情绪恶劣到了极点,终于失去了理智,愤怒地用球杆去击打苍蝇,结果碰到了主球,裁判判他击到了球,于是他失去了一轮机会。他因

此方寸大乱,连连失利,而对手约翰·迪瑞越战越勇,最后获得了冠军。

第二天人们发现了路易斯的尸体,他投河自杀了。

因为不能控制自己的情绪,和一只小小的苍蝇斗气,路易斯·福克斯丢了冠军甚至自己的生命,这真可谓因小失大、得不偿失。

人类都有七情六欲,情绪的控制对成人来说尚且不易,对孩子来说就更难了。在孩子成长的道路上,最大的敌人其实并不是别人,而是自己,他们缺乏对自己情绪的控制。愤怒时,不能遏制怒火,使周围的合作者望而却步;消沉时,放纵自己的萎靡,把许多稍纵即逝的机会白白浪费掉。美国著名心理学教授丹尼尔·戈尔曼说:"一个人在社会上要获得成功,起主要作用的不是智力因素而是情绪智能,前者只占20%,而后者只占80%"一个人的成败深受情绪影响。只有让孩子具备积极的动力情绪,他们才能愉快学习、乐于奉献,从而愿意并且能够为自己所处的团队贡献才智,取得成绩,同时在这个平台上自我成长。

宏明是一名大三的学生,好多年幼时经历的事情已经忘记了,但在他9岁那年发生的一件事情却一直记忆犹新,那一年的一个周末,他和朋友约好去郊外远足,但父母却说什么也不同意他去。宏明感到十分愤怒,他跑回自己的房间,捏紧拳头在墙壁上猛击。他一面哭一面打,双拳血肉模糊都没感觉到,任何人劝说,他都听不下去。最后,他父亲气得揍了他一顿。后来,母亲一声不吭地进来给他涂止疼药,并包扎好,但是,母亲始终也没有说一句话安慰他。于是,又恨又怒的宏明又倒在床上大哭了半个多小时。直到他心态平和后,母亲才进来对他说:"能控制自己情绪的人就能掌握自己的命运。发怒本身就是一种自我伤害,而且对事情的解决是没有用处的,需要好好克服。"

就这样,母亲对他所说的话就深深地印在了宏明的心中。虽然现在他已经成年了,懂得了许多道理,但只要一回想起那时的事情,他就觉得

母亲那次对自己的谈话是这一辈子最值得珍惜的谈话。

生活中,每个人都免不了动怒。从心理学角度看,发怒是一种情绪。愤怒的导火线可能来自外部因素,如与同学、老师、父母等的摩擦,或交通阻塞、上学迟到等,也可能来自内部因素,如心中的烦恼,以及对创伤性事件的记忆等。

发怒是人类所拥有的一种正常的情绪体验。可是如果不能很好地控制愤怒的情绪,它就会引发各种问题。因为愤怒有着很强的破坏力,人在愤怒的时候,意志力会变得薄弱、判断力、理解力都会降低,从而容易丧失理智和自制力。有时候它会让孩子无法控制自己的行为,做出伤害他人或自己的出格举动,甚至会导致犯罪。

因此,作为父母,应当教孩子学会控制自己的愤怒情绪,那么,父母应当怎样做呢?

(1)父母要以身作则

父母是孩子的启蒙老师,孩子的言行举止多半是从父母身上潜移默化而来的,要使自己的孩子不动辄发怒,父母首先要控制好自己的脾气,不要让孩子看到自己暴怒的样子。要和善待人,为孩子营造祥和、宽松的气氛,在这种安定、温暖的气氛中,使孩子易怒的心境渐渐地变得平和。

(2)告诉孩子发怒的危害

父母要让孩子认识到,发怒对自己没有任何好处,不但会危害自己的身心健康,而且还不能使问题得到解决。而平息自己的攻击性情绪,不仅是一种自爱,还能够提高自己的说服力。这样,孩子无论在同伴还是在陌生人面前,都知道采取平和的态度来解决问题,而不是轻易发火。

(3)父母要经常与孩子沟通

父母要多关心爱护孩子,平时多过问孩子在生活、学习或交友中遇到什么问题,给予孩子一定的帮助、鼓励或安慰,使孩子体会到父母的关爱,这种爱有利于孩子以爱心待人,这样,当他发怒时,会因为爱心而尽量控制住。

(4)让孩子进行放松训练

简单的放松训练,如深呼吸、想象放松等都有助于舒缓愤怒的情绪。

如果孩子和某人关系紧张是由于脾气暴躁所导致的,那么练习放松就是一个非常好的解决方法。

(5)让孩子用倾听控制愤怒

愤怒会使人仓促地做出论断,这些论断往往都是不客观的。父母应该告诉孩子,在和别人争得面红耳赤时,不妨冷静一下,想想自己的反应。

不要不加思考就说出跳入脑海中的第一句话,应该认真地倾听对方的话,冷静思考一下,自己想说的每一句话是否正确。

当遭遇对方批评的时候,可以采取预防措施,慢慢地深呼吸,控制自己的愤怒情绪。保持镇定、认真倾听,同时降低说话的声调,并让声音越来越小、语速越来越慢,这样一来,对方会在不知不觉中跟着你降低了声调,一场战火就会因此而归于平静,从而避免事态变得更加严重。

(6)释放愤怒,转移注意力

孩子的情绪往往瞬息万变,将注意力适时地转移到其他事情上,可以有效地进行自我调节。

当孩子生气时,应建议他去做一些他喜欢做的事情来释放情绪,转移注意力。例如,出去散散步,在喧闹的音乐声中随便跳跳舞,或者吼吼歌,从而改变血液流动方向;洗个澡,把愤怒"洗掉";到户外或者是自己的房间大叫;等等。

愤怒让人感到压抑、困惑和疲惫,但既然是无法避免的,就不妨通过积极的约束和消解的方法,教会孩子有效地处理自己的愤怒情绪。

5.教孩子遇事要冷静

有一个叫雷果的小女孩，在放学的时候忽然发现自己的钢笔不见了。"咦！我的钢笔呢？"要知道，这可是雷果最珍贵的派克钢笔呀！这是去年，在德国留学的舅舅送她的生日礼物。雷果非常喜欢这支钢笔，看到这支钢笔，也就想起了舅舅的教导。可以说，这支钢笔陪伴她成功战胜了不少困难，一直给她很多学习的动力，如果丢了，那可怎么成！

雷果按捺不住心中的着急，开始了"地毯式搜索"。她左看看，右瞧瞧，好一会儿，她才发现钢笔竟躺在高峰的文具盒中。

雷果马上想起了昨天高峰向她借钢笔的情景。当时雷果本不想借，碍于面子借给了高峰。一下课雷果就去找他要了回来，当时高峰拿着这支钢笔舍不得还，非要再写几个字，还一边说着："雷果，你的钢笔太好用了！"雷果拿走了钢笔，高峰还不由自主地说："要是我也有这支笔该多好啊！"

雷果感到心中一股怒气嗖的一下直冲到头顶：一定是高峰想偷我的钢笔！她指着高峰大声喊起来："高峰！你怎么可以这样啊！见到别人的东西好就想偷！"

没想到高峰一下子也火了，他冲着雷果毫不示弱地吼道："你别血口喷人！就你那破笔，你以为谁稀罕啊！"

雷果气急了，两个人一言我一语地吵了起来，唇枪舌剑，谁也不肯让步。吵架的声音越来越大，班主任赵老师急匆匆地赶过来，制止住两个人。雷果哭着向老师告状："高峰偷了我的钢笔还不承认"。高峰听了这话气得脸通红，使劲踢了一下椅子，大声向雷果喊："我没偷！我就是没有偷!"

这时班长小松走来,看见雷果手里的钢笔,赶紧对雷果说:"我见昨天高峰用这支笔来着,今天在地上捡到还以为是他的,就给他放在文具盒里了。"

赵老师看着雷果,摇了摇头。雷果停止了哭泣,脸一阵红,一阵白。高峰却掉下了男儿泪。赵老师说:"雷果,你看你,冤枉了同学,伤害了同学!"雷果惭愧极了,她真后悔刚才的冲动。

可是,虽然雷果向高峰道了歉,由于一时的冲动而造成的伤害又该怎么弥补呢?心中的伤痕一旦形成,就很难愈合,所以,控制冲动的情绪是非常重要的。

像雷果一样遇到事情就不冷静的孩子是很常见的,孩子出现这样的问题是过于依赖自己的父母,做事不能控制自己的情绪造成的。

孩子以后的路还很长,如果小时候不培养遇事冷静的性格对其以后的发展是不利的。一方面,孩子遇到难题时无法解决;另一方面,遇事往往无法控制自己的情绪,这样给人留下不良的印象。帮助孩子养成遇事冷静的性格,下面有几条建议供参考。

(1)父母遇事冷静孩子会效仿

儿童心理学专家研究发现,孩子遇事不冷静,与他接触的环境有直接联系。父母是孩子的第一位老师,孩子的性格会受到家庭环境的影响。当遇到问题时,父母采用不理智的方法解决,显然就是不对的,会诱导孩子往坏的方面发展。所以,不管面对什么事,家长都应理性对待,给孩子树立一个榜样。

(2)陪孩子做一些有利于冷静思考的事情

父母可以陪孩子下棋,下棋是一种益智游戏,孩子不仅能从中获取乐趣,还可以培养冷静思考问题的能力。父母也可以教孩子弹琴,弹琴是可以舒缓孩子的心情的,这样就能冷静下来思考问题。当然除了下棋、弹

琴,还有很多有利于孩子培养冷静思考能力的事情。总之,有利于孩子冷静思考的事情是可以让孩子坚持做的,慢慢地,孩子就会把这种方法运用到生活中去。

(3)加强孩子的心理训练

心理素质强的人,面对突发问题,遇到困难挫折时能够很好地面对和处理;心理素质弱的人往往遇事会不知所措、感到无能为力或消极悲观,甚至造成一定的心理问题。因此父母必须注意加强孩子心理素质的培养。

父母不要太宠溺孩子,什么事都顺着他,要让孩子从小学会自己的事情自己做,懂得吃苦耐劳。要让他知道有些事情是做不到的,经历一定的打击能够锻炼孩子的心理承受力。父母可以让孩子自己去处理一些事务,鼓励孩子要有冒险精神。

(4)培养孩子有一颗平常心

平常心是面临任何事情都能做到宠辱不惊,自己内心不为外界事物所干扰的、一种平静、平和的心态。有一颗平常心的人看待任何事情都会很冷静,不会有得失心就能平等、客观地看待问题,这是合理处理问题的一个重要因素。

培养孩子沉着冷静的心理素质,通过一颗平常心就能达到,所以父母在和孩子的交流中,要注重对孩子灌输追求内心平静的思想,"笑看花开花落,坐观云起云飞"的心态。生活中总有一些不如意,困难、挫折、误解等经常会发生,只有保持一种置身事外的态度,才能不被苦恼所扰,才能沉着冷静地对待任何问题。

(5)让孩子遇事情先思考

无论碰到什么事情,父母要教育孩子要先思考再行动。说话之前也要做到先思考再说,这样孩子就能够用一种更加理智平和的心态来面对事情。做事情是不能够让自己的情绪先行的,热血沸腾只会让自己推开理智。

现在的孩子缺乏沉着冷静还有一个很重要的原因就是自己的意愿,只要一提出来,父母就会马上来满足,让孩子没有形成必要的耐性,也就缺乏必要的忍耐力,这样的孩子在社会中也会给自己带来很多的麻烦,让机会错失。

6.让孩子学会抗拒诱惑,加强自我控制能力

一个人要成就大的事业,不能随心所欲、感情用事,对自己的言行应有所克制,这样才能使缺点得到抑制,不至于铸成大错。高尔基说:"哪怕是对自己的一点小的克制,也会使人变得强而有力。"德国诗人歌德说:"谁若游戏人生,他终将一事无成。"要主宰自己,所以自己做事要有所约束,有所克制。

从前,有一个小男孩非常贪吃。有一次,他在桌子上发现了一罐坚果。此刻他手里已经有很多零食了,但他还是很想尝尝那些坚果的味道。"我要吃一些坚果,"他想,"如果妈妈在,相信她一定会给我一些吃的,那我就拿一大把吧。"于是他放下手中的零食,把手伸进罐中,抓了一大把。

但是当他向外拿时,却发现罐口太小了。他的手被夹得很紧,但是他却一个坚果也不想丢掉。

他试了又试,手还是无法拿出来,急得脸都红了,最后他急得哭了起来。

这时,妈妈听到声音,就走进房中,问道:"发生了什么事?"

"我无法把手里的坚果拿出来。"男孩呜咽着说。

"好了,不要太贪心了,"妈妈说,"如果只拿一两个,你就不会遇到麻烦了。"

"那太容易了,"男孩说着拿了坚果离开桌子,"我本来自己应该能想到这一点的。"

是的,人们应该要抵得住贪欲的诱惑,否则可能到头来什么也得不到。在生活中,可以说处处充满了诱惑,这个世界上有很多我们想要却无力得到的东西。诱惑,就像表面铺满草、插满花的陷阱,美好的里面深藏着可怕的危险。

面对这些诱惑,大人尚且会动摇,又何况是仍未成年的孩子?

现在,社会上诱惑孩子的因素很多,一些网站、报纸、杂志、电影、图书等都有不健康的内容。这些不健康的内容很具有诱惑性,会腐蚀青少年的心灵。如果孩子缺乏自制力,经不起诱惑,那么他就会沉迷于花花世界中,丧失自我。

美国斯坦福大学心理学教授米切尔曾经对斯坦福大学附属幼儿园的孩子们进行跟踪调查,从他们4岁一直跟踪到他们高中毕业。

其中设计了一个著名的关于"延迟满足"的实验,这个实验是在斯坦福大学校园里的一间幼儿园开始的。研究人员找来数十名儿童,让他们每个人单独待在一个小房间里,桌子上放着孩子爱吃的棉花糖。研究人员告诉他们可以马上吃掉棉花糖,但如果等研究人员回来再吃还可以再得到一颗棉花糖作为奖励。

对于这些孩子来说,实验的过程颇为难熬。面对诱惑,性急的孩子没等到老师走出教室,就已经把棉花糖送进了嘴里,有的孩子为了不去看那些诱人的棉花糖而捂住眼睛或是转过身,还有一些孩子甚至用手去打棉花糖。最后,大约三分之一的孩子成功延迟了自己对棉花糖的欲望,等到研究人员回来兑现了奖励。

当这些孩子进入青春期后,米切尔又对这些孩子进行了调查。发现那些抵御住诱惑的孩子,在情感、社交方面,明显比那些性急的孩子具有较强的自信心、竞争力和较高的做事效率。而且面对挫折和压力,他们不会慌乱无措,不会轻易崩溃,容易赢得老师和同学们的信任。而那些没有抵御住诱惑的孩子,他们的抗挫折能力、自控能力较差,在压力面前不知所措,做事不果断,效率很低,自信心和责任心都不强。

这个实验的最终结果表明,孩子的自控能力,在一定程度上决定了他的未来。

青少年时期是人生成长的关键期,一方面充满了旺盛的求知欲、好奇心;另一方面又缺乏足够的鉴别能力、自我控制能力。在这种成长背景下,他们易受不良信息的诱惑而成为受害者。因此,作为家长一定要适时引导,提高孩子抵御诱惑的能力。

那么,家长怎么样才能加强对孩子控制能力的培养呢?

(1)让孩子形成良好的行为习惯

对孩子进行自我控制的培养,父母在开始的时候可以从生活习惯方面开始。比如,要求孩子准时起床、准时就寝、按时饮食、不偏食、不挑食等。随着孩子年龄的增长,孩子的自控能力方面就会得到加强。在孩子的学校生活中,可以要求孩子在集体中要遵守集体规则和纪律,不可随心所欲地侵犯别人利益,等等。如果父母可以长期坚持一贯的要求,不作无原则的迁就,孩子就会逐步学会控制、约束自己。

(2)让孩子学会一次只做一件事

在孩子的学习过程中经常会遇到一些困难和干扰,或是碰到不感兴趣的内容。这个时候,只靠注意力是不够的,还必须要有意识地培养孩子的自我控制能力,使注意力服从于活动的目的和任务。父母可以通过孩子在一段时间内专心做一件事,如绘画、练琴、练书法等,来培养孩子的自制力。

人的精力是有限的,如果将有限的精力分散到许多事物上,可能每一件事情都办不好。因此,不要人为地分散精力。如果集中精力,只干其中的一件事情,可能这一件事发生的作用比干几件事还要大。分散和专注是两个截然对立的行为,切忌三心二意,心猿意马。

(3)让孩子逐步学会评价自己的行为

父母在培养孩子良好行为习惯时要坚持说理,要让孩子明白"要这样做,不要那样做"的道理,让孩子用这些道理来评价判别自己的行为是对还是错,这样他就会以此来约束自己不做不该做的事情。比如,已经很晚了,可能孩子还是坚持不肯去睡觉,这个时候,如果父母疾言厉色地让孩子去睡觉,可能就会引起孩子的对立情绪,干脆跟父母顶起来。如果父母耐心地对孩子说:"如果你今天不早睡,那么你明天就会起不来,上学也就会迟到,还会影响到爸爸妈妈。"父母要是坚持这样做,不迁就孩子,耐心地给孩子讲道理,久而久之,孩子就慢慢地学会评价自己和别人行为的适宜度,增强孩子的控制能力。

(4)父母要做孩子的榜样

孩子都是善于模仿的,也是最容易受到感染的。所以,父母可以充分利用一些良好的榜样去影响孩子,引导孩子去向别人学习严格要求自己、克服困难的良好行为。

(5)让孩子做一些自控的游戏

游戏是孩子主要的学习活动之一。因此,父母可以根据孩子的特点,为孩子选择适合的游戏,并在游戏中结合自制力、坚持性、自觉性和延迟满足这四项自控能力培养的要素,培养孩子的自我控制能力。父母可以让孩子做下面这几类游戏来培养孩子的控制能力。

①操作性游戏。在操作游戏中,对材料的操作和摆弄是激发孩子游戏兴趣的源泉。由于孩子会专注于手部动作和材料本身,所以在规则简单的情况下,孩子的自控坚持性表现得比较突出,但对外界干扰的自觉抵制力和自制力较差,动作的失误、他人的影响都会影响游戏的进行。

②娱乐性游戏。一般,孩子对动作的控制要优于对情绪和情感的控制。娱乐性游戏正是通过激发孩子兴奋的情绪过程,通过动作的控制,调整自己的情感。音乐、道具、角色是这类游戏中不可或缺的要素。可以说,情境越逼真和夸张,培养孩子自控的效果越好。

③运动性游戏。一群孩子在进行运动游戏时,伴随着孩子自控行为的发生,他们的集体观念也逐渐增强。在竞赛中,同组内的孩子往往会在等待中相互提醒鼓励、探究取胜的技术和策略,使孩子们的合作和交往能力得到长足的提高。

④智力游戏。这类游戏的进行一般从4岁以后才能开展,因为这时的孩子已经积累了一定的生活经验。在游戏中,孩子会经常出现的问题是一些"犯规"行为的评判和孩子因此引起的争执等,这时,成人要适时适度地进行干预,帮助孩子提高自行解决问题的能力。

(6)培养孩子的规则意识

规则,就是规定出来供大家遵守的制度或章程。规则意识即是遵守这些制度或章程的良好态度和习惯。规则意识较强的人,自我约束的能力也较强,较容易适应群体生活。大多数孩子在入学前主要待在家庭或幼儿园,过的是一种相对自由、关爱较多、拘束较少的生活;进入小学后,孩子好像一下子掉进了规则的海洋:如课间只有10分钟休息;上课时有课堂纪律,回答问题要举手,下课时不能在楼道里大声喧哗等,总之,年龄越大,孩子们会感到受的拘束越多。那么,作为家长,怎样培养孩子的规则意识,使他自愿接受生活中的各种必要的约束呢?

①讲清规则的用处。要让孩子了解规则无处不在,一定的规则能保证人们更好地生活。例如,人们要遵守交通规则、游戏规则、竞赛规则。家长可以时常反问孩子,如果不遵守规则会怎样?让孩子设想违规的后果,引起他对执行规则的正视。

②要求孩子养成遵守规则的习惯。国有国法,家有家规。在家里,物品用后要归回原处;离家出门要和家人打招呼;按一定的时间作息(定时

进餐、睡眠、起床)等。

③培养孩子执行规则的技能。有时孩子具备了一定的规则意识,但仍会时常违规。如偶尔上学迟到,并非孩子故意拖拉,而是穿衣、洗漱等动作太慢,不得要领。那么,家长就要教孩子做事的方法,培养孩子的自理能力,提高孩子的生活技能,这样,遵守起规则来就容易多了。

④培养孩子的自律精神。他人制定的规则是强加的,属外力约束,而自己制定的规则有内省成分,易于自律。家长不妨和孩子一起商量制定家庭规则,以便共同遵守。例如,下棋、玩游戏要按规则决定胜负;说错话或做错事时要礼貌道歉;看电视时不要干扰别人。即使家长违规,也要自觉受罚,让孩子懂得规则的严肃性。

7.教导孩子学会克制自己的粗鲁

现在社会的孩子大都是独生子女,当他们遇到一些不如意时就会发脾气,甚至动粗骂人打人,这些行为对孩子以后的成才之路都会起到不好的作用。父母在面对孩子的这种行为时要及时制止并采取相应的措施给予惩罚,让他们明白粗暴无礼不仅会对别人产生伤害,而且还不利于自己。

詹姆斯·塞尔顿是村上最没有教养的孩子。他经常在路上取笑行人,由于说话很粗鲁,他在路上很少不被人指责的。如果碰到衣着讲究的人,他就会说"花花公子";如果碰到穿着破烂的人,他就会用石块砸他,或者用其他方法骚扰别人。

第四章 学会掌控，让孩子轻松驾驭自己

一天下午，他和他的同伴放学回家，无所事事，便又潜伏在路旁的树丛中准备向过往的行人搞恶作剧。刚好碰到一个陌生人从村子里经过。那人衣着朴素，衣服略微显旧但却不失干净和整洁。他手里拿着一根细木棍，棍的另一端还有一些行李，头上戴着一顶大遮阳的帽子。

很快，詹姆斯打上了这个陌生人的主意。他给同伴挤了一下眼睛，坏笑着说："看我怎么戏弄他。"他偷偷地走到那人背后，打掉他的大帽子，就跑掉了。

那人突然感到帽子被人打掉了，马上转过身看了一下，但是还不等他开口说什么，詹姆斯就已经跑远了。那人叹了口气，只得戴上帽子，继续走他的路。过了一会儿，詹姆斯看到已经没事了，就用和上次一样的方法想耍那个人，可是这次他被抓住了胳膊，很快被那人逮住了。

正当陌生人怔怔地看着詹姆斯的脸时，詹姆斯却趁机挣脱了，再次藏到了路旁的树林中。一会儿他发现自己又安全了，就开始用脏兮兮的石块砸那陌生人。

这一下，陌生人可为难了，他根本没有办法挡住那些石块。当詹姆斯用石块把那个他称作好斗士的人的头砸破后，他真的害怕了。别的孩子都跑了，他也偷偷摸摸地绕过田野，跑回了家，心脏扑通扑通地跳得很快。

当他快到家时，妹妹卡罗琳刚好出来碰到他。卡罗琳的手里拿着一条漂亮的金项链，还给他拿来了一些新书。卡罗琳看起来兴奋极了，语无伦次地告诉詹姆斯，几年前离开他们的叔叔回来了，现在就在他们的房子里，他还给家里买了许多漂亮的礼物。为了给哥哥和父亲一个惊喜，他把他的车停在了一里外的一家客栈，独自一人步行来到家里。

卡罗琳还说，叔叔经过村庄时，莫名其妙地被几个坏孩子用石块砸伤了眼睛，不过母亲已经给他包扎上了。詹姆斯越来越害怕了。"你的脸看起来怎么这么苍白？"卡罗琳改变语气问詹姆斯。

詹姆斯不敢说出实话，只得告诉她自己没有什么事，就跑回家了，爬

到自己楼上的房间。不一会儿,他的父亲就叫他下来见他的叔叔。詹姆斯因为心虚,只好站在客厅门口,不敢进来。

他母亲问:"詹姆斯,你怎么不进来呢?你平常可没有这么害羞的啊!看看这块表多漂亮,是你叔叔给你买的。"

詹姆斯现在羞愧极了。卡罗琳抓住他的手,把他拉到客厅。詹姆斯低着头,还用双手捂着脸,他不敢面对自己的叔叔。

他叔叔来到他的身旁,亲切地把他的手拿开,说:"詹姆斯,你不喜欢叔叔吗?"可是当他看清了詹姆斯的脸后,不禁大惊失色,他很快退了回来,失声问道:"哥哥,他是你的儿子吗?他就是在街上砸我的那个坏小孩。"

善良的父亲和母亲知道了事情的原委,既惊讶又难过。他的叔叔在家人细心的调理下,伤口逐渐痊愈了,也慢慢地忘记了疼痛。可是他父亲却怎么也不让詹姆斯要那块金表,也不给他那些好看的书,虽然那些都是他叔叔专门买给他的!

其余的孩子们分了那些礼物,詹姆斯只得看着他们快乐。他永远都不会忘记这次教训,终于改掉了粗鲁无礼的陋习。

粗鲁是一种不文明的行为,是缺乏教养的表现,它直接影响到人与人之间的交往。但是,有些家长却对孩子粗鲁的行为熟视无睹,尤其是对那些年龄尚小的儿童,对于他们粗鲁的行为不加以制止,以为随着年龄的增长会自觉地改正。殊不知,一旦孩子幼小的心灵里种满了粗鲁的种子,是很难改正的。因此,父母要及时做好孩子的教育工作,保证孩子从小养成文明礼貌的好习惯。

8.教孩子在自我控制中磨炼韧性和耐力

一个商人需要一个小伙计,他在商店的窗户上贴了一张独特的广告:"招聘:一个能自我克制的男士。每星期40美元,合适者可以拿60美元。""自我克制"这个术语引起了争论,这引起了小伙子们的思考,也引起了父母们的思考,自然也引来了众多求职者。每个求职者都要经过一个特别的考试。卡特也来应聘,他忐忑地等待着,终于,该他出场了。

"能阅读吗?"

"能,先生。"

"你能读一读这一段吗?"他把一张报纸放在卡特的面前。

"可以,先生。"

"你能一刻不停顿地朗读吗?"

"可以,先生。"

"很好,跟我来。"商人把卡特带到他的私人办公室,然后把门关上。他把这张报纸送到卡特手上,上面印着卡特答应不停顿地读完的那一段文字。

阅读刚一开始,商人就放出6只可爱的小狗,小狗跑到卡特的脚边。这太过分了。许多应聘者都因经受不住诱惑要看看美丽的小狗,视线离开了阅读材料,因此而被淘汰。但是,卡特始终没有忘记自己的角色,在排在他前面的70个人失败之后,他不受诱惑一口气读完了材料。

商人很高兴,他问卡特:"你在读书的时候没有注意到你脚边的小狗吗?"

卡特答道:"对,先生。"

"我想你应该知道它们的存在,对吗?"

"对,先生。"

"那么,为什么你不看一看它们?"

"因为我告诉过你我要不停顿地读完这一段。"

"你总是遵守你的诺言吗?"

"的确是,我总是努力地去做,先生。"

商人在办公室里来回走着,突然高兴地说道:"你就是我想要的人。"

显然,无论从哪一方面来说,能够克制自己的情绪都是十分必要的。良好的自我驾驭情绪能力是一个人优秀的表现。我们中国人常说修身养性,其中就包含了驾驭情绪的能力。可以这样说,当一个人真正学会驾驭自己的情绪时,他才能真正成为自己的主人。

其实,在孩子小的时候自控能力是非常差的,他们不具备足够强的耐性。当看到自己想要的东西时,他会不顾一切地得到。当父母不满足他的要求时,他回选择不停地哭闹。面对这样的情况,父母一定要先沉得住气,理性地面对孩子的"无理取闹"。只有父母做到了耐心和控制情绪,才可能进一步培养自己的孩子。

(1)在生活中时刻训练孩子的自控能力

无论是孩子学习还是生活,父母都可以为其设定一定的计划,并时刻督促他按计划行事。比如每天早上几点起床,起床后必须做哪些事情,每天晚上几点睡觉。总之要让孩子有规可循,在这种灵活的约束下不断克服自己的急躁情绪,摒弃自己的懒惰习惯。

(2)适当延迟满足孩子的欲望

如果孩子提出来的要求,父母总是及时地满足,那么就容易让孩子形成急躁性格。相反,如果能够延迟满足孩子的要求,则能在一定程度上让孩子学会克制。比如,当孩子想买某个玩具,父母可以有意识地推后一段时间再给他买。当然,这种暂时的拒绝不能太生硬,而应该选择一种温和的、容易让孩子接受的方式。如果能够长期如此,就是一种对孩子自制力的很好的锻炼方式。

(3)爱孩子但不要溺爱孩子

父母都爱自己的孩子,但很多父母爱得有些过度。要知道,溺爱只能使孩子变得任性、自私、意志薄弱,不善于克制自己。这方面,家长的态度要统一,不能姥姥说可以再看一集动画片,而妈妈却不同意;也不能妈妈说周末只能去动物园,没有时间再去植物园,而其他家人却告诉孩子两个地方都可以去。

同时,父母还要注意训练孩子进行行为识别的能力,让他知道,有些事情能做,有些事情不能做。长此以往,孩子心中就会慢慢形成一架道德"天平",在做某件事情之前,他就自然会有所考虑,有所节制了。

培养孩子自控能力的重要性显而易见。应该说,良好的自我控制能力,是一个人优秀品质的具体表现。古圣贤们早已告诫人们,要"修身养性",其实,这里面就包含了自我控制这一项。

9.让孩子懂得忍让

德国音乐家辛姆洛克说过:"忍耐之草是苦的,但最终会结出甘甜而柔软的果实。"忍让是智慧和善良的表现,它既不是懦弱,也不是无能,而是自信、坚强和识大体的表现。

忍让是一种对人生的豁达,是一个人有涵养的重要表现。俗话说得好:"退一步海阔天空。"因此,正确的教育方法应该是让孩子学会忍

让。不管是在什么时间、什么地方，家长都要告诫孩子，不要和别人争强斗胜。给别人让一条路，就是给自己留一条路。懂得忍让的孩子，才会有教养。

龙龙从学校回到家里，妈妈看到他嘟嘟嘴的样子，就问怎么了。龙龙告诉妈妈："昨天杨刚借我的魔法棒玩，今天还给我的时候，把里面的电池都给用光了。他怎么能这样呢？我自己都知道节约着用，他却一口气给我用到没电。"

说完，龙龙就呜呜地哭起来。妈妈搂过他，轻声问道："那杨刚有没有向你道歉呢？"龙龙说："他说'对不起'了，可是道歉有什么用呀，电池不还是没有吗？"

见儿子这么委屈，龙龙的妈妈继续安慰了一会，然后对他说："宝贝，电池没了还可以再买，何必因为几节电池伤了同学和气呢？等周末妈妈有时间就可以去商店给你买电池，先耽误你玩两天魔法棒，没问题吧？"

听了妈妈的话，龙龙渐渐停止了哭泣。妈妈趁热打铁，继续说道："你想想，前些天你把淘淘的遥控汽车弄坏了，淘淘不是还对你说'没什么'吗？妈妈希望你也能像淘淘学习，大度些，原谅杨刚。本来你让杨刚玩魔法棒，是表现你的友好，杨刚也会因此而开心，可是因为几节电池就闹得不愉快，岂不得不偿失吗？"

龙龙似有所悟，他对妈妈说："我现在就要给杨刚打电话，就今天对他不满的事向他道歉。"让龙龙没想到的是，杨刚回家和父母说了这件事后，他的爸爸妈妈赶紧拿出家里的电池，让杨刚第二天带给龙龙了。

现在的孩子在家里受到父母、爷爷奶奶等人的过度溺爱，太过于以自我为中心，受不得半点委屈，更加不懂得与人相处时应该宽容和忍让，导致了他们稍微遇到一点外界的刺激便会怒火爆发。除此之外，家长对孩子的错误教育方式也是导致孩子有这种反应的重要原因。一些家长怕孩子在外受气,便告诉孩子:"谁打你你就打谁。"这种错误的观念让孩子学会了打击报复。大量的事实告诉我们,应该让孩子学会宽容。

古语说得好:"君子忍人之所不能忍,容人之所不能容,处人之所不能处。"在生活中,有些孩子由于缺少生活的阅历,对一些事情的认识往往处于表面的水平,处理问题的时候就会被急躁、冲动的情绪包围,不懂得宽容别人。这些孩子往往不懂得理解他人,稍微受点委屈,就会大发脾气,这样的孩子让人看起来就显得很没教养。

为了让孩子学会忍让,父母在平时的教育过程中,可以从以下几方面做起:

(1)正确对待孩子之间的矛盾

父母要正确对待孩子之间的矛盾。孩子是不能缺少玩伴的,同时,孩子之间又很容易产生矛盾。能否正确对待孩子之间的矛盾,对培养孩子宽容的品质十分重要。正确的做法应该是,在孩子与别的孩子产生矛盾的时候,如果过错在自家孩子,父母应该主动带孩子去给对方认错。

如果自家孩子吃了亏,过错在对方身上,也不能表现出过分激动,更不要冲动地去为孩子"讨个说法",应该在宽慰孩子的同时,分析矛盾产生的原因,把避免矛盾的方法和解决矛盾的途径教给孩子,而不是去争个"强弱",比个"高低"。

(2)摆正孩子在家庭中的位置

要让孩子学会忍让,父母就要教育孩子摆正自己在家庭中的位置,让他懂得他只是家庭中的普通一员,不能对他娇惯,不能无限度地满足他的愿望,不能给他特殊权利,不能让他高高在上。父母要要求孩子心中有他人,不要总是以"我"为中心,一切只顾自己。必要时可以让孩子有一些吃亏让步的体验,以锻炼孩子的克制能力。

(3)营造一个良好的环境

父母要营造一个良好的家庭环境。就像什么样的土壤适合什么样的庄稼生长一样,一个整天吵闹不休的家庭是很难培养出一个宽宏大量的

孩子的。民主、平等、宽松的家庭环境，有利于孩子形成宽容忍让的品质。要让孩子理解和尊重自己的长辈，体谅长辈的辛苦，珍惜长辈的劳动成果和对自己的爱护。家庭成员间要友爱宽容，让孩子从小就生活在一个温馨、和谐、友爱、宽容的家庭环境中，使其在潜移默化的影响中，逐步形成稳定的宽容忍让的良好品质。

10.让孩子坚决抵制和远离庸俗有害的嗜好

嗜好就是人们所喜欢的东西或者喜欢做的事情，它是人生的一种乐趣。人生在世，谁都有一点自己或多或少的嗜好，或嗜吃、或嗜穿、或嗜酒、或嗜烟、或嗜书，或嗜游，如此等等，都算是嗜好。

人有嗜好很正常，也应该要有一点嗜好，良好的嗜好可以带来愉快、友谊、知识，既益于身心健康，也有益于工作事业。那些取得辉煌成功的伟人们，都有着自己特别的嗜好。比如，叶剑英喜欢钓鱼，陈毅对围棋情有独钟，梅兰芳喜种牵牛花，胡适爱搜集火柴贴花，巴甫洛夫喜欢游泳，丘吉尔最另类，喜欢织毛衣。

任何事物都有两面性，嗜好也有好坏之分、雅俗之别。良好的嗜好能养性益智、陶冶情操，有时候还能带来经济效益；而庸俗有害的嗜好则会使人玩物丧志、倾家荡产。作为家长，一定要孩子学会培养良好的嗜好，远离不良嗜好。

(1)不可酗酒

无论度数高低，酒都是含有酒精的饮料，而酒精是一种能够刺激和麻痹神经系统、有镇静作用的物质，进入口腔后，经过人身的胃、小肠，渗入到血液中,再由血液带到身体的各个部位。每一次的暴饮,往往带来下面一系列危害。

①伤害身体。酒精过量,会程度不同地造成心率加快,皮肤升温,神志不清,控制力减弱,动作不协调,或出现疲劳、恶心、头痛、呕吐,严重的还会出现酒精中毒现象。长期大量饮酒,会损害肝脏,造成酒精中毒性肝炎、脂肪肝和肝硬化,并可导致人体免疫机能的下降,还易引起胃炎、胃溃疡及十二指肠溃疡、胃出血,饮酒还会增高咽喉、食道、口腔、肝、胰腺等部位癌症的发病率。

②惹是生非。有的人在醉酒之后往往借酒闹事,危害社会治安,我国每年因酗酒肇事立案的就高达400万起。酒精会让人反应迟钝,影响运动功能,从而容易造成意外事故。我国每年有10万人死于车祸,而三分之一以上的交通事故的发生与酗酒及酒后驾车有关。此外,酒后误事、酒后失言等现象也是屡见不鲜的。

(2)拒绝吸烟

烟是人类的第一杀手。全世界每年因吸烟导致死亡的人数达250万之多。烟草中含有焦油、尼古丁和一氧化碳这些有毒的化学物质,对人体的危害是很大的。

大家都知道,万宝路香烟的形象代言是美国西部牛仔。一个满面春风的西部牛仔、骑着骏马,抽着万宝路香烟,其英俊潇洒、粗犷豪迈的形象进入了全世界170多个国家和地区。然而,万宝路牛仔们为美国菲利浦莫里斯公司赚得巨额财富的同时,他们又无一例外地成了万宝路香烟的受害者和牺牲品,有六位万宝路牛仔相继过早地离开人世。其中一位在51岁时就死于肺癌,临死前他良心发现,声泪俱下向世人痛彻忏悔:"我害了自己也害了大家,我后悔。我劝你们:为香烟花钱,不值得;为香烟去死,更不值得。我劝你们不要吸烟!"

(3)远离赌博以及网络游戏

有的人为什么喜欢赌博而不能自拔,就是一个"贪"字在作怪。英雄

难过美女关,赌客难过贪婪关,一个人如果心存贪念,早晚会走上赌博这条不归路。

　　赌与贪是互为因果的,有赌必贪,有贪必赌,几乎形成了定律。贪婪,几乎是所有赌徒的共有心理。未赌时想赢,赢了之后想再赢,所以越玩越大,狂赌不已。而在输了之后,贪婪的欲望不时在牵着他的鼻子继续"捞本",如果"扳"回来了,便认为"时来运转",想继续再赢;如果"扳"不回来,下的赌注就更大,希望能一把捞回……结果只能是越陷越深。

第五章

不做温室花朵,让孩子学会坚强

1.不要把孩子当成弱者

有一位名叫马宇歌的小姑娘,说是小姑娘,现在已经是清华大学的高材生了,在小学4年级放暑假的时候就一个人出去旅行。

1997年暑假,正上小学4年级的10岁马宇歌,由于父母都在上班,她从北京只身去南京会见一个大朋友。这个阿姨想写一本有关马宇歌成长历程的书,特别邀请她到家中作客访谈。马宇歌则借此机,顺访了自己在大江南北的一些朋友。

有了第一次只身离开北京,到达苏皖两省、4400多公里、连续28天圆满的独自游历,小宇歌探索大千世界的心扉,一下子被彻底打开了。从此,她在父母的赞同支持下,利用假期开始不停地独立闯南走北。

10岁那年,宇歌给自己拟订计划,到14岁只身走完中国大陆所有省(直辖市、自治区),实现"读万卷书,行万里路,交万名友"的非凡理想。

靠着"初生牛犊不怕虎"的这股闯劲,利用长假和周末,宇歌在13岁那年提前完成计划,只身走完了全中国31个省的200多个地方,行程长达30万公里,交了1万余名朋友,写下40万字的随行日记。

在去过的这些地方中,既有富裕的大城市,如上海、天津、重庆、广州、哈尔滨、温州等,也有较贫困的地区,如湖北大别山上的罗田县、青海的湟中县、宁夏的同心县;既有革命圣地,如延安、井冈山等,也有地形地貌十分独特的边陲要塞,如东北的大小兴安岭、东海上的舟山群岛、西藏、新疆、海南岛等,包括三军哨所。每到一处,深入当地人家,与当地人同吃同住,感受不同风俗民情,结交四方之士。马宇歌由此学到了书本上永远也接触不到的有益知识和本领,对一个孩子的茁壮成长弥足珍贵!

马宇歌的父亲希望孩子在行走中认识一个真实的社会,从中积累更多的人文知识;马宇歌则随着行走和思想的不断深入,越来越感觉自身渺小,只望通过行为感染更多的人和朋友,都来努力自强自立。因为生活真实的一面,其实最终是要依靠自己流汗去闯才能获得真知灼见的;别的都是过眼烟云,十分不确定,加上"道听途说"或"以讹传讹",有些根本靠不住。

她边走边写,边走边交朋友,每次旅程结束后,把自己的日记整理出来随时发表,资助一些需要帮助的人。

马宇歌说,行万里路,始于读万卷书。马宇歌在父亲的引导下,从小喜爱阅读课外书籍,童话、文学、历史、科学、哲学、艺术、政治、社会、军事、经济等,陆续深入,中英文本方方面面有意尽量广泛涉猎,并且还按计划,依次完成了爸爸指定领域最值得阅读的一些书,有些长期反复阅读高达三遍,细致做了读书笔记。她看得多了,自然就有了想出去亲自领略一番的强烈念头。直至而今,马宇歌每次出行仍然手不释卷,真正是在

"读万卷书,行万里路,交万名友"。

孩子们其实都有很好的自我保护意识,研究证明,孩子还是一个胎儿的时候,就已经有了各种能力,一出生便有了各种潜能,有着惊人的适应能力,他们并不是你想象中那么弱不禁风,那么不知深浅。在孩子的成长过程中,放手让孩子成长固然不容易,但只要给孩子成长的空间,孩子往往比大人想象的勇敢和有能力,他们完全可以照顾好自己,成长得更快更好。

俗话说:"望子成龙,望女成凤。"许多父母以对孩子好的心理为孩子准备好一切。然而家长们的这些一厢情愿的好心真的就能更好地帮助孩子成长吗?答案是否定的,而且他们的好心还很有可能让孩子养成不好的习惯。父母无微不至的关心会使孩子娇生惯养,形成依赖心理,还有可能会让孩子有一种畏惧心理——不敢接受新鲜的事物,见到陌生的事物就躲避,在困难时只会渴望别人的帮助而没有勇气自己走出困境。

父母对孩子最大的爱不是事事顺从呵护,而是教会孩子坚强,让孩子勇敢地面对困难和挫折。

2.培养孩子坚强的性格

一位哲人讲过这样一段话:没有人能够永远快乐幸福地度过每一天;不是所有的人都能坦然地面对坚强和软弱。让我们成熟的,是经历的,是磨难的;让我们成功的,是坚定的,是顽强的;让我们幸福的,是追求的,是执著的。

一个曾经在美国西雅图景岭学校上小学的小男孩,他做功课时总是精力很集中,所以每次他都比别人先做完。当这个小男孩上到四年级的时候,他的老师把他介绍到学校图书馆帮忙。

学校图书馆的卡菲尔管理员把杜威的"十进分类法"讲给小男孩听,然后给他一沓卡片——都是逾期未还的书。事实上,这些所谓"逾期未还的书"大部分早已归还,但却归错了位。卡菲尔要小男孩找出归错位的书,并把书卡各就各位。

接受任务后,小男孩开始不遗余力地工作。整整一个上午,他都在书林中忙碌。小休时间到了,他才找到三本夹错书卡的书。老师叫他出去呼吸一下新鲜空气,他却说要把工作做完。

第二天,他就完成了全部找书的工作,比预期的时间提前了很多,这个小男孩的勤快和做事的决心,让卡菲尔当即答应他正式担任图书馆管理员的请求。

两三个星期过后,一天,卡菲尔应邀去小男孩家吃晚饭。因为小男孩全家将要搬到毗邻的校区去。小男孩的母亲说她儿子最伤心的是照顾不到景岭图书馆了。

在卡菲尔眼里,那个小男孩对待工作的热情与众不同。卡菲尔因此记挂着他。

小男孩走后两三天,突然又出现在景岭学校的门口。原来,小男孩为了能继续做图书馆的工作,又转学回来了。小男孩对卡菲尔说:"爸爸上班时顺便送我到学校,要是他不能带我,我就走路过来!"

小男孩做事的决心和毅力让卡菲尔一震。

这个小男孩就是比尔·盖茨。他后来凭借坚强的意志撑起了一个庞大的微软帝国。

任何成功都不是一蹴而就的,都必须经过当事人千辛万苦的努力,

历经许多次失败,总结许多次的经验教训后才能获得。在这个曲折的过程中,男孩是否具有坚强的意志,将直接决定最后的成败。正如莎士比亚所说:"我们的身体就像一个苗圃,我们的意志,是战胜困难、克服弱点、完成学业与取得事业成功的一把利剑。"

从前有个命运悲惨的少年,10岁时母亲因病去世。父亲由于是个长途汽车司机,经常不在家,也无法照顾少年的日常生活。因此,少年自从母亲过世后,就必须学会洗衣、做饭,并照顾自己。

然而,老天爷并没有特别关照他,当他17岁时,父亲在工作中不幸因车祸丧生,从此少年再也没有亲人了。只是,噩梦还没有结束,在少年走出校园开始独立养活自己时,却在一次工程事故中断了左腿。然而,一连串的意外与不幸,反而让少年养成了坚强的个性,他独自面对随之而来的生活不便,也学会了拐杖的使用,即使不小心跌倒,他也不愿请求别人伸手帮忙。

最后,他将所有的积累算了算,正好足够开个养殖场,但老天爷似乎真的存心与他过不去,一场突如其来的大水,将他最后的一切都夺走了。少年终于忍无可忍了,气愤地来到神殿前,怒气冲天地责问上帝:"你为什么对我这样不公平?"上帝听到责骂后满脸平静地反问:"喔,哪里不公平呢?"少年将他的不幸一五一十地说给上帝听。上帝听了少年的遭遇后说:"原来是这样,你的确很凄惨,那么,你干嘛要活下去呢?"少年听到上帝这么嘲笑他,气得颤抖地说:"我不会死的,我经历了这么多不幸的事,已经没有什么能让我感到害怕,总有一天我会靠我自己的力量创造自己的人生。"

上帝听完转身朝向另一个方向,并温和地对少年说:"你看,这个人生前比你幸福得多,他可以说是一路顺风地走到生命的尽头,不过,他最后一次的遭遇却和你一样,在那场洪水里,他失去了所有的财富,不同的是,他之后便选择了自杀,而你却坚强地活了下来。"听完上帝的话,少年终于明白,他并不是不幸的,他已经拥有了最幸运的东西,那就是坚强。

有一首歌是这样唱的:"不经历风雨,怎么能见彩虹,没有人能随随便便成功。"风雨后的彩虹格外让人向往和留恋,因为它代表着一种坚强意志的胜利,代表着努力后的成功。所有的人都会经历挫折和失败,成功的人通过自己的坚强克服重重困难,到达目的地,而失败的人却中途退却了。

在竞争越来越激烈的现代社会,坚强的意志力已经成为不可缺少的成功品质,尤其作为将来社会中坚力量的男孩,更应该不畏挫折,拥有坚强的意志力,勇敢克服困难和挑战,成为一个真正的强者。

3.为孩子设置适度的障碍

对孩子来说,在成长的道路上难免要遇到苦难、阻碍,人生不可能一帆风顺,如果孩子平时走惯平坦路、听惯顺耳话、做惯顺心事,那么一旦他们遇到困难,就会不习惯,从而束手无策、情绪紧张,容易导致失败。所以家长在平时学习和生活中,有意地给孩子设置些障碍,可以培养孩子更好地分析问题、解决问题的能力。使他们在碰到挫折时有足够的心理预备,并能冲破阻碍、重新站起来,实现自己的目标。

比如,年幼的孩子不小心摔倒,有些家长急于把孩子抱起来,还拼命地跺跺脚,指责地板的过错。实际上,孩子在以后的成长过程中很容易把过错推到别人身上。我觉得正确的做法是鼓励孩子自己勇敢地爬起来。如果摔得很痛,让他们痛痛快快地哭几声也没关系。对稍大的孩子来说,可以让他们学学象棋和围棋等,在学的过程中,不断地承受失败和胜利。有时候,家长也可以在适当的时候主动创设条件,让他们尝尝失败的滋味。

来看一个最普通的个案:

张刚才学习走路时,经常站不稳摔一跤,每次他都疼得"哇哇"大哭。妈妈看到这个场景,都会蹲下来说:"妈妈帮你揉揉,没事的,宝宝最棒,快自己爬起来。"赵刚挂着泪珠,开始艰难地站起来。邻居见到这种场景,都在背后说:"赵刚的妈妈真狠心,儿子才一岁多,摔倒了都不扶一把,让他自己爬起来。"妈妈没有退缩,坚持让孩子自己爬起来。不到几个月,赵刚走路就很稳了,不再害怕摔跤了。有一次,他和一群孩子追赶,张刚绊倒了小力,两个人都摔倒了。张刚的腿都流血了,但他马上爬起来拉小力,小力哭得可怜兮兮的,张刚还在一旁抚慰他。妈妈看到这一幕,欣慰地笑了。她赶紧帮张刚擦药水,还教他怎么擦。张刚很配合,表现得很坚强。

当然,家长在给孩子设置障碍时应注重幼儿的年龄特点,设置的障碍困难程度须是幼儿通过努力能够克服的。前苏联教育家维果斯基的"最近发展区"理论就提出:要让孩子跳一跳就能摘到果子,我们家长就应该遵循这一理论,为孩子设置适度的障碍,才能让孩子不断体味到成功,增强自信,从而产生战胜挫折的动力。

我们设置的情境应符合幼儿心理承受能力和理解能力,把握好情境的"难度"和"强度",避免使幼儿产生畏难情绪,当幼儿面对难题或遭受失败而出现情绪波动时,家长不必急忙去代替包办,更不能埋怨或奚落幼儿,应该留在孩子身边给他们一种安全感;同时,鼓励幼儿积极尝试,寻找战胜困难的途径、方法,必要时给予一些指导。

父母在为孩子设置障碍时,要注意以下几点:

(1) 设置障碍的对象是经常受到表扬的孩子

设置障碍的对象主要是那些经常受到表扬的孩子,这些孩子在生活中总是一帆风顺,所以要给他们增加一些挫折。而对那些受挫较多、性格内向而又脆弱的孩子,不适宜采用这种方法。

(2) 设置障碍要适度和适量

由于孩子受挫经验少,辨别是非能力差,因此在设置障碍时,对于年龄越小的孩子,设置障碍应该越少,障碍发生的频率应该越低。对于受挫较多的孩子,设置障碍应少,甚至可以不设障碍。设置的情景要能引起孩子的挫折感,但不能太强;同时,孩子一次面临的难题不能太多,否则,过度的挫折会损伤孩子的自信心和积极性,使其产生严重的受挫感,从而失去探索的信心。

(3) 设置障碍要循序渐进

障碍的设置应该具有渐进性。障碍应该由小到大,由少逐渐增多,循序渐进,逐步增加难度,切不可一开始就给孩子一个下马威,这会一下子把孩子的自信心摧垮。

(4) 设置障碍要与鼓励、表扬相结合

设置的障碍应与鼓励、表扬相结合。当孩子排除了障碍、战胜了挫折时,父母要给予及时的帮助与鼓励,强化孩子积极的行为,增强孩子的自信心和战胜困难的勇气。在孩子遇到困难而退缩时,要鼓励孩子,在孩子作出努力并取得成绩时,要及时肯定,让孩子体验成功,从而更有信心去面对新的困难。

(5) 不要太在意孩子的情绪反应

孩子在遇到困难与障碍时,感到委屈是难免的,产生一些不良的情绪反应也是很正常的事情,父母应该有这种心理准备。在孩子受挫后,对一般的情绪反应,父母可以不加理会,让孩子自己去体验,然后振作起来;如果孩子情绪反应过度,父母要给予温情的鼓励以及必要的心理上的支持,让孩子及时摆脱失望、伤心等不良情绪反应,及时地树立信心。

父母不要轻易满足孩子的任何需求,有时候,父母不妨延迟、拒绝,让孩子尝尝挫折感。比如,孩子要吃饭时,故意晚点开饭;孩子想要玩具时,不妨可以拒绝他。在孩子的成长过程中,多经历一些困难与挫折,对孩子的成长是有利的。

(6)因材施教,及时进行疏导

对陷入严重挫折情景的孩子,要及时进行疏导,防止孩子因受挫折而产生失望、冷淡等不良心理反应,在必要时可帮助孩子一步步实现目标。

另外,同一挫折对不同的孩子产生的心理反映不同,因此,家长要根据孩子的性格进行挫折教育。

如果自己的孩子自尊心较强,好强、爱面子,遇到挫折容易产生沮丧心理,对这类孩子父母不要过多地埋怨、批评,而是点到为止,多加鼓励;较自卑的孩子,本来对自己的能力就缺乏信心,父母切忌过多指责,而要多加安慰,要善于发现他们的长处,创造成功的机会,增强其自信心。

对于能力较强的孩子,他们是老师、家长眼中的好孩子,听到的大多是赞扬声,因此常常自信满满,这时,家长不能一味地采用赏识教育,不断扩大孩子的优点而忽略孩子的缺点,要适时针对孩子的缺点设置一些挫折,有时需要打击一下能力较强孩子的自信心,以增强幼儿的挫折抵抗力。在能力较强的孩子遇到挫折时,家长应重在启发,让他们发现受挫的原因,放手让他们去解决问题。

面对能力稍弱的孩子,我们应及时发现他们小小的优势,鼓励他们树立信心,勇于面对挫折。应该帮助他确立切合实际的目标,制定由低到高、由易到难的计划,使孩子能不断地看到自己的进步,从而逐步形成克服困难和挫折的能力。

其实,成人都不能保证做每件事都百分之百成功,那么我们不能要求能力弱的幼儿事事都做得非常好,而应给孩子可能失败的心理准备。准备失败,并不是放弃成功,而是明白失败是正常的,应坦然面对;准备失败,为的是使孩子放下思想包袱,以积极的态度继续努力,争取最终的成功。

4.让孩子学会直面人生的挫折

每个人的一生中都会遇到来自各方面的挫折。强者勇敢直面人生的挫折,把挫折当成垫脚石,使自己站得更高,看得更远;而弱者遇到挫折就退缩不前,一蹶不振。

女儿向父亲抱怨学校中的种种不顺心的事情:成绩一直提不上去,被老师批评了;跟同学关系处得不好,相互之间闹矛盾了;自己不小心,把生活费弄丢了……

父亲耐心地倾听着女儿的抱怨,没有说一句安慰的话。他只是把女儿带到厨房,取来了三口锅,在每口锅里面都倒入了一些水,然后把它们放在旺火上烧。

水开后,父亲在第一口锅内加入了一些胡萝卜,第二口锅内放入了鸡蛋,最后一口锅里放了一些咖啡豆。父亲认真地煮着这些东西,而女儿只是不耐烦地看着,她根本不知道父亲想要干什么。

10分钟之后,父亲关掉火把3种东西分别放在不同的碗里,然后转身问自己的女儿看到了什么。女儿说:"胡萝卜、鸡蛋还有咖啡。"父亲让女儿靠近些,并让她用手触摸碗里的胡萝卜。她摸了摸,感觉这些胡萝卜变软了。父亲又让女儿打破已经煮熟的鸡蛋,鸡蛋已经变硬了,不再像先前那样不堪一击。最后,父亲让她品尝咖啡。一口香浓的咖啡入口,女儿仍然不知道父亲到底想说些什么。

看着女儿不解的眼神,父亲解释说:"三种不同的东西,在面临沸水煎熬的时候,其反应竟完全不同。胡萝卜本来是很坚硬结实的,但是沸水让它屈服了,它变弱了变软了。鸡蛋本来是易碎的,但是面对沸水的时候它里面的液体却凝结了,变得坚硬起来。只有咖啡豆最独特,经过高温煎熬,它最后改变了水的味道,让淡然无味的白水变成了香浓的咖啡。其实人也是一样的,面对挫折的时候有的人选择了妥协,也有的人选择了坚强地反抗,而有的人则将挫折变成自己的一部分,让自己在经过挫折的磨炼后散发出浓浓的香味。"

"孩子,哪个是你呢?"父亲转身问女儿,"当挫折找上门来的时候,你该如何反应呢?你想做胡萝卜、鸡蛋还是咖啡豆?"

是啊,面对挫折,应该让孩子作何选择呢?其实,正确的态度应该是咖啡豆的态度,即积极面对挫折,将挫折变为自己成长的养料,促进自己的成长。就如同珍珠贝将落入体内的沙子变成珍珠一样,这样才是面对挫折时的正确态度。

挫折是客观存在的,它会伴随人的一生。而挫折对人的影响,是因人而异的。强者面对挫折时选择坚强,选择奋斗,选择从挫折中吸取经验,从失败中得到教训,获得了挫折对自己有利的一面,从而使自己将来走得更好;而弱者面对挫折,只想逃避、绕行,甚至颓废,结果吸收了挫折带来的所有弊端,只能导致做人的失败。

父母只有教孩子从小直面人生的挫折,让孩子勇敢地在挫折中磨炼,学会坚强,使孩子学会自我调适,排除挫折带给自己的不利因素,教孩子学会从挫折中吸取经验,更好地去提升自己,这样挫折才会成为孩子成功的阶梯。

一帆风顺的生活不存在,没有挫折的人生不精彩。接受挑战,勇敢面对各种挫折,是每个父母应该让孩子具备的正确心态。作为父母可以从以下几个方面培养孩子:

(1)放手让孩子去经历挫折

父母应有意识地让孩子从小就去经历一些挫折,让孩子有机会独自

面对磨难,体验战胜困难的过程,这样才能提高孩子的耐挫力,增强孩子的应对能力,让孩子变得坚强能干。

(2)帮孩子树立正确的挫折观

父母要帮孩子树立正确的挫折观,让孩子知道挫折是人生的亲密伙伴,没有人能够躲避,只有经历挫折,才能变得更加强壮。告诉孩子在挫折面前要保持豁达开阔的心胸,失败后应该吸取教训,从头再来;而不是悲观失望,一蹶不振,让失败淹没了自己。

(3)提高孩子对挫折的预见力

一个人对挫折有无预见能力,直接影响到其抗挫折的能力。不能预见的挫折往往会给人以更大的打击,人的焦虑情绪受到的影响时间也会更长。因此,要培养孩子预见挫折的能力,使孩子知道,任何事情最好都要做两手准备,这可以减轻失败后给孩子带来的压力。

(4)帮助孩子在挫折源头上解决问题

人一生受到的挫折中,有很大一部分是自己制造的,通过自己的努力是可以消除的。父母要帮孩子找到这类挫折产生的原因,与孩子一起消除挫折。如果是不可避免的挫折,就要让孩子学会坚强,勇敢地面对和承担。

5.放开庇护,让孩子经受磨砺

"锲而不舍,金石可镂"这句名言,意思是说如果我们坚持不懈地努力,即使是金石也能够被打穿。养成了顽强执著的习惯,就能够战胜前进道路上的诸多困难,一步步向成功的人生目标靠拢。

人的意志不是天生就有的,而是在后天的生活与实践中,在教育的作用下,通过自己的努力而逐步发展起来的。有心理学家曾经对这个问题进行长时间的追踪研究。研究的对象是100名经过训练具有坚持性的幼儿和100名没有训练过的、缺乏坚持性的幼儿。从幼儿期开始观察研究直到青年期。

研究结果表明:前者当中84人有主见,意志坚强;后者当中仅有26人意志比较坚强。这说明良好的意志品质可以通过有效的培养而得到加强。

人一生的道路是崎岖不平的,当中难免会遇到苦难,而一个性格坚强的人,则会在苦难的煎熬中磨炼自己的意志,塑造更完美的自己,以至登上人生最辉煌的顶峰。那时候,他就可以看一看,背后走过的路是多么漫长,多么艰险,这时他就会问心无愧地说:"我是一个坚毅不倒的胜利者。"

那天的暴风雪很猛烈,外面像是有无数发疯的怪兽在呼啸厮打。雪恶狠狠地寻找袭击的对象,风呜咽着四处搜索。大家都在喊冷,读书的心思似乎已被冻住了,只剩一屋的跺脚声……

鼻头红红的欧阳老师挤进教室时,等待了许久的风席卷而入,墙壁上的《中学生守则》一鼓一顿,开玩笑似的卷向空中,又一个跟头栽了下来。

往日很温和的欧阳老师一反常态,满脸的严肃庄重甚至冷酷,一如室外的天气,乱哄哄的教室静了下来,我们惊异地望着欧阳老师。"请同学们穿上胶鞋,我们到操场上去。"几十双眼睛在问为什么。"因为我们要在操场上立正五分钟。"

即使欧阳老师下了"不上这堂课,永远别上我的课"的恐吓之词,还是有几个娇滴滴的女生和几个很横的男生没有出教室。操场在学校的东北角,北边是空旷的菜园,再往北是一口水塘。

那天,操场、菜园和水塘被雪连成了一个整体。矮了许多的篮球架被

雪团打得"啪啪"作响,卷地而起的雪粒、雪团呛得人睁不开眼、张不开口。脸上像有无数把细窄的刀在拉、在划,厚实的衣服像铁块、冰块,脚像是踩在带冰碴的水里。

我们挤在教室的屋檐下,不肯迈向操场半步。

欧阳老师没有说什么,面对我们站定,脱下羽绒衣,线衣脱到一半,风雪帮他完成了另一半。"在操场上去,站好!"欧阳老师脸色苍白,一字一顿地对我们说。谁也没有吭声,我们老老实实地到操场排好了三列纵队。瘦削的欧阳老师只穿一件白衬裤,衬裤紧裹着的他更显单薄。

后来,我们规规矩矩地在操场站了五分多钟。在教室时,同学们都以为自己敌不过那场风雪,事实上,叫我们站半个小时,我们顶得住;叫我们只穿一件衬衫,我们也顶得住。

这样类似的训练存在着一定的危险性,但是对培养孩子坚毅的心态很有好处。"哈佛女孩"刘亦婷的父母就给孩子进行过"握冰一分钟"的残酷训练,用来培养孩子的坚强意志和承受力。家长或许找不到也不必找这样的机会刻意"锻炼"孩子,但是却可以在孩子生病的时候,不准孩子向你撒娇;在孩子显示娇弱,想放弃,向你求救时,用这样的方式告诉孩子坚毅的可贵。

意志的坚强与否体现在能不能在一些小事和细节上做到持之以恒。许多成功人士,都是在一些最简单的事情上能够做到坚持,追求细节上的完美,不断克服困难,才最终达到了高水平并取得了不菲的成绩。

孩子在磨炼意志的过程中,需要非常强的自制力,要能够抵制住来自各方面的压力和欲望。只有专注于做好自己分内的事,才能最终达成自己的目标。坚强的意志力,是孩子能够在困难面前挺过去,不折不挠的关键品质。孩子的意志是从小来磨炼的,父母要注意在平时的生活点滴中,逐渐提升孩子的意志力。

(1)树立一个激励孩子的目标

影响人意志品质的所有行动中,是否拥有一个远大的人生目标很重要。孩子对实现目标愿望的强烈程度,也决定了孩子能否坚持前进,持续不断地去努力。孩子在克服困难的过程中,也就逐渐磨炼出了坚强的意志。

父母要先让孩子树立一个远大的人生理想,在理想的激励下,去学习文化知识,去培育优秀品质。有了目标的行动才会更有方向,也才能给人坚持下去的力量。父母要让孩子在实现目标、不断进取的征途中,培养出自己坚强的意志力。

(2)让孩子能够抵制诱惑

如果孩子能够排除不良情绪的干扰,抵制住各种诱惑,那么他离成功就不远了。

(3)培养孩子不服输的心态

父母要培养孩子不服输的心态。不服输的积极情绪会促进男孩的智力和品德的发展。在现实生活中,很多孩子意志力不够坚强,遇到困难往往会选择退缩,"输不起",而这样的不良情绪会影响到正常的学习。

输不起的孩子遇到挫折就会一蹶不振,对于这种孩子,父母要有意识地培养他们不服输的心态,想办法多"打击"一下孩子,磨炼一下孩子的心理承受能力和坚强的意志力。

(4)鼓励孩子不断地超越自我

父母要鼓励男孩多跟自己作对,不断地超越自我。

做任何事情,最大的敌人就是自己。和自己比赛,不断地超越自我,才能够不断地取得一个又一个新的成绩。让男孩把自己作为超越的对象,每天都来和自己比赛,看今天的自己是否比昨天的自己更优秀,有了这种精神,孩子就会不断地走向成功。

6.请允许你的孩子失败

那天,学校组织一场学生才艺表演比赛。有一个小女孩,看得出表演很用心,但还是不幸被淘汰出局了。小女孩在台上哭得很伤心,尽管主持人想尽了一切鼓励的话语来安慰她,小女孩还是不停地哽咽着,然后非常不情愿地转身下台了。

后来在后台,我看到了那个小女孩的母亲。这位年轻的妈妈情绪很激动,一把抓住小女孩瘦弱的肩,大声地斥责着。我因为离得远,听不真切,她或许是在责怪女儿表演不成功,没有发挥水平;也许是嫌女儿当着那么多人痛哭流泪,太丢人。小女孩耷拉着脑袋,眼里闪着泪花。

做父母的,往往是望子成龙、望女成凤,一门心思扑在孩子身上,天天在孩子耳边念叨:成绩要好呀,要努力呀,不能掉队呀。一到考试或者比赛的时候,更是比孩子还着急,不厌其烦地嘱咐孩子一定要考好,不许失败。

这样的心情可以理解,但真的对孩子有害无益。没有谁能事事成功的,也不是任何事一次就能做好的。孩子只是孩子,他没有生活的阅历与经验,他还处在人生中最初摸索的阶段,他有权利失败。

王岚是六年级的学生,她不仅漂亮,学习也很好,每次考试都是全年级的前三名。一次老师告诉王岚区里要进行各校之间的比赛,学校选派她去参加。

王岚很兴奋但也有点紧张,老师和爸爸妈妈都鼓励她,说只要是发挥正常,拿名次没有问题。

考试那天,王岚看到操场上站满了各个学校的老师、领导还有家长,他们不停地给即将参加比赛的孩子在说着要求。她一下子就紧张起来,汗也出来了,感觉心里都在发抖,结果在考试比赛中,王岚发挥失常了,不但没有拿到名次,还被远远地甩到了50名之后。她哭得很伤心,甚至不敢去上学。

爸爸领着王岚去郊外散心,路上给她讲了许多成功成名的科学家、残疾人面对失败和挑战自强不息的故事,鼓励王岚向他们学习,相信自己。爸爸告诉她,在人生成长的道路上,失败是很正常的,没有人不经过失败而百战百胜,关键是有智慧的人会利用失败,接受挑战,迎来下一次的成功。

很快,王岚就从这次失败中站了起来,不再计较一两次的考试失利,在后来的升学考试中,终于以第一名的成绩考入了自己理想的学校。

当孩子失败的时候,自己会感到沮丧、自责和后悔,如果家长再一味批评,不仅会伤害孩子的心,而且有可能引起孩子的逆反心理,产生反抗的情绪,甚至会自暴自弃。

父母不允许孩子失败,是因为我们只看到了失败带来痛苦的一面,却忽略了失败的价值和意义。当我们因为孩子没有达到要求而生气指责的时候,别忘了孩子还在成长,他有权失败。尊重孩子失败的权利,就是对孩子终将成功的信任,而这种信任,将是孩子战胜失败的勇气和动力。

当孩子为"失败"而难过时,父母不应以怜悯的态度对待孩子,或者在孩子面前唉声叹气,更甚至劈头盖脸地责骂孩子,正确的方法是让孩子明白,失败、错误没什么大不了的,人人都可能碰到,勇敢、聪明的人会从失败中吸取教训,继续努力。

生活中,父母可以适当地和孩子谈论自己事业及家庭生活遇到的挫折和不如意,让孩子逐渐地对挫折有一个全面的认识,为孩子正确对待各种挫折树立榜样。这样一来,父母对生活的热爱、执著、不怕困难的态度和坚强的意志,将会成为孩子面对挫折时最强有力的精神支柱。

我们每个人在受到挫折时,都会产生消极情绪,渴望别人来了解内心的痛苦。当我们得到别人富有同情心的理解之后,才能恢复内心的平静,冷静而理智地反省自身,接受别人的批评与建议,寻求解决问题的办法,从挫折中站起来。所以,家长在孩子面对失败时,应该用信任鼓励孩子,让他从失败中学习,从失败中吸取教训,使孩子获得肯定和自信,获得战胜失败的勇气和能力告诉孩子:你可以失败。

孩子只是孩子,他没有生活的阅历与经验,他还处在人生中最初摸索的阶段。他有权利失败。

哪个做父母的不是在磕磕绊绊中走过来的?那么,也请宽容孩子吧,把失败的权利还给他们。允许孩子失败,就等于是给了他锻炼自己意志力的机会,也给了他增加自己阅历的机会。

其实,在生活中,让孩子适当地承受一些失败是很必要的。作为父母,必须让孩子知道,每个人都有失败的可能,失败并不可耻,更不可怕,可怕的是失败了不敢面对,不去改正不足。

7.意志的磨炼要从细微处入手

很多家长意识到了坚强意志的重要性,为了锻炼孩子的意志,他们给孩子制定了宏大的计划让孩子执行,又帮孩子找来很多名人磨炼意志的实例让孩子照着学习。但是一段时间以后,父母会发现收效甚微,孩子的意志力并没有得以提高。这些父母其实犯了好高骛远的错误,他们不懂得对孩子意志的磨炼要从细微处做起,要从孩子身边的小事做起。

由于孩子受生活范围的限制,他们对那些大道理并不是十分清楚,而对于生活中的小事情,他们却很敏感。因此,从孩子平时经常接触的生活小事做起,通过细微之处的坚持来磨砺孩子的意志,能够起到更好的效果。

湖南第一师范学校门口有一口水井。毛泽东在此求学期间,他的老师杨昌济天天坚持在这里进行冷水浴。作为学生的毛泽东看着新奇,也尽力仿效。每天天刚蒙蒙亮,毛泽东就起床穿着短裤来到井旁。他一桶一桶地把水吊上来,从头浇到脚冲洗全身,然后用毛巾擦干,擦了又淋,淋了再擦,直至擦得全身通红为止。这一习惯毛泽东年复一年地坚持了下来,即便是在寒冷的冬天,他也坚持洗冷水澡,因为这样能够在心里增强对冷水的抵抗能力,强化自己的意志。

解放后,毛泽东年岁大了无法再承受冷水浴,但洗澡时他仍坚持只用温水不用热水。当别人问及原因的时候,他解释道:"一个经常洗冷水澡的人,就不会怕冷,冬天就不会被风雪的寒威所吓倒。我练习过冷水浴,现在年纪虽然大了,冬天也还可以不用热水洗澡,小小的寒冻也还经得住。"

毛泽东在年轻的时候就非常注意通过生活细节来磨炼自己坚强的意志,除了冷水浴,他还坚持每天睡硬板床。直到解放后,他的床还一直是没有床垫的硬床。此外,毛泽东在北京大学图书馆工作期间,他每天午饭坚持只吃一把蚕豆,以此来磨炼自己的意志。

正是通过这些生活中细微之处的磨炼,毛泽东练就了坚忍不屈的顽强意志,在领导中国革命和建设当中百折不挠,带领人们建立起一个独立自主的新中国。

可见,培养孩子的意志不仅要有一个大的目标和方向,还应该注重细节从细微处着手,通过对细微处的坚持来磨砺孩子的顽强意志。但是,如今的父母在教育孩子的时候通常很容易好高骛远,往往不愿意从小事做起,不愿意从细微处做起。其实,意志力的培养是一个漫长观艰难的过程,不是一朝一夕就能够完成的事情。俗话说"冰冻三尺非一日之寒",父母一定要从长计议，从生活小事做起。

曾经轰动国内的哈佛女孩刘亦婷，在她18岁的时候就被美国哈佛大学、哥伦比亚大学等四所世界一流高等学府录取，还获得全额奖学金。刘亦婷的成功与她持之以恒的努力是分不开的。刘亦婷成功的背后是她本身多年如一日的艰辛奋斗。

还在刘亦婷10岁上四年级时，刘亦婷的父亲就很注重对她持之以恒的能力的培养。一次，父亲给她设计了一个奇特的"忍耐力训练"：捏冰一刻钟。刘亦婷捏的是冰箱里特意冻得结结实实的一大块冰。父亲手拿秒表，一声"开始！"刘亦婷就把冰往手里一放，开始捏冰了。第一分钟感觉还可以；第二分钟，就觉得刺骨的疼痛，她急忙拿起一个药瓶看上面的说明，转移注意力；到第三分钟，骨头疼得钻心，她就用大声读说明书的方法来克服；到了第四分钟，这时她使劲咬住嘴唇，让疼痛转移到嘴上，心里想着：忍住、忍住；第五分钟，她的手变青了，也不那么疼了；第六分钟，手只有一点痛了；第七分钟，手不痛了，只觉得冰冰的，有些麻木；第八分钟，她的手完全麻木了……当爸爸说："15分钟到了！"她高兴得欢呼起来。而她的手却变成了紫红色，摸什么都觉得很烫。爸爸急忙拧开自来水龙头给她冲手。此时此刻，作为父亲，为女儿有这么顽强的意志力而由衷地高兴。

通过手捏冰块来锻炼孩子的意志力，这是对孩子毅力的考验，是对孩子感官极限的挑战。据说后来一些好奇的大学生都试过捏冰一刻钟的方法，但没有一个人能坚持到最后。由此可见，刘亦婷的成功绝非偶然。坚持能力，尤其是身处艰苦环境时的坚持能力，往往是孩子成功的前提。所以家长给孩子创设一些困境，让孩子的心理得以锻炼，这对于培养孩子的意志力很有必要。

当然，这并不是提倡所有父母都用捏冰来培养自己孩子的意志力，并不是所有孩子都适合这种教育方法。捏冰只是一种教育方式的象征，只是人为制造困境来锻炼孩子坚持能力的一种方式。这些事例只是给家长一些启发和参考。关键是家长要明白,对于培养孩子的意志力,父母可以从生活中的细微处做起,只要坚持下去,相信孩子的意志一定会得到加强。

大凡意志力顽强的孩子,其父母不仅注意从大的人生道理上对其教育,更重要的是他们能够从生活的细微处着手,让生活中的小事来磨砺和造就孩子的顽强意志。"千里之行,始于足下",要想让孩子在人生的道路上走得更精彩,父母就要从生活中的小事做起,培养孩子的坚强意志。

8.培养孩子良好的心理承受能力

每个人一生都会碰到很多困难,遭遇无数挫折。具有良好心理承受能力的人能以乐观的态度克服这些困难,最终取得成功;心理承受能力差的人悲观地逃避磨难,注定将来一事无成。

李强今年6岁,刚上小学一年级。有一天,李强因为一点小矛盾与同学打架了,老师批评了他。李强一气之下就从学校跑回家,告诉妈妈老师批评了自己。自己不想去上学了。无论妈妈怎么劝说,李强就是不愿意再踏进学校一步。李强的妈妈此时才意识到,一直宠着孩子是个错。

原来,李强之所以受不了老师的批评,是因为在家里他一直是个宝贝,妈妈没有责备过他,爷爷奶奶都顺着他,外公外婆总护着他。在家里从未遭受过责难的李强,对老师的批评难以接受,他感到十分委屈,因此拒绝再去上学。

心理承受能力,是指一个人从挫折中恢复愉快心情的心理素质。心理承受能力对一个人的生活和工作是非常重要的。一个人只要参与社会生活,就会遇到各种压力、困难和挫折。心理承受能力强的人面对这些压力,会以乐观的态度战胜困难,走向成功;心理承受能力差的人则像上例中的李强一样,老师只是批评了几句就承受不了,开始逃避,这解决不了任何问题。

良好的心理承受能力,并不是与生俱来的,它要经过后天的培养、磨炼、吸取教训等之后才能形成。父母要想培养孩子良好的心理承受能力,就要从孩子小时候开始,让孩子独立去做一些事情,去经历困难,去遭受打击,孩子的心理承受能力才会慢慢地从这些挫折中得到培养、锻炼,遇到困难不悲观、不焦虑,也不逃避,而是要学会减压,以乐观的态度去面对,积极地想办法战胜。

有个名叫郭立的孩子,经常考第一名,不管是什么样的考试,他几乎都能拿第一。第一名就是他的代名词。因此,大家都称他是"考不倒的第一名"。

可是,郭立真的是考不倒吗?在小学升初中的考试中,郭立考砸了,别说是重点中学,连二级以上的中学都考不上。他伤心地哭了,他躺在床上想:完了,这下全完了。

这时候,爸爸对他说:"谁能保证人生道路上就没有挫折!挫折只是考验,失败更能磨炼人的意志,你要用乐观的心态去面对它,才能战胜挫折和失败。"

听了爸爸的话,他想到了自己曾经在日记里写了这样一段话:在生活中,有许多的小失败和小挫折,但是,只要我们能快乐地生活,乐观地面对一切失败和挫折,那我们就是生活的强者。

郭立从此发奋学习,为自己制定了学习时间表,合理安排好自己的时间:每天5点30起床,跑步,读英语,背课文;放学后,看完笔记后做作业;

晚饭后,复习、预习。这样,他的每科成绩都提高得很快,成绩都是名列前茅。上到初二时,校长还破例批准他直接升入高中;高中毕业,郭立考取了重点大学。

当孩子开始遇到挫折的时候,像上例中李强的情况,父母就要给孩子及时的帮助,要认真和孩子交谈,解开孩子心中的疙瘩,鼓励孩子坚强、自信地面对问题。父母还要启发和开导孩子多从有利的方面去想,不断增加孩子的信心,提高孩子抗挫折的能力,让孩子在面对困难时具备足够的心理承受能力。

考试不及格,竞赛不入围,升不了重点中学,和同学、老师关系不好等,这些都会给孩子带来心理压力,需要孩子具有良好的心理承受能力才能从容面对。那么,父母应当怎样培养孩子良好的心理承受能力呢?

(1)让孩子从学习自理中提高心理承受能力

父母过多地包办代替,使孩子总是处在被指示的地位,没有自己作选择和决定的机会,当他们真正独自面对学习、生活、交往中的一些困难和压力时,往往不知所措,缺乏战胜困难的信心和勇气。因此,父母应尽量让孩子自己决定和处理个人的事,这样才能锻炼孩子,为培养孩子良好的心理承受能力打下基础。

(2)让孩子学会从困难中看到希望

任何事情都有利有弊,但有人只盯着对自己不利的那一面,任压力把自己压趴下,任困难把自己踩在脚下,却没想到有压力才有动力,只有经历困难才能够茁壮成长。只有那些面对磨难看到有利一面的人,才会乐观地面对,积极想办法解决,并最终走向成功。

(3)让孩子学会平衡心态

没有人十全十美,没有人不经历挫折。在孩子受到打击的时候,父母应及时排解孩子的心理压力,帮孩子分析问题,鼓励孩子勇敢面对困难,使孩子有一个平衡的心态,这样才能避免孩子产生自卑心理,从而提高孩子的自信心和心理承受能力。

(4)有目的地对孩子进行"心理操练"

心理和生理一样,必须通过一定的锻炼才能促进其健康发展。为培养孩子的心理承受能力,父母可以有目的、有计划地开展一些"心理操练":在孩子取得成绩的时候出点儿难题;在孩子失败、失意的时候给予鼓励,教育孩子"得之不喜,失之不忧",始终以平和的心态参与竞争,这样才能够让孩子经得起未来人生道路上风雨的洗礼。

9.让孩子保持希望,笑对挫折

世间有好多事情是我们所不能左右的,以积极、乐观的心态面对才是至关重要的。乐观的人总是能看到事情比较有利的一面,期待最有利的结果。儿童心理学家马丁·塞利格曼认为,乐观不但是迷人的性格特征,还有更神奇的功能,它能使人对生活中的许多困难产生心理免疫。

从出生那天起,安金鹏就开始经历贫穷的考验。患病的奶奶整天躺在炕头上,安金鹏4岁的时候爷爷也患了支气管哮喘和半身不遂。为了给爷爷奶奶治病,父母不得不四处借钱,因此家里欠下的债不断增多。

别的孩子6岁甚至更小就上学了,但安金鹏7岁才上学,即便这样,他的学费还是妈妈找人借的。安金鹏发现,自从他上学以后,妈妈反而不爱坐在他的身边看他念书。后来安金鹏明白了:我越是懂事,她便越是伤心,因为她不忍心看着我用捆着小棍的铅笔头做作业。

不过,安金鹏总能让妈妈开心,学校里的大考小考,他总能名列前

茅,特别是数学总能拿满分。在妈妈的鼓励下,安金鹏越学越快乐,他感觉读书是天下最快乐的事。

1994年6月,16岁的安金鹏被天津一中破格录取,他欣喜若狂地跑回家。可他没想到,当家人得知喜讯后,脸上布满了愁云。

晚上,安金鹏听到屋外有妈妈和爸爸的争吵声。妈妈想把家里那只刚怀上驹的毛驴卖掉,好凑齐学费,供安金鹏上学,但爸爸坚决反对。他们的争吵声让爷爷听见了,爷爷一急竟永别人世。

办完爷爷的丧事,家里又多了几千元的债。安金鹏知道家里困难,也就不再提上学的事情。他把录取通知书叠好,放在枕套里,开始跟着妈妈下地干活。两天以后,安金鹏和父亲同时发现毛驴不见了。父亲铁青着脸责问母亲:"你把毛驴卖了?以后怎么种庄稼啊?难道你去用手推、用肩扛啊?毛驴就卖几百块钱,能供金鹏念一个学期还是两个学期?"

那天,母亲哭了。她用很凶的声音对着父亲大吼:"孩子要念书有什么错?金鹏考上市一中在咱武清县是头一个呀,咱不能让贫穷耽误他的前程!我就是用手推,用肩扛也要让他念书去……"

上中学后的那年秋天,安金鹏回家拿冬衣,发现父亲的脸色蜡黄,瘦得只剩皮包骨头。之后安金鹏得知父亲得了肠息肉,医生说要尽快动手术。母亲准备再去借钱,可父亲坚决不同意,他说亲朋好友已经借遍了,只借不还,还有谁愿意借呀!

那一天,安金鹏从邻居那里得知:母亲是一个人用原始而悲壮的方式收割完小麦的。她无法把麦子挑到场院去脱粒,更无钱雇人使用脱粒机,于是只好等麦子熟一块,她就赶紧割一块,然后又把麦子放在板车上拉回家,晚上在家的院子里铺上一块塑料布,用双手抓起麦秆在一块大石头上摔打脱粒……三亩地的麦子,她一个人收割,累得站不住就跪着割,膝盖都磨出了血……

邻居还没说完,安金鹏已经大哭道:"妈,我不念了……"说着飞快地跑回家,母亲告诉安金鹏:"你是最能吃苦的孩子,这点苦算什么,苦难总会过去的。"最终,安金鹏在母亲的教育下回到了学校。父亲的手术也做了,只不过多了一些债务。

为了不让安金鹏饿肚子,每个月母亲都要步行10多里去批发10公斤方便面渣。每个月底,母亲总是扛着一个鼓鼓的面袋子,步行10里路到天津一中去看安金鹏。袋子里除了方便面渣,还有母亲从6里外的一家印刷厂收集来的废纸——那是给安金鹏做演算的草稿纸,还有一大瓶黄豆辣酱和咸芥菜丝……

在学校的食堂里,只有安金鹏是连素菜也吃不起的学生。他只能顿顿吃两个馒头,可他从来没有自卑过,他总感觉母亲是一个向苦难、向厄运抗争的英雄,做她的儿子安金鹏感到很自豪。

就是在这样的生活环境中,安金鹏始终不曾放弃,他一步一个脚印踏踏实实地充实自己,几年以后,安金鹏顺利进入著名的哈佛学府。可以说,安金鹏的父母,尤其是母亲对孩子的教育是一种无声的教育,她从来没有教孩子应该怎么做,比如应该勤俭、应该好好学习、应该笑对苦难,她只是在用自己的行动告诉孩子:"困难是人生的垫脚石,站在上面,你可以攀得更高,可以看得更远。"正是这种特别的教育,让安金鹏刻骨铭心,让安金鹏深受影响,从而学会了像母亲那样笑对苦难,笑对贫穷。

一个乐观的人会微笑着来面对挫折和生活。让孩子在面对挫折时也能保持乐观的心态,用微笑来面对生活中的一切,这样才会收获更辉煌的人生成就。如果孩子是抱着一种消极的态度来面对困难,那么他连自己都战胜不了,更谈何成功?

每一个成功者的背后,都会有一连串的艰辛,而他们之所以能够挺过来,是因为学会了用微笑来面对困境和挫折。敢于微笑面对挫折的人,是一个不惧怕任何挑战的人。

乐观的心态对于孩子的成长会有很大的影响。一个乐观的人在面对困难时会觉得自己锻炼能力的机会又来了,会努力去想办法来战胜不利的因素。孩子就是要培养出一种不惧怕困难和挫折的勇气,在困境中还能微笑。有了这样的心态,即使人生路上有再多的困难,也难不倒自己。失败之后就一蹶不振,是因为没有勇气用微笑面对挫折,父母要从小培养孩子面对挫折时乐观以对的心态,让孩子微笑着面对挫折,给自己开拓更宽广的人生之路。

10.让孩子变得越来越坚强

爱迪生曾经说过:"伟大人物最明显的标志,就是他坚强的意志。不管环境恶劣到什么地步,他的初衷与希望都不会有丝毫的改变,而后克服困难,达到预期的目的。"

坚强不仅仅是摔倒了不哭,而是摔倒了还能勇敢地站起来,并以更加积极、乐观的心态去走下面的路。

里根在成功当选美国总统以前,曾经遭受过无数次的挫折和失败,但他并没有放弃自己的梦想。每当里根受挫时,他的母亲就这样说:"最好的总会到来,如果你坚持下去,总有一天你会交上好运。并且你会认识到,要是没有从前的失望,好运是不会发生的。"

年轻的时候,里根的梦想是当一名优秀的体育播音员。当他于1932年大学毕业后,他计划在电台找份工作,然后再设法去做一名体育播音员。

于是里根就搭便车去了芝加哥,敲开了每一家电台的门,但每次都碰了一鼻子灰。在一个播音室里,那家电台的制片人很和气地告诉他,大电台是不会冒险雇用一名毫无经验的新人的,并且劝告里根去找家小电台，那里可能会有机会。

一次又一次的挫折并没有使年轻的里根放弃，他又搭便车回到了伊利诺伊州的迪克逊。虽然迪克逊没有电台，但里根的父亲说，蒙哥马利·沃德公司开了一家商店，需要一名当地的运动员去经营它的体育专柜。

由于里根在中学时代打过橄榄球，于是他就向这家商店提出了申请。本来满以为自己会被录用的里根，最后却未能如愿，他失望的心情溢于言表。里根想，也许自己不适合在家乡附近发展。于是，他驾车行驶了70英里来到了特莱城。

在那里，里根试了试爱荷华州达文波特的WOC电台。这家电台的节目部主任是位很不错的苏格兰人，名叫彼特·麦克阿瑟。里根和麦克阿瑟聊得很开心，话题是两人都最感兴趣的橄榄球。接着，麦克阿瑟让里根站在一架麦克风前，叫他凭想象播一场橄榄球比赛。结果，凭着浑厚的嗓音和精妙的解说，里根终于被这家电台录用了。

很难想象，如果里根不能正确面对一次又一次失败的挫折，他就不能实现成为体育播音员的梦想。同样，在里根的政治生涯中，他也遇到了很多失败和挫折，但因他能够不断战胜失败和挫折，最终成为了美国第40任总统。可见，挫折是孩子成长过程中必须经历的事情，经过挫折的磨炼，孩子的意志就会更加坚强，也能够面对更大的挑战。也可以说，挫折是浇筑孩子成功的高标号水泥。没有挫折的历练，孩子的人生就像是用没有加入水泥的混凝土筑起的墙——看似坚硬，其实是豆腐渣工程，经不得任何风吹雨打。

那么父母应该怎样做呢？

(1)学会放手，让孩子独自面对困难

一天，妈妈带阿雅去医院拔牙，阿雅有点儿害怕。妈妈却安慰她说："别怕，妈妈会守在你的身边。"谁知进了诊疗室，阿雅却抓住妈妈的手不肯放,哭哭啼啼的就是不配合医生。这时,一位老医生走过来对妈妈说:"请你出去,离开孩子。"

妈妈忐忑不安地在外面待着。不一会儿,孩子平静地走了出来。妈妈急切地问:"疼吗?"阿雅说:"有点疼,但是我很勇敢,都没有哭。"

后来,老医生解答了妈妈的疑问:"你守在孩子的身边,孩子感受到依靠,就会撒娇、任性。我让你离开你的孩子,是要促使孩子自己去直面苦痛和磨难。孩子没有了依靠,自然会丢掉幻想,用自己的意志和毅力去战胜怯懦和疼痛。"

其实,孩子并不像我们所想象的那样怯懦和脆弱。当孩子遭遇困难时,首先无法忍受的往往是我们。如果我们感情用事,焦急地对着孩子问这问那,不仅无助于孩子克服困难、战胜痛苦,相反,只能增加孩子的恐慌和软弱。

(2)不要把孩子当成弱者

在公共汽车上,有人给一个5岁的小女孩让座。孩子的妈妈却对让座的人说:"让她站着吧,她已经到了该自己站着的年龄了。"

父母想让孩子变得坚强,就不要总是把孩子当成弱者来看待。只有让孩子自己学会站立,他的双腿才会结实有力,他的意志才会坚强。

(3)给孩子一些劣性刺激

劣性刺激是指一些令人不舒服或不愉快的外界刺激,这些刺激对孩子来说是必需和有益的。这些刺激主要有:

①困难

美国一些儿童专家指出,有条件的父母应该为孩子有意识地设置一些困难,常给孩子制造一些经过努力可以克服的困难。当然,在这当中,

父母需要教给孩子克服困难的勇气,也要教给孩子克服困难的办法。

②饥饿

饥饿是一种挑战生理极限的刺激。如今生活条件好了,很多孩子吃饭挑食或抱怨这、抱怨那,这时候,父母可以适当让孩子尝一下饥饿的滋味,让孩子在饥饿的刺激下学会控制自己的偏好。

③吃苦

大部分孩子在面对吃苦的时候总是显示出娇弱的一面,父母不妨有意识地锻炼孩子,比如多让孩子参加一些野营活动,让孩子在艰难的条件下吃点苦头,这样比较有利于培养孩子坚强的性格。

④批评

许多孩子的心理非常脆弱,根本无法接受别人的指责和反面评价。美国阿拉斯加州的埃丽希·弗说:"没有规矩不成方圆。因此,必须明确规定一些孩子不应做的事情,比如,打人、骂人、偷东西等,这些都是绝对不允许做的。如果孩子做了,就要接受批评、惩罚,有时还要严厉一些。这样对孩子的身心健康成长是有益的。"

⑤惩罚

对于孩子犯的较大的错误,父母应该给予适度的惩罚,这种惩罚可以是物质上的,也可以是精神上的。比如,把孩子关在一个比较安全的地方,不允许孩子买他想买的玩具等。

⑥忽视

父母总是一味以孩子为中心,无论是在哪种环境下,孩子们似乎永远是主角。那么,如果环境发生变化,孩子不能再当主角了,不被重视了,他的心理就会失去平衡,他就可能承受不了这种角色的转变。因此,父母在生活中不要把孩子作为重心,有时候可以适当忽视孩子,让孩子调整自己的心态,从而帮助孩子在与人交往中保持良好的心态。

第六章

勇者无敌,让孩子拥有一颗无畏的心

1.勇气,任何时候都不可缺少的性格优势

有位搞教育研究的学者,在一次家长会上用一套问卷做了调查,里面有一道问题:你最希望你的孩子成为什么样的人。答案有健康快乐、善解人意、个性倔犟、天资聪明、坚毅勇敢、立志高远、遵纪守法、专心刻苦、富有爱心、一路顺风。

调查结果:天资聪明遥遥领先,而排到最后的是坚毅勇敢和个性倔犟。家长们认为,个性强的孩子不听话,自行其是,你让他向东他偏向西,容易走偏、走歪;勇敢说起来很好听,可孩子懂什么,勇敢只会招惹是非,让人操心。

也许你有不同意见,你肯定勇气,你知道勇气和成功的关系。你想告诉孩子,勇敢很重要。因为一般取得伟大成就的人都要做到心灵的勇敢,儒弱的性格是很难取得成功的。孔子说过,勇者不惧,仁者无敌。勇敢是成功的前提,那些有魄力的人,往往在事业上披荆斩棘,相反,那些优柔寡断,瞻前顾后的人往往在事业上错失良机。儒弱的人往往喜欢安于现状,不敢去冒险,他们总是想这样活着挺好,这样人可能不会有太大的危险,但是错过了事业上有大迈进的机会。可是,如果我们只是告诉孩子这些,他们肯定会觉得太枯燥了,这时,我们可以讲些成功故事给孩子,让他们认识到只要拥有勇气,成功就可能在我们身边。

当我们遭遇困境的时候,勇气是我们克服困难的信心,勇气是我们面对困难的坚定力量。而当我们在开创性地做一件事情的时候,勇气就是我们迈向成功的第一步,勇气就是成功的敲门砖。

森林里有一只非常胆小的刺猬,它不敢自己出去,便整天跟在妈妈身后,不离开妈妈半步。可是有一天,刺猬妈妈身体不舒服,不能出去找吃的,而小刺猬又非常饿,所以它让小刺猬自己出去找一些东西吃。小刺猬虽然很害怕,但是没有别的办法,便只好自己走出家门。

走在路上,小刺猬总感觉有东西在它身边,森林里的一切事物都让它胆战心惊。突然它看到一个毛茸茸的东西把树枝弄出了声响,小刺猬便吓得边跑边大声喊:"救命呀,有老虎!"

树上的猴子转身对它笑笑说:"我是金丝猴,不是老虎,别害怕。"小刺猬这才把头转过来,仔细一看,果真不是老虎,它不禁为自己的胆小脸红起来。

小刺猬继续向前走,结果没走多远,它就遇到了真正的老虎。这只老虎凶狠地看着小刺猬,张开血盆大口,要把它吃掉。小刺猬看到这种情形,吓得赶紧缩成一团。

老虎为难了,这个小东西浑身是刺,如果真吃了小刺猬,恐怕自己的嘴巴和舌头都要被扎得不成样子了。于是,老虎就趴在地上,等着小刺猬把身体展开,最后,它甚至打起了瞌睡。

小刺猬一看老虎在这儿等着,它开始着急了,自己到现在还没回家,妈妈一定急坏了,而且它还没找到食物,自己饿着,妈妈也在家饿着呢。小刺猬被逼得走投无路,只好壮起胆子与老虎对抗。它把身体缩成一团,准备从老虎身边滚过去,结果一不小心把老虎刺醒了。老虎立刻精神起来,对它大声喊叫,但是小刺猬全身上下都是刺,老虎再发怒也拿小刺猬没办法,最后只好自认倒霉地走了。

战胜了老虎后,小刺猬继续上路寻找食物,到了晚上,它采了许多果子带回家,并把遇到老虎的事情告诉了妈妈。妈妈高兴地对它说:"你真是个勇敢的孩子,连老虎你都能打败。"小刺猬心有余悸地说:"我开始也很害怕,但我实在没有别的办法了,所以才想和它对着干,而且后来我发现老虎根本就对我无计可施,所以我就大胆地想从它身边跑掉,结果我成功了。"

心理学家斯科特·派克说:"在这个世界上,只要你真实地付出,就会发现许多门都是虚掩的!微小的勇气,能够完成无限的成就……如果你幸运,与生俱来就有勇气这种品性,那么很值得恭贺;如果你还没有养成这种性格,那么尽快培养吧,人的生命很需要它!"勇气是一个人成功的必备素质,是孩子主动进取的动力,是孩子成长的活水之源,是孩子不可或缺的性格优势。因此,父母们一定要重视孩子勇敢性格的培养。

那么,父母怎样做才能培养孩子的勇敢性格呢?

(1)从身边的生活做起

培养孩子勇敢性格的教育不能靠口头说教,而需贯穿在日常生活中,指导孩子克服胆怯、弱懦和紧张,使他在活生生的生活事件中得到锻炼和考验,让他拥有一颗勇敢的心,在人生之路上大胆地迈步向前。

(2)为孩子树立勇敢的榜样

榜样的力量是无穷的,无数英模人物在追求真理时,在集体和他人遇到困难、危险时,都能表现出勇敢献身的精神,令人敬佩,值得孩子学习。

孩子的人生观、道德观以及性格都是在多渠道教育影响下逐渐形成的,在这样一个过程中,特别需要父母对他的关怀和指引。作为父母,应有意识地培养孩子的勇敢品质,多给孩子讲讲表现出大智大勇精神的英雄故事,指导他学习英雄人物的勇敢性格,让孩子在形成高尚的人生观、道德观的同时形成勇敢的性格。

(3)通过各种活动锤炼孩子的勇敢性格

比如,夏天可带孩子一起去游泳;冬天可同孩子一起去滑雪;在儿童乐园里,父母甚至可跟孩子一起玩体育游戏,乘滑梯,爬攀登架等。这些活动,都深受孩子们的喜爱,能让他们在快乐中锻炼勇敢的性格。

(4)营造良好的家庭环境和生活氛围

在家庭里,父母要和睦、融洽相处;还要尊敬、爱戴长辈老者;对小孩子也友善、随和,不苛求,这样才能使家庭保持轻松、愉快的气氛,也才能为孩子的成长建立宽松的家庭环境,让他的身心得到和谐发展,适应能力也会增强。相反,如果孩子一回到家里,就总能见到板着面孔的父母,听到刺耳的训斥和喋喋不休的争吵,感受到冷冰冰的家庭气氛,孩子自然就会变得敏感、胆小、怯弱,容易紧张。

(5)培养孩子正确的思想观念,树立崇高的理想

心理学家研究表明:人的思想观念、理想、信念等常常制约着人的性格形成、一个人如果树立了远大的理想,那么,他就可能形成符合他人利益要求和有利于个人发展的勇敢性格特征;否则,"勇敢"也可能变成鲁莽、粗暴、蛮不讲理的表现形式和代名词。所以,培养孩子正确的思想观念,树立崇高理想是培养其勇敢性格的前提。

(6)言传身教,支持鼓励

在培养孩子的勇敢性格时,父母的言行举止很重要。俗话说:"将门出虎子。"孩子性格和良好品德的形成,都受到父母的影响。因为父母是他最亲近、最可信任的人。因此,父母在平时的生活中,对他人、对家庭、对集体、对社会,都要表现出勇敢,并将其传给孩子:要勇于承担责任,切忌"各人自扫门前雪,不管他人瓦上霜";家中有客人来,要跟孩子一起主动问候招待;别的孩子闹矛盾,要动员孩子热情勇敢地去做化解工作;学校布置的活动,要支持孩子积极参与;课堂学习,要鼓励孩子踊跃发言;家中事务,要孩子多多发表意见。这样,给孩子创造一个良好的环境,给孩子的勇敢性格才会在学习、生活的实践中逐渐形成。

2.让孩子拥有克服困难的勇气

据有关调查显示,勇敢这种象征着孩子个性特征的品质,已经为越来越多的父母所忽视,许多孩子最大的缺点竟然是"胆小"。父母一定要让孩子认识到,只有勇敢的孩子才能有勇气和胆量去克服艰难险阻和自己内心的恐惧,最终取得成功。

一天康康放学回家,不知道为什么一进门就哭了起来。妈妈一边把儿子搂到身边,一边笑着问道:"怎么了,孩子?"

"噢,妈妈,麻烦大了。"康康呜咽着,一张小脸布满了难过的表情,"所有同学明天早上都要交作文,可是我从没写出来一篇。我们至少要写

12行,憋了整个下午我才写了几个字。看看我写了点什么啊。哦,怎么办啊,妈妈?我怎么向老师交代啊?"

妈妈拿起康康手里皱巴巴、浸着泪渍的纸,看看上面都写了什么。只见康康在纸上仔细写了三个题目:时间、自制和勤奋。"

"时间是短暂的,我们大家都应当充分利用时间。""自制是非常有用的。""在这个世界上我们想做任何事情都要很勤奋。"这就是她写下的所有的句子,显然这根本算不上一篇完整的作文。

"现在",康康说,"对这些题目我再也想不出一个词了,我知道,明天上学一定交不上写好的作文了,我可不好意思从书上抄一篇或是让爸爸和你帮我写。唉,我真是太笨了!呜呜!"

"亲爱的,这就对了,"妈妈说,"自己写的作文,再糟糕,也比别人代写的漂亮文章更让你感到幸福。不过,开心起来吧。你没有开好头,你是在尝试着写自己根本不了解的题目。去花园里玩吧,半小时后我叫你。"

"可是我的作文……"康康还是有些不放心。

"玩的时候别想作文的事,尽量开心地去玩。"妈妈宽慰道。

于是康康就像一只小鸟一样飞进了美丽的花园里,开始快乐地玩耍。好像只不过玩了几分钟,康康就听到妈妈喊她。她立刻跑回屋里,手里捧着花,小脸红扑扑的,看起来很高兴。

"康康,现在我要你坐在窗前,取一沓整洁的纸和一支铅笔,写下你看到的东西。"妈妈吩咐说。

"可是我的作文呢,妈妈,我什么时候开始写我的作文啊?"康康有些奇怪地问道。

妈妈轻轻地拍拍康康的小脑袋,说:"别想你的作文了,亲爱的,先做我告诉你的,我们慢慢再谈作文的事。"

康康虽然觉得妈妈的要求有点奇怪,但是他知道妈妈不论做什么事情总是有道理的。所以他拿起纸笔,坐到窗前,开始观察外面的景物。

"不要和我讲话,看看窗外,写下你对看到的东西的想法。"妈妈再次

提醒他。

康康禁不住笑起来,这真是一件好玩的事情。他向外望去,首先看到的是西边的天空和绚烂的晚霞。"噢,妈妈,多壮观的落日啊!"康康被这大自然奇妙的景象吸引住了,忍不住惊叹道。

"不要说,而是写下来。"妈妈回答。

"那我就写写落日好了。"铅笔开始在纸上飞快地书写。几分钟后她说:"妈妈,我念给你听我写的东西好吗?"

"不,现在不可以,我要去餐厅了,你坐下来继续写,等我回来。"妈妈嘱咐说。

康康乖乖地听话,继续写,他开始对自己做的事情感兴趣了。有那么一会儿他完全忘了可怕的作文。他描写了晚霞,描写了远处的山丘、树木、河流,写下了开满鲜艳花朵的花园和那飞过窗口的小鸟。

康康边看边想,边想边写,简直是文思如泉涌。就在他都快写满一张纸的时候,妈妈进来了,笑着问:"康康,你的作文怎样了?"

康康惊道:"作文?你可是告诉我别去理会作文的啊,我还没有想呢。我刚才只是非常开心地写下了看到的窗外的景物。"

妈妈拿过康康的稿纸,大声朗读起康康写的文字:"我坐在窗户前的一张小矮凳上,窗户半开着,从这里可以嗅到花园里飘来的缕缕花香。天空给落日染得绚烂极了,有紫色的、粉色的和金色的,还不住地变幻着,我相信没有谁的颜料盒里会有这么漂亮的颜色。

"我看到一朵洁白的云彩,高高地漂浮在天上,好像一艘大轮船航行在蔚蓝的海面上。若是它不会让我眩晕的话,我真想坐在云彩上。现在,就在我写字的时候,云彩变幻着不同的颜色和形状,而且都非常漂亮。

"绿色山丘的山尖上镶着金边,看上去像披着金色的外衣。我可以看到远处的河流,看上去在非常宁静地流淌,尽管我知道它正飞快地奔向大海。

161

"鸟儿飞过窗口,急着赶回家照顾小宝宝。我真高兴小鸟一点都不害怕住在我家花园里,它还在我家树上做巢呢。哦,真希望有更多的鸟儿来到我家的花园做客、安家。

"我们的花园里种满了各种花:石竹、百合和玫瑰。姹紫嫣红,竞相吐露着芬芳。小蜜蜂在花丛中辛勤地忙碌着,色彩斑斓的蝴蝶在翩翩起舞。我的生日再有一周就到了。到那时我们就有足够的花来编花环装饰野餐会了。"

妈妈说:"康康,你看,这其实是一篇很好的作文。"

"一篇作文!"康康激动地问,"真的吗?它可以称得上作文吗?"

"是的,亲爱的,还是一篇好作文呢。"妈妈回答说,"可是还没有一个题目。"

"我们来给它安一个题目吧。我确信你的老师会和我一样非常喜欢这篇作文的。它是你亲自写出来的,而且如此优美。"妈妈接着说,"亲爱的,你看,如果你描写自己感兴趣的事物,写作文其实是很容易的事情。"

康康听完妈妈的话,开心极了,非常感谢妈妈正确地引导自己解决了写作文的难题。

第二天早上,康康整整齐齐抄写了作文,高高兴兴准备去上学了,当他亲妈妈的时候,对妈妈说:"亲爱的妈妈,想想多有意思啊,我写了那么长的一篇作文,自己竟然都没有意识到。"

在孩子的一生之中,面临着许多挑战和选择,没有勇敢的品质,他们不可能把握住良好的机遇,也不可能克服困难,迎接最后的成功。勇敢是战胜困难的信心,是战胜自我的勇气。那些勇敢的孩子往往为了自己的正当利益,能够不怕困难、不畏强暴、不达目的誓不罢休。

(1)不要过于保护你的孩子

孩子的性格都是在生活中不断磨炼出来的,现在的父母对孩子都特别宠爱,恨不得用自己的翅膀把孩子包起来,免受外界的伤害,这就使孩子丧失了锻炼勇气的机会。

父母应该时刻提醒自己,不要事事管着孩子,不要让孩子生长在父母营造的温室里。孩子迟早要迎接外面的风雨,那么做父母的最好是练就他们坚硬的翅膀和飞翔的技巧,而不是把他们关在笼中保护起来。

父母要多带孩子到户外,给孩子认识一些自然界的动植物等,并且告诉他们在什么情况下是安全的,什么情况下是危险的。孩子天生有好奇心和探险精神,父母适当的引导,不仅能锻炼他们的勇气,还能激发他们学习新事物的兴趣。所以,父母请放开你的手,孩子自己能走。

(2)从小事锻炼孩子的胆量

许多孩子怕一个人在家,怕黑,怕和陌生人讲话等,父母面对这些情况时,往往都觉得是小事,但就是因为孩子遇到这些小事时,父母采取了不正确的教育和引导方式,导致孩子以后做事缺乏勇敢的精神。

父母不要纵容孩子的"小怕",这些小时候的"小怕"都会严重影响孩子今后的性格形成。例如,孩子怕黑,父母应该鼓励他们,告诉他们没什么可怕的,孩子不应该害怕黑暗,来激励孩子克服这些"小怕"。

(3)设置鼓励性的规则

如果孩子遇事畏首畏尾,父母可以制定鼓励性的规则,帮助孩子培养勇敢的品质。

鼓励对于孩子来说是最好的方式,父母在驱逐孩子心中的"胆小鬼"时,可以巧妙地运用鼓励的方法,告诉孩子如果他一直表现勇敢,就可以得到奖励,如他们很想要的篮球或者去游乐园玩等。

3.鼓励孩子勇敢地表现自我

张艺谋到河北一个偏僻的小山村选演员,他对村民说:"谁想拍电影就站出来!"问了几遍,村民们都不敢回应。最后一个十四五岁的小女孩站了出来:"我想。"她叫魏敏芝,就是这个普通的山村小女孩,因为勇敢地站出来,担任了电影《一个都不能少》(此片荣获第56届威尼斯电影节金狮奖)的女主角,几乎一夜间她出了名。7年后,她考上了西安一所大学的编导专业,后到美国继续留学深造。

如果当初魏敏芝没有勇敢地站出来,也许她现在还在那个偏僻的小山村里,面朝黄土背朝天地辛勤劳作。

学会表现自己,这对孩子以后的成功非常重要。在当今激烈竞争的社会中,酒香也怕巷子深,一个人即使有旷世之才,如果不能表现或不善于表现自己,也难以觅到用武之地。所以,家长要教育孩子,当伯乐出现时,千里马不应该躲在马群里,应该跳出来、跑起来,这样才会让伯乐发现千里马。

可是,为什么很多孩子不爱表现自己呢?这可能是由于以下几种原因造成的:一是孩子的性格偏内向、文静,在人多的场合不爱说话;二是孩子缺乏自信,遇到机会时不敢表现自己;三是孩子很少得到别人的关注,内心过于敏感、多疑。

机遇在每个人面前都是平等的,关键要看你如何把握。站出来才能被看见!因此,家长要鼓励孩子勇敢地站出来,展示自己的闪光点,把握住身边难得的机会,以取得更大的成功。

面对不爱表现自己的孩子,家长应该怎么做呢?

(1)引导孩子强化自己的优点

每个孩子都有自己的优点,比如性格内向的孩子,做事相对耐心、细致、稳重。家长要及时发现孩子的优点,并有意识地鼓励、教育、培养,强化孩子在这些方面的优势,为孩子储备表现自己的能量。比如,孩子喜欢画画,就可以给孩子报个绘画班,让孩子通过专业的训练提高绘画的才能,以后有适当的机会,就可以让孩子展现自己的绘画技巧。

(2)鼓励孩子勇敢地展现自己

当孩子有一些表现的欲望时,家长要及时表扬、鼓励,增强孩子的自信心。即使孩子表现得不理想,家长也要首先肯定孩子能"站出来"的勇气,再给孩子提出一些更好的建议,并坚信孩子可以有更好的表现。比如,家长可以从鼓励孩子上课举手回答问题入手,只要孩子上课举手了,即使老师不提问,也要鼓励孩子的勇敢;如果老师提问了,孩子回答错了,家长同样要鼓励孩子的勇敢,当然,当孩子回答正确时,家长更要鼓励、表扬孩子"真棒"!在这样不断的鼓励下,孩子才会更有信心、有勇气,在课堂上举手发言,大胆地表现自己。

(3)为孩子提供展现的机会

邀请孩子的小伙伴或亲朋好友到家里玩,让孩子展现自己的才能:绘画、唱歌、舞蹈、朗诵、演奏乐器、手工等,孩子喜欢表现哪方面就展现哪方面,掌声是对孩子勇敢表现的最好鼓励;多带孩子参加一些体育活动,让孩子在锻炼身体的过程中,表现自己的勇气和自信;让孩子为家庭活动出谋划策,鼓励孩子说出自己的建议和想法,只要合理就可以付诸行动,孩子会从中感受到"表现"的成功与满足。

(4)鼓励孩子参与竞争

几乎每个学期开始,班里就要竞选班干部,家长要鼓励孩子勇敢地参加竞争。在孩子竞选期间,父母可以帮助孩子分析自身的优势,如果被选上能帮班级做哪些事情,如何演讲才能最受同学们欢迎。不管结果如

何,只要孩子迈出了这一步,就是一种成功。家长在根据孩子的性格特点对他们的表现欲进行正确引导的同时,也要注意把握好一个度,不能让孩子过分地表现自己,以免滋生虚荣、浮躁心理。

4.让害羞的孩子勇敢起来

有个男孩2岁9个月已上幼儿园。据家长说,这孩子小时候就很胆小,怕见生人,有时候见到熟人也会害怕。但小的时候还不太明显,家长带他出去玩,他也会很开心。但最近这孩子不知怎么了,家长带他去哪他都不愿去,就是去以前去过的亲戚朋友家,他也经常吓得不敢进门,站在门口哭。有时候家长带他去商场,他也会吓得不敢进去。这孩子到底怎么了?

其实,孩子天生就胆小的不是没有,但是后天的负面影响却往往是造成孩子胆小的重要因素,比如家长过度保护孩子,让孩子养成了对家庭的严重依赖,孩子与别人交往过少,面对陌生人时感觉心理上不适应、不接受,就会变得越来越胆小懦弱,这是最常见的一种表现。

还有一种比较常见但又很极端的特例,那就是"心理阴影":有些孩子看了可怕的片子,听了可怕的故事,或者成人吓唬了孩子,这些都会在孩子的心中留下阴影,也会变得越来越胆小。有些孩子偶尔出现几次胆小的情形,家长没注意自己的措辞和方式,上来就批评或取笑孩子,还把这种情况到处跟别人去说,这就给孩子增加了负面的心理暗示,越来越胆小和懦弱。

从案例中的情况看,这个孩子可能是受到了某种惊吓。天生胆小的孩子，对外部事物更敏感一些，如果出现让他们感觉不太安全的事情，他们更会缩成一团，恨不得用一个坚硬的壳将自己包裹起来，这是正常的生理和心理反应，家长需要做的是化解这些外部刺激给孩子造成的不安全感甚至是威胁，让孩子回归安全舒适的心理状态。

家长这时最紧迫的事情，是了解孩子心中的恐惧。胆小的孩子是觉得自己涉足某些场合不安全，那么他们到底惧怕什么呢？这是问题的症结，也是解决问题的关键。孩子胆小怕生的症状一旦出现，应该是家长最先发现，这时，善解人意的家长应该先安抚孩子的情绪，等孩子平静下来后，试着让他描述出害怕的是什么，是某个人还是某件事，还是怕某个场景？让孩子相信，只要说出他的恐惧，有爸爸妈妈的爱，问题一定会解决。

接下来，就是要帮助孩子消除恐惧，克服胆小的心理。如果孩子比较怕生人，遇到有生人来家时，父母应事先告诉孩子来客有哪些，该怎么称呼他们，让孩子先对生人有个大概的了解，消除孩子对陌生人的距离感，当然，父母还需教给孩子待人接物的技巧，让孩子的心先踏实下来，充满信心地去见生人，避免到时手足无措，更加胆小。如果孩子只是惧怕某个特定的人，父母不妨去找这个人沟通一下，说明孩子对他的惧怕，让他改变形象，让孩子感觉到他的亲和力，然后再让孩子与其接触，慢慢消除孩子的心理恐惧感，让孩子在与人交往中获得更多愉悦。

孩子对环境的恐惧，大抵缘于对未知世界的不信任、不可知，比如黑暗、鬼怪什么的。这时，需要家长给孩子以科学的解释，并带着孩子一起去探寻未知世界，让孩子明白，大自然是很真实的，根本没有什么鬼怪，黑暗中的景物与阳光下的景物是完全一样的，只是光线的问题才会让人看不清楚。这样，孩子的胆子自然会大一些。

此外，对一些正式场合的胆怯，是成人也会出现的问题，这需要给孩子一点信心，做好充分的准备后再去这样的场合展示，便会少一些胆小和自卑。

需要指出的是，家长千万别带头吓唬孩子，更不要嘲笑孩子胆小，那样做只会强化孩子的胆怯心理，使孩子在心里形成一种不良的自我认知——"我就是一个胆小鬼"，进而走向更加胆怯。

传统观念的"男主外女主内"还在很大程度上影响着人们的生活，这就导致了很多男性家长很少顾及教育孩子，把这个责任就推给了女性家长，其实男性家长在孩子的成长过程中的作用，是女性家长无法取代的。中国女性有一个共同的特点就是"爱唠叨"，并且并没有感觉到自己爱唠叨，男性家长又不参与教育，就造成了男孩难有阳刚之气。男性家长一定要多腾出一些时间陪陪孩子，因为男性有力量，对孩子有潜移默化的影响，能有榜样和精神支柱的作用。

5.敢想敢做的孩子才能成功

孩子的成功是从敢想敢做开始的，我们很难想象遇事犹豫不决的孩子长大后能够成功。那些敢想敢做的孩子由于拥有充足的勇气，他们能够充分发挥自己的想象力，排除所有障碍将自己的能力发挥到极致，从而享受到成功的喜悦。在他们身上，勇气真正体现它的巨大作用，他们能够通过行动来验证自己的能力，往往活得更潇洒。而那些犹豫不决、畏首畏尾的孩子，往往会在犹豫中丧失成功的机会。

一个水手的儿子很渴望出海。一次，大人出海的时候，就顺便带上了他。第一次随大人上船去玩，小孩儿显得很兴奋，他伏在甲板上看海，忽然他看见在船后有一条很大的鱼。他指给别人看那一条大鱼，但奇怪的

是没有人看见这条鱼。大家想起来一个传说,说海里有一种怪物,形状像鱼,一般人看不见。如果一个人能看见它,这个人将因它而死。

从此小孩不敢再到海上,也不敢再乘船,但他经常到海边,每次他走到海边,都能看见这条鱼在海里出现。有时他走在桥上,就看见这条鱼游向桥下。小孩渐渐习惯了看到这条鱼,但是他从不敢接近这条鱼,就这样他度过了一生。

在他老得就快要死去的时候,他想反正自己也要死了,不如去看看这条鱼到底有什么神奇。于是,他决定到鱼那里去,看看到底会发生什么。

他坐上一条小船,划向海里的大鱼,大鱼跟在他的船后。他问大鱼:"你一直跟着我,到底想干什么?"大鱼回答:"我一直想把我嘴里的这颗珍珠送给你,但是每次你都不敢接近我。"说完,大鱼张开嘴,鱼的嘴里是一颗亮闪闪的大珍珠。但是,由于太老了,这个人已经没有力气把大鱼拉上来了。他说:"晚了,我已经要死了。"

第二天,人们发现他死在了他的小船上。

如果那个小孩能够鼓足勇气,勇敢地接近那条大鱼,他肯定早就得到了珍珠,但由于缺少勇气,小孩错过了这次机遇。其实,生活就像寓言中的大海一样,同时存在着风险和机会,畏首畏尾的人虽然可以规避掉入大海的风险,但同时这些人也会失去得到珍珠的机会。

就像孩子只要运动就难免摔跤一样,生活就是一个运动场,孩子早晚要进入这个充满竞争的场地。孩子长大后必须直面生活的考验,必须每天在场上努力拼搏。如果孩子因为害怕跌倒的伤痛而不敢进场,那么他也同时失去了赢得比赛的机会。父母应该培养孩子的勇气,让孩子养成一种勇于挑战的精神。

体育课上,老师要让同学"跳山羊"。看着从器材室里抬出来的高大

的"山羊",大家的心里都打起了鼓。"这么高的'山羊',可以跳过去吗?""要是一下跳不过去,一定会被绊倒,那会摔得很惨。"大家悄悄地议论了起来。

同学们一个个慢慢地尝试着,但几乎没有几个跳过去的。小林的心情也越来越紧张,他的手心已经渗出了一层汗。但是,身为体育课代表,小林觉得自己必须给同学们做出一个表率。于是他想:自己还没试,怎么知道一定跳不过去呢?一定要相信自己,无论如何都得去尝试一下。

这时老师让同学们停止试跳,他亲自给同学们做了一次示范。只见老师迅速跑向"山羊",然后在双手的支撑下,老师的身体腾空而起,双腿在空中划过了两道漂亮的弧线,轻盈地跳了过去。小林站在旁边,全神贯注地看着老师的示范。在其他同学跳的时候,他又认真地回想了几遍老师的动作。轮到他上阵了,他深深吸了一口气开始助跑,终于他顺利地跳过去了。老师夸奖他:"你的动作比其他人更优美顺畅!"

小林听了,心里轻松了许多。他想如果自己始终不敢尝试,那么肯定也就没有现在的成功了。

胆小怕事的孩子常常不敢冒任何风险。殊不知,没有风险就没有收益,一分风险一分回报。天下没有免费的午餐,也没有任何无风险的好事。父母在教育孩子的时候千万不能因噎废食,也就是说父母不能因为怕孩子受伤害而不让他去尝试。回避风险虽然能够消除痛苦和失败,能换来一时的好受,但孩子却会同时失去学习和成长的机会,失去了对失败的感受,失去了成长过程中必不可少的环节。

心理学家指出,勇于面对风险的孩子具有乐观主义精神,他们确信问题是暂时的、只要大胆地去做就有成功的可能。而那些没有勇气的孩子却把失败看成是永恒的,往往不能大胆地做出决定。所以说,父母一定要培养孩子敢想敢做的勇气,让孩子学会遇事当机立断,想到就去做,不拖拉、不马虎。

一个敢想敢干的普通人绝对胜过一个畏首畏尾的天才,害怕尝试、选择回避只会让孩子裹足不前。只有让孩子忘却种种恐惧,选择勇敢地迈出下一步,并尽全力去做,这样孩子才有可能敲开成功的大门。

6.让孩子勇敢做自己

蔡志忠是中国台湾著名的漫画家,他的漫画曾经风靡了全世界。但很多人不知道的是,他在教育孩子方面也很有自己的想法。他有一个信念,那就是让孩子快乐地成长,做他自己,因为父母毕竟不是孩子,也不能代替孩子生活,所以父母不能替孩子做出选择。

一次,蔡志忠的妻子到法国去出差,于是蔡志忠便开始接送孩子上钢琴课。有一次,蔡志忠把车停在了钢琴学校门前,女儿闷闷不乐地坐在车上,根本不想下去。蔡志忠问女儿:"你为什么不高兴呢?"女儿说自己最想学笛子而不是钢琴,可妈妈却觉得她应该学钢琴,因为在妈妈眼里,钢琴比笛子更优雅。蔡志忠听到女儿这样说,就马上把车掉回头,一路开回家。女儿对爸爸的做法很担心,她怀疑地问爸爸:"妈妈刚为我交了4000元的学费,如果我不学钢琴了,这钱是不给退的,怎么办呢?"蔡志忠想了想说:"那只好算了。"女儿不放心地问:"妈妈回来说我怎么办?"蔡志忠看着女儿认真地说:"什么也没有你的快乐重要。"

4000元并不是一个小数目,但蔡志忠却始终坚持,钱损失了还可以赚回来,但孩子的快乐却是无论花多少钱都买不来的,而且孩子的童年也不可能倒回来重过。如果父母强迫孩子学习一些他不喜欢的东西,就很可能会抹杀孩子的学习兴趣,使孩子丧失独立的人格,只能服从大人的意愿，而这也正是教育最大的失败。

为了让女儿更透彻地明白坚持做自己的重要性，蔡志忠还专门在女儿过生日的时候给她讲了一个小故事。他说：从前，有一棵小小的番茄树苗，它每天安静而快乐地生长着。但是后来人们都告诉它，如果它足够努力，就可以长出像西瓜那样大、像香瓜那样香、像苹果那样营养丰富的果实来。于是，小番茄树拼命地获取营养，很努力地做运动。结果，它结出的果实仍然只是不起眼的番茄。而且，最让人们想不到的是，现在小番茄树觉得自己不再是番茄树了，它到处向人们夸耀自己已经变成了一棵苹果树。

最后，蔡志忠告诉女儿，做人，千万不要把自己的内在交给别人去塑造，更不要为了物质上的满足就放弃了精神上的快乐。

可以说，让孩子成为他自己是每位家长都应该坚守的教育理念。从这个角度来看蔡志忠的女儿是幸运的，因为她有一位聪明的父亲。但遗憾的是，在现实生活中，很多父母却不能这样睿智，他们看到别人的孩子学钢琴，就觉得自己的孩子也得学钢琴，看到别人的孩子参加了奥数班，就觉得自己的孩子也要参加奥数班。他们甚至把孩子当成实现他们未完成或者不可能完成的梦想的工具，要求孩子为自己挣一些面子。其实，这也是不尊重孩子的表现，因为孩子的生命不是为父母而存在的，而是为他本身而存在的，父母不过是陪孩子走一段人生之路而已。父母要用平等的观点看待孩子，教会孩子弄明白"我是谁"，让孩子"自己把握自己的命运"。

绝大多数父母常常教育孩子要上进、上进、再上进，却很少教孩子学会正确对待自己的实力，并教孩子制定一些切实可行的目标。其实，对孩子来说，学会正确地评估自己，能够勇于面对自己的不足，开心快乐地做对自己、对他人都有益的事情比什么都重要。父母在教育孩子的时候要做到以下3点：

(1)父母要认识到自己的孩子与别人的孩子存在区别

人与人之间是有区别的,孩子与孩子之间也是有区别的。一些父母喜欢拿自己的孩子和别的孩子比较,总觉得别的孩子能做到的事情,自己的孩子也应该做到;别人拥有的东西,自己的孩子也应该拥有。但这样比下去,孩子就很难有属于自己的空间,很难成为他自己。

(2)给孩子做出不同选择的权利

选择也是孩子必须拥有的权利之一,当父母遇到与孩子有关的事情时,父母要记住和孩子商量,给孩子做出选择的机会。

(3)尊重孩子的个性和选择

父母要让孩子自己选择自己喜欢的事情,而不是把自己的兴趣爱好当做孩子的选择,以免使孩子丧失个性。

7.让孩子做力所能及的事

孩子的依赖性是由多种原因形成的。其中之一是大人常围着孩子转,孩子能做的事也不让他们做。久而久之,孩子成了饭来张口,衣来伸手的"小皇帝"。另一种情况是父母成天忙于工作,在照料孩子生活时只图省事、省心。还有一个原因就是,有一些父母怕累着孩子,怕孩子做不好。自己重新做太麻烦,因而不让孩子做一些力所能及的事情;甚至一些父母认为,吃饭、脱穿衣服等生活技能是不用训练的,因为小孩子长大自然就会。这些观念都是不正确的。

在平常教育中,父母不给孩子锻炼的机会,就等于剥夺了孩子自理能力发展的机会,久而久之,孩子也就丧失了独立能力。因此,我们要本着"大人放手,孩子动手"的原则,让孩子做一些力所能及的事情。

在家里,父母可根据孩子的兴趣和能力因势利导,通过具体、细致的示范,从身边的小事做起,由易到难,教给孩子一些自我服务的技能,如学习自己刷牙、洗脸、整理床铺,整理自己的文具书本等。当孩子完成一项工作后,做父母的要给予适当的肯定和赞赏,当孩子的存在价值被肯定,自己的工作能力被肯定,他们也会感到无比的兴奋和快乐,在很大程度上增进孩子的自信心。

有一个女孩叫蓝晓琳,还在读幼儿园时,晓琳的妈妈就要求她把自己玩过的玩具收拾好。晓琳的爸爸在外地工作,所以,她妈妈每天下班后才买菜回家做饭。晓琳每天看着妈妈忙里忙外地做事,她总觉得很有兴趣,总想帮着干点什么。晓琳的妈妈从眼睛里看到了晓琳的想法。于是,晓琳的妈妈就因势利导地教她擦桌子,拿碗筷,扫地等,虽然扫得不是很干净,但通过慢慢地引导鼓励。到读学前班的时候,晓琳已学会了用电饭煲洗米煮饭、收衣服等简单的家务事。现在,晓琳读五年级了,每天下午,要是放学早,晓琳就会去收叠衣服、浇花。饭后洗碗,有时也会拖地。

有的父母看到这里,会觉得这对于现在的孩子来说简直不可思议,这么小做如此多的事情。而事实上,这些都是孩子力所能及的事情。其实,劳动是孩子身心发展的需要。一方面,劳动能促进身体的健康发展,可以促使肌肉群的协调活动及以视觉与运动的协调,另一方面,对孩子的社会性发展如信心、成功感、独立性、意志力都有很大的促进作用。

引导孩子做一些力所能及的事情,很重要,但要有耐心,不能操之过急。因为孩子年纪小,有些劳动技能不易掌握,需要有较长时间的练习的机会,鼓励孩子克服困难,通过不断的练习去获得成功。

孩子学习劳动,可从进行自我表现服务开始,学习自己照顾自己,做自己的事情。进而鼓励孩子帮助大人做事,按照孩子的年龄和兴趣来学习劳动本领。通过从易到难,循序渐进的学习。我们要明白,年幼的孩子无论做什么事,总是从不会做到逐渐学会做,从做得不像样到逐渐做得像样。这是必然的规律与过程,重要的价值在于孩子从中获得了自身的发展。因此,父母就应放手让孩子锻炼,不要嫌他们做得不好,也不要求全责备,更不能包办代劳。

对于孩子独立去做的事,只要他们付出了努力,无论结果怎样,都要给予认可和赞许,使孩子感到"我行!"从而产生自信。这种自我感觉很重要,它是孩子独立性得以发展的内部动力。幼儿做事常常做不好甚至失败。在这种情况下,家长应鼓励孩子再去做,并可适当给予帮助,切不可动辄就说:"我说你不行吧,就会逞能!"幼儿还往往是自不量力的,有时他们执意要去做那些难度大,自己做不了的事。在这种情况下,家长可与他一道做。孩子在不断的独立行动中获得锻炼,感受着独立做事的快乐,就能沿着独立的道路前进。

8.教孩子勇敢地面对"丑恶"

在这个世界上,有许多丑恶的现象是孩子必须要面对的。父母要告诉孩子,这些丑恶现象是不正当的,但由于人性丑恶的一面,这些现象也必将是长期存在的。同时,父母自己也必须清楚,只有勇敢地面对这些恶,才能够培养孩子的正义感,而孩子的勇气也会在正义感的鼓励之下逐渐增强。

玲玲今年5岁了,她在幼儿园里经常受人欺负。每当玲玲从幼儿园回

来告诉妈妈说哪个小朋友打她了,妈妈就安慰她说,下次再打你,你就赶紧跑开,不跟他们玩。

有一次,玲玲与小朋友在很高的玩具上玩,妈妈亲眼看到两个比她大的孩子堵住她想下来的路,伸着脖子用手指着玲玲在说什么,样子很凶。而玲玲几次张嘴想说话没能说出来。看到3个孩子在上面推推搡搡,妈妈担心孩子掉下来,就叫玲玲下来。玲玲一听到妈妈的叫声,就号啕大哭,抽泣着对妈妈说:"她们不让我下来。"

看到这种情形,玲玲的妈妈感到很难过,眼泪已在眼眶里打转了。但她还是跟女儿说,下次不跟她们玩了。女儿辩解说,她们老要找我玩。第二天妈妈带玲玲到商场的儿童乐园玩,玲玲才进去两分钟,就跑出来告诉妈妈有个男孩打她。妈妈一看女儿的脸上,两片红红的印子。妈妈觉得很伤心,但又很无奈。

多数父母在教育子女的时候,常常会教育孩子不要寻衅滋事,不要去侵害别人,因为大多数父母不想自己的孩子惹是生非。但是,孩子不惹是生非并不代表他一定是完美无缺的孩子,相信很多孩子都有被别人欺负的经历,特别是那些内向、腼腆的孩子,他们很可能经常受别的孩子的欺负。就像玲玲一样,父母在场的时候孩子可以向父母求救,但是父母不在场的时候,她能向谁求助?父母让孩子咬着牙忍受这些没有止境的肉体上的痛苦有什么意义?将来孩子长大后,一个只会忍受的女孩会有什么样的结果?所以,父母在培养孩子的勇气的时候,一定要让孩子勇敢地面对"丑恶",让孩子学会勇敢地保护自己,这是孩子应该具有的最基本的能力,更重要的是它可以培养孩子适应这个竞争激烈的社会。

美国著名大法官路易斯·史密斯生长在密苏里州贫穷的社区,父亲是移民而来的裁缝师,收入微薄,经常食不果腹。小时候的史密斯必须提着篮子,到附近的铁道捡拾碎煤块回家取暖。他对此觉得很难堪,总是绕过街道,不想让同伴看到。然而,同伴却经常会看到他。有一群恶少,更喜欢守在他回家的路途中,等着取笑他并打他,把他的碎煤块丢得满地都是,让他哭哭啼啼地回家。

一天,史密斯抹着眼泪回到家里后,父亲语重心长地对他说:"孩子,你应该勇敢地面对那些无赖。不要怕他们,要是他们再敢打你,你就和他们拼了!你要学会以牙还牙。"

第二天,史密斯又去铁道捡煤决,他远远地看到三个恶少躲在一栋屋子后面。这时候,他的本能反应是赶快转身跑回家,但是接着他又想到了父亲对他说的话。于是,他便拿起篮子,边捡煤块便向前走去。

当史密斯走到那栋屋子的时候,那三名恶少冷笑着走过来,对他出言不逊,并踢翻了他装煤块的篮子。史密斯要求那三个孩子道歉,他们愣了一下,然后大叫着同时向史密斯扑过来。那是一场激烈的打斗,虽然史密斯显得势单力薄,但他猛力挥拳,使那些小流氓大感意外。他的右拳击中其中一个人的鼻子,左手打中他的腹部。突然,那名恶少停止攻击,掉头跑了。另外两个人继续联手踢他打他,他跳了起来,脚落在第二个人的身上。发疯似的,拳头如雨点般落在这个小流氓的腹部和下巴上。这个小流氓无招架之功,爬起来就跑掉了。

剩下那个带头的小流氓,史密斯在与他对峙的数秒钟里互相逼视。带头的小流氓被史密斯严厉的目光逼得一步一步倒退,最后也跑掉了。史密斯愤然捡起一个煤块,向他扔过去。

当那三个小无赖都逃跑了的时候,史密斯才发现自己的鼻子流血了,身上也布满了淤紫的伤痕。但是他心里却很高兴地记住了这一天,因为这一天他克服了自己的恐惧,勇敢地将一直欺负自己的那些混蛋打得屁滚尿流。从此以后,那些小无赖再也不敢欺负他了。

史密斯还是昨天的那个史密斯,身材体格还是和以前相差无几,并且那些恶少也和原来一样强悍。但不同的是史密斯变得勇敢了,他决定勇敢地面对那些无赖。从那一天开始,史密斯战胜了懦弱,不再害怕邪恶。由此可见,对孩子进行如何面对"恶"的教育也是十分必要的。

儿童心理专家发现,那些经常遭受别人欺负的孩子,性格一般都比较内向或者懦弱。家人对他们过分溺爱,什么事都包了,呵护备至。他们一离开父母就惶恐不安,没有勇气,无法独立面对任何人任何事,所以常被欺负。

对于这样的孩子,父母一定要让他们学会如何保护自己。但是,对于孩子的被侵害,也不能让孩子简单地学会以暴制暴,这未免显得矫枉过正。父母应该教孩子区别对待,对于非故意侵害行为,应该宽容忍让;而对于故意侵害行为,特别是有损自尊的行为,则应该让孩子学会坚决反击。关键是要培养孩子勇敢、自尊、独立的意识,特别是要告诉孩子一定要勇敢地保护自己,勇敢地面对"恶"。

9.体育锻炼,也是意志的锻炼

要让孩子有勇敢的表现,就必须有一个好的身体。作为家长,在孩子成长的过程中,必须给予全方位的保护,精心的调养,提醒孩子养成卫生的习惯,引导孩子积极参加体育锻炼。体育锻炼不仅是身体的锻炼、大脑的锻炼,也是意志和性格的锻炼,儿童时期正是养成自觉锻炼身体习惯的好机会。如果错过了,随着年龄的增长,由于受旧习惯的干扰,新习惯就难以形成。

孩子的健康如此重要,每个家长都知道。但往往是,父母平时不会真正去关心孩子的身体健康。通常是在孩子出现疾病时,才嘘寒问暖,打针吃药,做一些亡羊补牢的工作。

有些家长会说,我们都很忙:忙家里、忙家外、忙生活、忙应酬……一句话:没时间管孩子。也有的父母会说,管孩子学习就行了,只要学习好。而对于孩子来说也忙:忙作业、忙辅导班、忙看电视、忙上网,每天忙得不亦乐乎。正是因为这些,我们的孩子每天疏于锻炼身体,也懒于锻炼身体。当然,有的孩子怕苦、怕累、懒惰、意志品质差等。孩子平时在家喜好看电视,着迷动画片,没有养成锻炼的习惯,缺乏自觉锻炼的意识。所以,现在的孩子肥胖者增多、近视者增多、身体"豆芽菜"者也不少……

运动不但能带给孩子强壮的体魄,同时能增进孩子的智力,消除大脑的疲劳,锻炼孩子开朗、坚强的性格,也是培养高情商的最佳途径。

运动能带给孩子快乐,能放松心理的紧张与压抑。爱运动的孩子往往性格开朗、豪爽、大气,很少有心理疾患。

运动还能培养孩子的情商,情商主要体现在社会适应能力方面。父母一定要让孩子坚持做一项运动,不论是跑步、打球还是游泳。运动能锻炼孩子的意志力、耐力和吃苦的精神,同时,参加体育比赛能培养孩子与团队成员团结、协调和合作的能力,还能培养孩子的竞争意识、不服输和勇于拼搏的精神。有了这种吃苦耐劳、勇于拼搏、不服输的精神,在今后的学习和工作中,孩子都将是最优秀的。

体育锻炼能增强了孩子的身体素质,孩子还会表现出真正的勇敢精神。用顽强的意志去克服运动中的各种障碍,意志品质得到了锻炼。

一个踢足球的孩子的家长说:"当初孩子坚持要踢足球,我们挺担心他会落下学习成绩。谁知,这段时间下来,孩子不仅增强了体质,还学会了团结协作与吃苦耐劳,学习成绩也大大地提高了。"

少年儿童正处于生长发育阶段,进行体育锻炼时不要一味追求运动

的强度,而要根据孩子的兴趣和需要选择他自己喜欢的、有条件的,并能坚持下去的运动。关键是要坚持锻炼,风雨无阻。如果三天打鱼,两天晒网,就不会有大的效果。家长在与孩子共同的体育锻炼中,对孩子要少批评,多指导、多肯定、多鼓励,营造一种宽松和谐的气氛。

儿童要想锻炼好身体,必须掌握科学的方法和正确的原则。根据人体生理的基本规律和年龄、性别、体质的状况等具体情况和客观条件,选择合适的项目,并在一定原则的指导下,合理地安排运动量,有计划地进行体育锻炼。儿童年龄较小,自觉性较差,家长需予以正确的指导。

如:一般的孩子应该每天至少用一个小时的时间专门锻炼身体,并长期坚持。经过长期坚持运动,循序渐进地增大运动强度,渐渐地,就能在每次运动时都有产生力量的感觉,这就成为"高强运动"。这样,当孩子每天因学习时间长、学习强度大产生"气愤"、"忧郁"等不良心态,或者感到身体疲惫、大脑清晰度下降时,高强度运动几分钟到几十分钟,就又能精神振奋、活力十足、心情愉悦地学习去了。

10.家长大胆地放手培养孩子从小敢于适度冒险

研究人员曾做过这样一个实验:

有4只猴子被关在一个密闭的房间里,每天只能吃很少的食物,猴子饿得吱吱叫。数天后,有人在房间上面的小洞里放了一串香蕉,一只饿得头昏眼花的大猴子一个箭步冲向前,可是它还没拿到香蕉时,就被预设机关泼出的热水烫得全身是伤。大猴子没有吃到香蕉,回来了。

后面三只猴子仍依次爬上去拿香蕉,同样被热水烫伤。于是猴子们只好望"蕉"兴叹。

又过了几天,进来一只新猴子。当新猴子肚子饿得也想尝试爬上去吃香蕉时,立刻被其他三只猴子制止。

实验员又再换进一只猴子,当这只猴子想吃香蕉时,所有的猴子仍然像上次那样,上来加以阻止。

当把所有的猴子换过一遍后,仍没有一只猴子敢上去碰香蕉。

后来,实验人员把热水机关取消了,但猴子们对唾手可得的盘中餐——香蕉,则奉若神明,谁也不敢前去享用。

要知道,探索就存在着险情,但是不能因为有这种可能的险情而禁止"冒险",要是这样,你就不可能成为有创造性的人。如果一个人缺乏冒险精神,便容易墨守成规,不敢去体验陌生的事物,就会缺乏创造精神,很难有创造性的发明,就是革新也不敢自己首先尝试,这样便成了碌碌无为的平庸之辈。

《不带钱去旅行》的作者是麦克·英泰尔。在37岁那一年,他放弃收入颇丰的记者工作,做出了以搭便车的方式走遍美国的疯狂决定。他将身上的3美元捐给一个流浪汉之后,带上随身的衣服,便只身从加州出发了。

这一切都源于某个午后,他问了自己一个问题:"如果有人通知我,今天就要死了,我会不会后悔?"进而,他精神崩溃,并且哭了起来。终于,他肯定地给了自己答案:"会!"他发现,面对一直以来一帆风顺的日子,他的生活从来没有半点激情,这让他连一场小小的赌注都玩不起。

他检讨自己的过去,很诚实地为自己的恐惧开出一张清单:从小时候他就怕保姆、怕邮差、怕鸟、怕猫、怕蛇、怕蝙蝠、怕黑暗、怕城市、怕荒野、怕热闹又怕孤独、怕失败又怕成功、怕精神崩溃……他无所不怕,却

似乎"英勇"地当了记者。

继续回想这30多年的时光,他又发现,他根本没有自信,因此,即使有机会做自己想做的事,也总是因为"害怕"两个字而一再退缩。他不断地回想、反省,懊恼地对自己说:"什么都怕,活着能干什么?什么都听别人的,活着有什么意义?"当他强烈质疑着自己的存在价值时,他下定决心:"我一定要突破这一切!"

于是他大胆做出了决定,开始旅行,终点是美国北卡罗莱纳州的恐怖角。他想要借此来征服生命中的一切恐惧!

一个对自己没有信心的人,要独自前往传说中的恐怖角,确实需要很大的决心。

亲友们并不鼓励他这样做,甚至冷嘲热讽地说道:"你确定自己行吗?这一路你恐怕会遇到各种麻烦,你一定很快就会退缩。"

"不会的!我一定会走到最后!"他对亲友们坚定地说,其实他也是在向自己保证。

凭着信心和一份坚强的毅力,从来没有独立完成过一件事的麦克·英泰尔,真的成功了。

没有接受过任何金钱的馈赠,在雷雨交加中睡在潮湿的睡袋里;也曾有几个像公路分尸案杀手或抢匪的家伙使他心惊胆战;在游民之家靠打工换取住宿;还碰到过患有精神疾病的好心人。他依赖了82位陌生人,完成了4000多英里的路程,终于抵达了目的地。

一毛钱也没有花的英泰尔,在成功抵达目的地时,立即对着那些等待他的人们说:"我不是要证明金钱无用,这项挑战最重要的意义是,我终于克服了心理的恐惧!"麦克·英泰尔望着恐怖角的路标说:"其实恐怖角就犹如我内心的恐惧,没有什么值得害怕的。现在我才明白这个道理,才发觉过去的我对自己是多么没信心。也许我们会发现,努力了半天到达的目的地,只是一个'失误'。但只要那是我们自己愿意走的路,就不算白走。怕什么,去经历再说。我对自己说:'这总比叫我在路上搭便车容易吧!'"

麦克·英泰尔所要的不是目的,而是过程。虽然苦、虽然绝不会想要再来一次,但在回忆中这却是甜美的信心之旅。

勇敢是和冒险紧密相连的。要具备勇敢精神,就要善于冒险、敢于冒险,敢于搏击新领域,敢于领风气之先。只有在不断的冒险中,我们才能获得像金子一样宝贵的优良品质——勇敢。

勇气是推动人们走向成功的助推器,尤其是在人们从零开始的时候。有太多人因为不敢迈出第一步而甘心当一个碌碌无为的人。事实上,无论是创业还是创新,首先必须具备的就是勇敢的冒险精神。在我们身边,许多富有人士并不一定比你会做,关键是他比你敢做。

现实社会中,当孩子在探索一些陌生的事物时,特别是接触一些看上去有些危险的事情,父母们常常面带恐惧地告诉孩子:那里不能去,太危险了;这个地方不能待,有危险……于是孩子们对于一些新鲜的事物往往不敢尝试,孩子的"冒险"精神就被吓跑了。

对孩子的冒险行为,大多数家长都是阻止的,但聪明的家长却相反。他们认为,在孩子小的时候应该鼓励他们去冒险,这样有利于孩子的成长。如果孩子通过冒险而取得成功,这会使孩子对自己的能力产生自信;如果失败了,孩子还能从中学会如何面对失败,应对挫折。

孩子来到这个世界上,对自己及周围的环境是不了解的,他们只有通过各种活动,不断积累各种成功或失败的体验,才能对自己的能力有所认识。

孩子总喜欢跃跃欲试,做点超过自己能力的事情。脚还够不着自行车蹬子,就想去骑车;从来没有下过水,就跳到水中去游戏,做父母的该怎样对待他们呢?

不要轻率地否认孩子想要试一试自己能力的举动,你把判断强加给孩子,就会挫伤他们的自信心,这等于是给孩子的成长泼冷水。

一位儿童文学家说:"人应该有探索,有追求。而这些都要从培养独立性和主动性做起。"孩子本来是无所畏惧的,他们喜欢冒险,积极探索的精神和自信心就是从这里产生的。

所以,父母要让孩子去"冒险",让他们去体验陌生的事物,培养他们的创造精神。不要为了孩子的安全,就不许孩子去探索,那样孩子就会成为永远驶不出港口的"船"。不过,需要指出的是,我们这里所讲的冒险是指冒"合理的风险",而不是一种"蛮勇"。而且,因为孩子还小,父母要帮助孩子,然后再一点点放手,尝试一下与孩子一起冒险的乐趣。

第七章

不打击,培养孩子当自强的精神

1.引导孩子,树立远大的理想

  克林顿的童年很不幸。他出生前4个月,父亲就死于一次车祸。母亲因无力养家,只好把出生不久的他托给自己的父母抚养。童年的克林顿受到外公和舅舅的深刻影响。他自己说他从外公那里学会了忍耐和平等待人,从舅舅那里学到了说到做到的男子汉气概。他7岁随母亲和继父迁往温泉城,不幸的是,双亲之间因意见和秉性不合而发生激烈冲突。继父嗜酒成性,酒后经常虐待克林顿的母亲,小克林顿也经常遭其斥骂。这给从小就寄养在亲戚家的小克林顿的心灵蒙上了一层阴影。
  坎坷的童年生活,使克林顿形成了尽力表现自己,争取别人喜欢的性格。

他在中学时代非常活跃，一直积极参与班级和学生会活动，并且有较强的组织和社会活动能力，他是学校合唱队的主要成员，而且被乐队指挥定为首席吹奏手。

1963年夏，他在"中学模拟政府"的竞选中被选为"参议员"，应邀参观了首都华盛顿；这使他有机会看到了"真正的政治"。参观白宫时，他受到了肯尼迪总统的接见，并同总统握手而且合影留念。

此次华盛顿之行是克林顿人生的转折点，使他的理想由当牧师、音乐家、记者或教师转向了从政，梦想成为肯尼迪第二。

有了目标和坚强的意志，克林顿此后30年的全部努力，都紧紧围绕这个目标。上大学时，他先读外交，后读法律——这些都是政治家必须具备的知识修养。离开学校后，他一步一个脚印：律师、议员、州长，最后是政治家的巅峰：总统。

没有理想，青春就会枯萎；没有志向，生命就会失去方向。什么时候树立了理想，什么时候就开始了真正的人生。因此，引导孩子树立一个正确的、远大的理想是非常重要的。

在生活中，相信很多家长都曾问过自己的孩子，"长大后准备做什么"、"你的理想是什么"等，得到的答案一定是五花八门的：演员、歌唱家、老师、宇航员、司机，等等，家长要么笑盈盈，要么大吃一惊，要么皱眉暗自叹息，要么一顿呵斥。

一个小男孩儿说，他长大了想当一名司机，他的母亲劈头盖脸就是一顿呵斥："没出息，当什么司机？"或者一个女孩儿说，她长大了要当护士，她的父亲就怒目而视："你怎么竟想干伺候人的活儿？"

其实，对于年龄较小的孩子来说，他们有着五花八门、各种各样的"理想"，父母正确引导就是，不必太当真。也不要因为孩子的理想太普通而觉得担忧，或因为太不符合实际而觉得好笑，要知道，孩子对事物的认知能力非常有限,现在的所谓的理想往往只是一些很浅层的想法,随着时间的推移和不断成长,他的理想会不断做出调整的。孩子是在鼓励声中长大的,如果他的理想总是无端地遭到家长的反对,久而久之,这个孩子将度过平庸的一生,他从此再不肯奢望未来。针对上述两个孩子的理想,父母正确的做法是,告诉孩子,做司机需要许多许多机械原理知识,需要地理知识,好司机需要会讲外语,而做好护士相当不容易,等等。

其实,儿童时代,每个孩子的想法都带有幻想的成分,有些父母也会对孩子不切实际的理想投以不屑一顾的目光。可是,带有幻想就意味着不可实现吗?

多年前,一位穷苦的牧羊人带着两个年幼的儿子替别人放羊,以维持生计。一天,他们赶着羊群来到了一个山坡,这时,一群大雁鸣叫着从他们的头顶飞过,并很快消失在远方。牧羊人的小儿子问他的父亲:"大雁要往哪里飞?"父亲回答说:"它们要去一个温暖的地方,在那里安家,度过寒冷的冬天。"他的大儿子眨着眼睛羡慕地说:"要是我们也能像大雁一样飞起来就好了。"小儿子也对父亲说:"做个会飞的大雁多好啊!"

牧羊人沉默了一下,然后对两个儿子说:"只要你们想,你们也能飞起来。"

两个儿子试了试,并没有飞起来,他们用怀疑的眼光看着父亲。牧羊人说:"让我飞给你们看。"于是他飞了两下,也没有飞起来。牧羊人肯定地说:"我是因为年纪大了才飞不起来,你们还小,只要不断努力,就一定能飞起来,到任何想去的地方。"父亲的话使两个儿子产生了飞起来的梦想,并坚持不懈地努力。一天,牧羊人带回一个小玩具,用橡皮筋做动力,可以使玩具飞向空中。两个儿子觉得很好玩儿,照着仿制了几个,都能成功地飞起来。他们因此兴致倍增,并引发了造飞机的想法。经过反复实验,世界上第一架飞机诞生了。

这一对兄弟就是美国的莱特兄弟。

看到这,你还会对孩子似乎不切实际的理想不屑一顾吗?其实,在孩子们年幼的心灵中,是不乏理想的,他们总是积极地憧憬着自己美好的未来。遗憾的是,许多父母缺乏教育的知识,在引导孩子树立理想上的做法欠妥。因此,运用恰当的方法,对孩子进行正确的引导是十分必要的。

2.指导和帮助孩子树立合理的人生目标

一个人未来的一切都取决于他的人生目标。人生目标可以重塑一个人的性格,改变一个人的生活,也可以影响他的动机和行为方式,甚至决定命运。他的整个生活都是在人生目标的指引下进行的。如果思想苍白、格调低下,生活质量也就趋于低劣;反之,生活则多姿多彩,尽享人生乐趣。

人生目标反映了一个人苦苦追寻和执著取得的东西,也体现了一个人的风度和修养。人们在日常生活中表现出来的个性特征,会和自己希望的一样,一言一行都能反映出对生活的态度和打算。

每个人都有眼前的特定目标。例如,你准备明天做什么,或希望下个星期与下个月做什么。你最好把有助于你达到中期和远期目标的近期特定目标写下来,这样目标会更容易实现。但是最重要的是,你必须想达到这些目标。

树立目标的最大价值在于可以避免浪费时间,避免漫无目的地瞎干。而无论采用什么原则,一定要运用积极的人生观才能实现生命中的高尚目标。积极的人生观是一种催化剂,使各种成功要素共同发生作用来帮助他实现目标,而消极的人生观也是一种催化剂,却会造成罪恶、灾难等一系列悲剧。

明确目标是走向成功的开始,而一个积极向上的目标会使一个人变得强大有力,会使一个人胸怀远大的抱负;积极的目标在一个人失败时会赋予他再去尝试的勇气,会使他不断向前奋进;积极的目标会给他前进的动力,使他避免倒退,不再为过去担忧;积极的目标会使他把理想中的"我"与现实中的"我"统一,使他走上成功之路!

目标并不是方向,而是真正的目的地。生活中许多人之所以没有成功,主要原因就是他们往往不明确自己行动的目标。

1976年,19岁的迈克尔在休斯敦的一家航天实验室工作,虽然这里待遇优厚,但是环境沉闷,迈克尔希望改变自己的现状。他心中一直有创作音乐的梦想,但是写歌词并不是迈克尔的专长,于是他找到善写歌词的凡尔芮同他一起创作。当凡尔芮了解到迈克尔对音乐的执著以及目前不知如何入手的迷茫时,决定帮助他实现梦想。于是凡尔芮问迈克尔:"你想象中的五年后的生活是什么样子的?"

迈克尔沉思片刻,说道:"五年后,我希望自己会有一张唱片在市场上销售;我想住在一个有音乐氛围的地方,能够天天和世界一流的音乐人一起工作。"

凡尔芮说:"那么,我们现在就看看你和你的目标之间的差距有多远吧。现在,你有固定的工作,音乐创作的时间非常有限。而你想要达成梦想,那音乐将是你生活和工作的主要甚至全部内容,这就是差距所在。"

凡尔芮继续说道:"现在我们把你的目标反推回来。如果第五年你想有一张唱片在市场上销售,那么第四年你就一定要和一家唱片公司签约;第三年你就要有一首完整的作品,可以拿给很多唱片公司听;第二年你一定要有很棒的作品开始录音;第一年你就要把所有准备录音改好，然后逐一进行筛选；第一个月你就要把目前手中的这几首曲子完工；第一个礼拜你就要先列出一张清单，排出哪些曲子需要修改，而哪些则需要完工。你看，现在我们不就知道你下个星期应该做什么了吗？"

凡尔芮接着说道："如果你五年后想要生活在一个音乐氛围的地方，与一流的音乐人一起工作，那么第四年你就应该有一个自己的工作室或者录音室；第三年，你可能就得先跟这个圈子里的人一起工作；第二年，你就应该搬到纽约或者洛杉矶去住了。"

凡尔芮的一番话，让迈克尔大受启发。很快地，他就辞职去了现有的工作，搬到洛杉矶。时隔六年，迈克尔的唱片大卖，一年卖出了几千万张，而且他每天都与顶尖的音乐人在一起工作。正是凡尔芮冷静地找出差距，并一步步地进行分析，给迈克尔指出了一条通往梦想的道路。

在实现目标的方法上，没有什么捷径可走。这是一个需要不断地勤奋、努力和持之以恒的漫长过程。为此而付出的心血将得到巨大的回报，它不仅可以让自己成为一位成功者，重要的是可以让自己自由地生存在这个美丽的世界上。

3.家长要善于诱发孩子的求知欲望

上进心是几乎所有成功人士的共同特征。从古代的科学家到今天的企业家无不如此。

上进心是孩子学习成功的关键所在，在我们赞扬自己孩子聪明的同

时,更应激励孩子求知进取。

　　孩子强烈的上进心首先来源于对远大目标的执著追求。所以家长应帮助孩子从小树立远大的目标,激发孩子为了实现目标而百折不挠进取的上进心。

　　家长还要善于诱发孩子的求知欲望。求知欲望是推动人们探求知识并带有感情色彩的一种内在要求,是人们追求知识的动力。

　　求知欲望在孩子身上表现得尤为突出,这是一种可贵的、主动求知的表现。

　　爱迪生从小就表现出强烈的好奇心和求知欲,在一般人眼里他是怪孩子,在老师的心里他是糊涂虫,只有母亲认识到这是孩子的天性,是最宝贵的品质,这也就是爱迪生所呈现出来的和别人不一样的地方。爱迪生母亲紧紧抓住这些"不一样",因势利导地开展教育。

　　爱迪生母亲是怎样引导爱迪生的呢?针对孩子好问好思考的特点,她总是循循善诱地开导,注意开发他的潜能。爱迪生还刚7岁,母亲发现他对自然科学很感兴趣,于是就借来一些浅显的自然类书籍供他阅读。当孩子由于爱问问题被恩格尔老师看成怪人、糊涂虫而被撵出学校的时候,母亲并没有责怪他,她深知儿子的性格,儿子不是什么糊涂虫,只不过是好奇心强罢了。

　　爱迪生母亲甚至在家独自挑起教育孩子的重担,还亲自给他讲课,讲名人的故事,其中意大利伟大科学家伽利略生平的故事深深地吸引了爱迪生,伽利略通过实验来探求真理的科学态度使他深为钦佩。从此,"实验"一词一直没有离开过爱迪生的脑海,他的一生都在为实验而忙碌。

　　母亲发现爱迪生对物理、化学特别喜爱,就专程上街买了《自然科学与实验科学入门》一书。他对实验好像走火入魔,随着时间的推移,他的各种实验越做越多,越做越大,费用支出也不断增长,而家里的日子又过

得非常窘迫。于是12岁的爱迪生不顾父母的劝阻,在休伦斯至底特律的火车上卖报纸和食品,每天长达10个小时。爱迪生还利用卖货的间隙在火车的实验室里做实验。一次,他做实验时不慎失火,险些酿成大祸,因此被赶下了火车,灰溜溜地踏上了返乡的路途。

正所谓"好事不出门,坏事传千里",爱迪生在火车上闯祸的事,早已传遍了家乡,有人甚至添油加醋地说:爱迪生把人家整列火车都快烧光了,被人家给撵走了。只有母亲了解儿子,她不相信那些流言蜚语。爱迪生在回家的路上,遭受到不少熟人的冷眼,小伙子心上像压着一块石头抬不起头来。

但当爱迪生快到家门口的时候,忽然看见母亲正在门前等着他,母亲告诉他说:"孩子,坚强一点,不要被人家打趴下。"爱迪生心中原本是委屈和痛苦,现在顿时烟消云散。他感觉自己的身上又有了无穷的力量。

母亲重新为爱迪生开辟了实验场所。为了防止意外,新实验室设在自家阁楼顶上,地窖里只堆放器材和杂物。这样,万一再发生爆炸,最多只会把房顶炸掉,不会使住人的底楼受到影响。就这样,他们家的小阁楼成了爱迪生的实验室。爱迪生的一生几乎都是在实验中度过的。

正是在母亲的关心和支持下,爱迪生凭着对科学技术的热爱和痴迷,坚持不懈地探索和实验,为人类的文明和进步作出了巨大的贡献。

可见,求知欲具有神奇的效力,它能激发孩子学习的热情和动力,激发孩子强烈的上进心。当孩子在奋斗目标和求知欲的驱动下,积极进取时,家长应当不断地激励孩子,使他们保持持久的上进心,攻克学习上的难关,一步步实现他们的人生理想。

4.激发孩子强烈的进取心

有句俗话说:"心有多大,舞台就有多大"。的确如此,没有办不到的,只有想不到的。只要我们保有一颗进取之心,就没有什么事情能难倒我们。进取心是最重要的心理资源,是帮助人们搭上成功之船的动力。目光高远,时刻想着提高和进步,是成功者最重要的习惯。进取心是成功的起点,有了成功的起点才有成功的人生。坚硬的沙石挡不住小溪奔向大海的步伐,拼搏进取才是生命的主旋律。

卡耐基曾说过:"有两种人绝不会成大器,一种是除非别人要他做,否则绝不主动做事的人;另一种人则是即使别人要他做,也做不好事情的人。"卡耐基的话告诫我们:进取心是实现目标不可少的要素,它会使我们不断进步,使我们受到关注并给我们带来好机会。只有那些不需要别人催促,就会主动行动起来,而且渴望成功,不会半途而废的人才能最终达成期望。进取心是人类智慧的源泉,它是威力最强大的引擎,是决定我们成就的标杆,是生命的活力之源。

拿破仑·希尔也曾说过:"进取心是一种极为难得的美德。"进取心不仅是生命的动力,人生价值的自我体现,更是一种求知欲望,一种好奇心。

有了进取心,我们的思维才能始终保持活跃状态,才有了进一步获取新知识的渴望,以不断充实自己、提高自己,让自己能更好地体现价值。有了进取心,我们才可以充分挖掘自己的潜能,实现人生的价值,充分享受人生的甘美。我们才能扼住命运的咽喉,把挫折当作音符谱写出人生的激情之歌。我们才能在生命中时刻充满青春的激情和朝气。相反,如果一个人没有进取心,那么,他的人生将是一片灰暗。

有一天,尼尔去拜访多年未见的老师。老师见了尼尔很高兴,就询问他的近况。这一问,引发了尼尔一肚子的委屈。尼尔说:"我对现在做的工作一点都不喜欢,与我学的专业也不相符,整天无所事事,工资也很低,只能维持基本的生活。"

老师吃惊地问:"你的工资如此低,怎么还无所事事呢?"

"我没有什么事情可做,又找不到更好的发展机会。"尼尔无可奈何地说。"其实并没有人来缚你,你不过是被自己的思想抑制住了,明明知道自己不适合现在的位置,为什么不去再多学习其他的知识,找机会自己跳出去呢?"老师劝告尼尔。

尼尔沉默了一会说:"我运气不好,什么样的好运都不会降临到我头上的。"

"你天天在梦想好运,而你却不知道机遇都被那些勤奋和跑在最前面的人抢走了,你永远躲在阴影里走不出来,哪里还会有什么好运。"老师郑重其事地说,"一个没有进取心的人,永远不会得到成功的机会。"

尼尔把时间都用在了闲聊和发牢骚上,根本没有想用行动改变这令自己很不满意的现状。这其实并不像他所说,他运气不好,什么样的好运都不会降临到他头上,而是因为缺乏进取心,没有抓住机会或者没有发现机会。一个没有进取心,不善于抓住机会的人又怎能成功呢?当别人都在为事业和前途奔波忙碌的时候,自己只是茫然地虚度光阴,结果只能是在失落中徘徊郁闷。

所以,作为家长的你,怎样激发和保持孩子的进取心无疑是很重要的。

首先,家长还要帮助孩子发展自我期许。有句话不无道理:你认为自己什么样,你就会是什么样。人总是在无意间调整自己的行为,以符合内心中自己的形象。如果孩子认为自己是一个积极向上、聪敏、优秀的孩子,那么,他就会表现得和他想象中的自己一样;相反,如果孩子认为自己是一个普普通通、没有大出息的人,那么,他的表现一定消极、随便。也就是说,什么样的"自我期许",产生什么样的行为和表现。

其次,家长要帮助孩子树立对现状永不满足的观念,时刻激励自己前进。只有"不满足"的激情,才会促使我们产生改变现状的"进取心"。我们先来看两则故事:

一则是美国康奈尔大学的科学家做过的一个著名实验:科研人员将一只青蛙丢进沸水中,在这千钧一发的生死关头,青蛙奋力从锅里跳出来,安然逃生;之后,科研人员又把这只青蛙放进装满冷水的锅里,然后慢慢加温,开始,青蛙还很得意,在温暖惬意的水中悠然自得,直到感到水烫得无法忍受时,再想跃出水面却已四肢无力,欲跳不能了,最终青蛙被活活煮死在热水中。

另外一则是在非洲的大草原上生活着羚羊和狮子。每天清晨,羚羊从睡梦中醒来,它想的第一件事就是,我必须比跑得最快的狮子还要快,否则,我就会被狮子吃掉。而狮子也同时在想:要想得到今天的美餐,我必须比跑得最快的羚羊快。于是在广袤无垠的大草原上,无时无刻不在演绎着惊心动魄的生死追逐,优胜劣汰的自然法则在这里体现得淋漓尽致。

"温水煮蛙"说明的是由于对渐变的适应性和习惯性,失去了警惕性、进取心而失去生命的道理。"狮子和羚羊"说明了只有时刻激励自己前进,促使进取心的产生,才能在优胜劣汰的环境中占有一席之地的道理。

再次,家长要协助孩子制定适当的目标。尝试成功,体验成功的快乐,是激发孩子进取心的又一要素。目标对激发进取心十分重要。没有目标便没有动力。但目标必须适当,目标过低没有推动作用;目标过高而达不到,便会挫伤信心。因此,父母应协助孩子制定适当的目标。

最后家长要恰到好处地奖励和批评孩子。对孩子的点滴进步,父母都应及时给予肯定、奖励,而不是等到孩子完全达到要求后再表扬。批评孩子应就事论事,不应笼统地说孩子是个"笨孩子"。这种评价事实上是全面否定了孩子,使孩子看不到希望,从而丧失了进取的勇气。另外,切忌将孩子和别人比较,这种做法最容易使孩子感到沮丧。

让孩子获得进取心其实并不难,那就是让孩子主动去做应该做的事。进取心是成功的要素,是在任何时间、任何场合都不被排斥的东西。如果拥有进取心,你就会得到社会的青睐,得到别人的赏识。所以,作为家长,如果你想让孩子拥有不平凡的人生,那就从培养他的进取心开始。

5.用荣誉感激励孩子积极上进

莎莎是个漂亮的小女孩,走路的时候也蹦蹦跳跳的,像个跳舞的小天鹅。在上小学之前,莎莎脸上总是挂着灿烂的笑容,邻居们都特别喜欢她。

莎莎的妈妈是一名语文老师,爸爸是一名律师,他们准备让她以后出国留学,所以对她的学习很看重,每次考试都希望她能名列前茅。可莎莎的成绩一直平平,她总喜欢参加学校里的一些课外活动。领舞让莎莎感觉很自豪,但她妈妈很担心其他事会妨碍她的学习,总和她说别再参加什么乱七八糟的活动了,只有好好学习才能有真本事,以后考大学看的是成绩。

莎莎很听话没有再参加,但总爱在家看一些明星唱歌跳舞的节目,

妈妈也觉得很浪费时间："看他们有什么用,都是些不着调的人,过的都不是正常人的生活,你以后也要那样吗？"

莎莎回到屋里哭了,之后,莎莎的生活里只有学习,成绩却一直不见起色。妈妈总生气地埋怨她："你怎么就这么懒,不用功以后怎么出国留学？"

"你怎么就学不会,怎么那么笨啊？"

妈妈唠叨久了,莎莎也无所谓了,每天只是默默地学,可成绩仍然不见起色。她又很少出门,邻居们再也没见到过她可爱的笑容。

莎莎的父母觉得孩子的成绩总不好,可能需要用礼物激励一下,便答应给她买好多漂亮的衣服鼓励她考个好成绩。但莎莎觉得自己穿什么都不好看,无所谓,也没人看自己,而且自己学也学不会肯定考不好。

父母看着莎莎的成绩一直不好很着急,看到女儿每天闷闷不乐的没什么精神更是担心她的健康。

很多父母都和莎莎的妈妈一样望女成凤,但没有认识到孩子能否积极上进也在于父母从小对他们的引导与培养。在孩子成长的路上,很多家庭都会遇到类似的问题,那么导致孩子不求上进的具体原因有哪些呢？

首先,父母没有给孩子建立适当的长远目标和近期目标。父母的要求与孩子的能力优势不同,或者父母的要求高于孩子目前的能力范围。孩子经常达不到父母的要求,就会失去信心,消极颓废。

其次,父母的惩罚方式简单粗暴。自尊是孩子发展的基础,父母忽视了孩子的自尊心,简单粗暴的惩罚导致孩子荣誉感淡薄,不积极上进。父母错误的观念也可能导致误认为孩子只有走自己给他们安排的路才算积极上进。故事里莎莎的妈妈不尊重莎莎,就没有给孩子追求兴趣的权利。现在,很多家长都认为学习成绩好才代表着积极上进,其实只要能发挥孩子的优势,孩子就一样可以有所作为。

最后,父母不恰当的激励方式。父母要明白物质奖励不是万能的,物质激励不能代替精神鼓励。故事里的莎莎就是因为没有得到父母的肯定,缺少自信,所以感觉自己穿什么都不好看。

荣誉感是一种强大的精神力量,不仅能带给孩子快乐,而且是孩子不断进步的动力。但是当孩子的荣誉感得不到强化时,其上进心就会减弱。

(1)保护孩子的自尊心

家长过分批评孩子,会伤害孩子的尊严,经常批评孩子,孩子会成为"厚脸皮"。当孩子对什么都不在乎的时候,更不会积极上进。孩子只有懂得了自尊才会追求更高的荣誉感,才会积极上进。

因此,家长要学会尊重孩子的选择,保护孩子的自尊心,平等地与孩子交流。惩罚孩子的时候要注意方法,有理有据,适可而止。像莎莎的妈妈那样忽视孩子的感受,强迫莎莎做自己不愿意的事,只会让她消极颓废。

(2)让孩子体会到荣誉感带来的快乐

家长要了解孩子,发现他的兴趣,在他擅长的方面多给予肯定,让孩子体会到荣誉感带来的快乐,带孩子多参与和他们的兴趣有关的活动是一种不错的方式。

晶晶声音甜美,特别爱唱歌给爸爸妈妈听。所以,晶晶的妈妈带她去参加社区里的儿童歌唱比赛,出人意料的是晶晶拿了金奖。晶晶特别开心,以后还想多多参与这种活动。妈妈也感到很自豪,没想到自己的孩子能这么优秀。

父母鼓励孩子展示自己的优点,可以帮孩子树立信心,孩子积极上进的动力会越来越足。

(3)鼓励孩子弥补自己的不足之处

当孩子在某个方面获得荣誉后,就又会想在其他方面取得成绩,获得别人的肯定。

那次儿童歌唱比赛之后,晶晶的妈妈感觉她的数学不是很好,也想让她参加竞赛锻炼一下。果然,晶晶这次没有取得名次,但晶晶和妈妈说以后有机会还要再来试一试。

可见荣誉感带来的快乐能让孩子积极上进,不断发展自己,追求更高的目标。在孩子成长的重要阶段,父母要注意培养孩子的荣誉感。在培养孩子荣誉感的时候,父母要注意不能让荣誉感变成孩子追名逐利的借口,造成孩子与人攀比,过分虚荣。父母要用正确的荣誉观引导孩子,告诉孩子该以什么为耻以什么为荣,这样荣誉感才能成为孩子向上的动力。

6.激励孩子去学习新知识

正因为好奇,孩子才想去学习知识,探索未知的领域。因此,满足孩子的好奇心,就是激励孩子去学习新知识,就是满足他们的求知欲望。

1847年3月3日,亚历山大·贝尔出生在爱丁堡。他的父亲和祖父都是颇有名气的语言学家。

受家庭的影响,贝尔小时候就对语言非常感兴趣。他喜欢养麻雀、老鼠之类的小动物。因为他觉得动物的叫声非常美妙动听。上小学时,他的书包里,除了装课本书外,还经常装有昆虫、小老鼠等。有一次,老师正在讲《圣经》里的故事,忽然他书包里的老鼠窜了出来,同学们躲的躲,叫的叫,弄得教室内大乱。老师怒不可遏,觉得他是一个十足的坏学生。

不久,贝尔的父亲就将贝尔送到伦敦贝尔的祖父那儿。那位慈祥的老人深谙少年的学习心理,他不采用填鸭式的方法,硬逼贝尔学习书本

上的知识,而是从培养贝尔的学习兴趣入手。渐渐地,贝尔有了强烈的求知欲,学习成绩迅速提高,成了优等生。贝尔后来回忆道:"我祖父使我认识到,每个学生都应该懂得普通功课,我却不知道,这是一种耻辱。他唤起我努力学习的愿望。"

一年之后,贝尔又回到了故乡爱丁堡。在他家附近,有一座磨坊。贝尔觉得这种老式水磨太费劲了,应该加以改进。于是,他查阅各种图书资料,设计出一幅改良水磨的草图。虽然这图画得不规范,但构想却十分巧妙。经过工匠师傅加工,水磨用起来果然十分灵活,比原来省力多了。从此,他成了远近闻名的"小发明家"。

贝尔从这里看到了发明创造的意义。每一项发明,都将使很大一部分人受益,都是人类向前迈进的一块基石。

1869年,22岁的贝尔受聘美国波士顿大学,成为这所大学的语音学教授,贝尔在教学之余,还研究教学器材。

有一次,贝尔在做聋哑人用的"可视语言"实验时,发现了这样一个有趣的现象:在电流流通和截止时,螺旋线圈会发出噪声,就像电报机发送莫尔斯电码时发出的"滴答"声一样。

"电可以发出声音!"思维敏捷的贝尔马上想到,"如果能够使电流的强度变化模拟出人在讲话时的声波变化,那么电流将不仅可像电报机那样输送信号,还能输送人发出的声音,这也就是说,人类可以用电传送声音。"

贝尔越想越激动。他想:"这一定是一个非常有价值的想法。"于是,他将自己的想法告诉电学界的朋友,希望从他们那里得到有益的建议。然而,当这些电学专家听到这个奇怪的设想后,有的不以为然,有的付之一笑,甚至有一位不客气地说:"只要你多读几本《电学常识》之类的书,就不会有这种幻想了。"

贝尔不在乎别人想什么、说什么,他决定向电磁学泰斗亨利先生请教。

亨利听了贝尔的一五一十的介绍后,微笑着说:"这是一个好主意!

我想你会成功的！"

"尊敬的先生。可我是学语音的，不懂电磁学。要想把它变成现实恐怕是件很难的事。"贝尔说。

"那你就学会它呗。"享利斩钉截铁地说。

得到享利的肯定和鼓励，贝尔觉得自己的思路更清晰了，决心也更大了。他暗下决心，"我一定要发明电话"。

此后，贝尔便一头扎进图书馆，从阅读《电学常识》开始，直至掌握了最新的电磁研究动态。有了坚实的电磁学理论知识，贝尔便开始筹备试验。他请18岁的电器技师沃特森做试验助手。

接着，贝尔和沃特森开始试验。他们终日关在实验室里，反复设计方案、加工制作，结果却是一次又一次的失败。"我想你会成功的"，享利的话时时回荡在贝尔的耳边，激励着贝尔以饱满的热情投入到研制工作中去。

光阴似箭，两年时间很快过去了。

1875年5月，贝尔和沃特森研制出两台粗糙的样机。这两台样机的构造与工作原理是：在一个圆筒底部蒙上一张薄膜，薄膜中央垂直连接着一根碳杆，插在硫酸液里。这样，人对它讲话时，薄膜受到振动，碳杆与硫酸接触的地方电阻发生变化，随之电流也发生变动；接收处，由于电流变化，也就产生变化的声波。由此实现了声音的传送。

可是，经过验证，这两台样机还是不能通话。试验再次失败。经反复研究、检查，贝尔确认样机的设计和制作不存在什么问题。"可为什么失败了呢？"贝尔苦苦思索着。

一天夜晚，贝尔站在窗前，锁眉沉思。忽然，远处传来了悠扬的吉他声。那声音清脆而又深远，非常美妙！"对了，沃特森，我们应该制作一个音箱，提高声音的灵敏度。"贝尔从吉他声中得到启迪。于是，两人立即设计了一个方案。一时没有材料，他们把床板拆了，经过几个小时的奋战，音箱制成了。

1875年6月2日，他们又对带音箱的样机进行试验。贝尔在实验室里，沃特森在隔着几个房间的另一头。贝尔一面在调整机器，一面对着送话器呼唤起来。忽然，贝尔在操作时，不小心将硫酸溅到了腿上，他疼得大喊："沃特森先生，快来呀，我需要你！"

"我听到了，我听到了。"沃特森高兴地从那一头冲过来。他顾不上看贝尔的伤处，把贝尔紧紧拥抱住。贝尔此时高兴地把疼痛也给忘了，激动得热泪盈眶。

当晚，贝尔兴奋得睡不着觉。他半夜爬起来，写了一封信给母亲。信中写道："今天对我来说，是个重大的日子。我们的理想终于实现了！未来，电话将像自来水和煤气一样进入人们的家庭。人们各自在家里，不用出门，也可以进行交谈了。"

两年之后的1878年，贝尔在波士顿和纽约之间进行了相距300公里的长途电话试验，大获成功。此后，电话在北美各大城市迅速流行开来。

由此可见，保护孩子的好奇心，并加以正确引导，就能培养孩子的强烈求知欲，从而使孩子能够有所作为。

一般说来，周围的一切事物对孩子来说都是新鲜的、令人激动的东西。在日常生活中，孩子逐渐熟悉了这些东西，知道了它们在生活中的应有状态，因而就不再对这些东西感兴趣。

因此，孩子好奇心的范围在不断扩大，在外界许多事物的刺激下，好奇心会不断增强。家长如过于思考孩子安全问题，让孩子躲开有危险性的东西，就等于掐掉了孩子好奇心的幼芽，压制了孩子求知欲的发展。

当你的孩子正在叠一架纸飞机时，当你的孩子正在拆家里的小收音机时，当你的孩子不停地向你提出种种幼稚可笑的问题时，你一定要认真去对待，千万不要训斥，因为这很有可能熄灭一簇可以燎原的星星之火！

7.当孩子遇到挫折时鼓励他上进

　　小晖是一个开朗的小男孩,他才上小学兴趣爱好就特别多。看到别人滑滑板,他想学滑板;看到别人弹吉他,他想学吉他;看到别人骑车很帅,他也想学骑车。他常常是看见什么回家便吵着要妈妈给他买。

　　小晖的妈妈看小晖这么好学便都给他买了回来,谁知他都是三分钟热度,跟着哥哥姐姐们学了几天就把东西丢在一边。妈妈问他:"小晖,你不是喜欢滑滑板、弹吉他、骑车吗?妈妈可都是给你买的最好的东西,你不好好学那我就都扔了啊!"小晖哪管妈妈生气,自己理直气壮地说:"那就扔了吧,反正我学不会了,滑滑板、骑车总是摔倒,疼死我了,弹吉他我又总找不着音调,弹得难听死了。"妈妈听小晖这么说更生气了:"你就是个败家子啊,学不会还要买,这不是白白浪费钱吗?"小晖也很郁闷地说:"那我以后什么都不要,什么都不学,总行了吧!"

　　在这之后,小晖真的什么也没让妈妈再买过,妈妈很奇怪,但也没问小晖,以为他真的什么都不想要了。其实小晖一直很困惑,他总在想:自己真的很差劲吗?为什么学什么都学不成?同时他又有点内疚,让妈妈白花了好多钱。久而久之,原本爱好广泛的小晖对什么都没了兴趣,整天就知道打游戏,和一帮"游戏高手"混在一起,他感觉只有在打游戏的时候自己才快乐。小晖的妈妈明白小孩沉迷于网络游戏很可怕,便把家里的电脑设置了密码,没想到小晖竟然偷了自己的钱跑去网吧打游戏。

　　等小晖回家之后,妈妈狠狠地教训了他一顿,但没过几天,小晖又开始去网吧打游戏。小晖的妈妈不知道该怎么办,很是着急,担心他才上小学就沉迷于网络游戏,毁掉自己的一生。

孩子成长的路上不可能一帆风顺,学会面对挫折是每个孩子必上的一课。挫折对于孩子的成长是一个硬币的两面。引导孩子积极对待挫折,孩子可能会越挫越勇;顺其自然,任凭挫折打击,孩子可能就会一蹶不振。就像故事里的小晖,小小的失败就让好学的他沉迷在了网络游戏里。孩子们面对挫折不能积极上进的原因可能有以下几点。

首先,孩子的心智尚未成熟。孩子心理脆弱,没有经过生活的磨砺,不能正确认识挫折。而且孩子的自控力差,面对挫折很容易放弃。当小晖没有了学习热情,认为自己不能进步,他就丧失了继续学习的信心,就是一个典型的例子。

其次,孩子的消极情绪无法排遣。孩子们的自我调节能力差,很容易被消极情绪左右。当孩子遇到挫折时会产生担忧、惧怕等不良情绪。如果家长不能及时发现他们的心理变化,他们就会感到无助,认为自己无法战胜挫折。故事里的小晖学特长遇到困难时,妈妈只是很生气地责备小晖,没有认真倾听他对失败的烦恼。所以,小晖的消极情绪一直困扰着他,让他从此一蹶不振,最后只能借网络游戏寻找快乐。可见没有家长细心的关心和耐心的帮助,孩子很难排除消极情绪,成功战胜挫折。

最后,孩子面对失败时往往找不到解决的方法。孩子的分析能力弱,使得他们很难看出自己为什么失败,自己的不足在哪里。而且孩子没有过多的生活经验,对事物不能准确判断和正确处理。所以,孩子需要家长的引导才能找到战胜挫折的方法。

下面几条鼓励孩子积极上进,帮助他们战胜挫折的建议供家长们参考。

(1)家长要宽容对待孩子的挫折

孩子遭遇失败和挫折是很正常的事,家长要宽容对待,不能太过严厉或以太过严格的标准来要求孩子。

诗诗是个勤快的小女孩,看着妈妈洗碗的时候自己也想帮忙。

"妈妈,让我来洗自己的碗吧!"诗诗主动要求。

妈妈当然很高兴:"行啊,给你。"

谁知诗诗手一滑,没抓好,把自己的小碗摔碎了,内疚地哭了。妈妈赶忙说:"没事,没事,下次拿好了再洗,给你洗妈妈的碗吧,改天再给你买个新碗。"

这次诗诗小心地拿着碗,站在小板凳上认真地洗着。

正是因为有了妈妈的安慰和鼓励,诗诗才乐意继续帮妈妈洗碗。孩子有了被爱的感觉,才有动力坚持到底。家长要用爱鼓励孩子积极上进。当孩子遇到挫折时,他们首先需要的是安慰,而不是批评与惩罚。所以家长要体谅孩子的心情,谅解孩子的失败,多给孩子尝试的机会。

(2)带孩子走出失败的阴影

如果某次失败给孩子的打击特别大,孩子特别害怕再做类似的事。那么家长首先要帮助孩子走出失败的阴影,继而鼓励孩子积极上进。

家长可以转移孩子的注意力,让他看到事物美好的一面,以帮孩子走出阴影;还可以带孩子去和小伙伴们做游戏,等孩子忘记了失败的打击,消极情绪不再那么强烈时,再鼓励他继续尝试。

家长还可以带孩子看一些励志的动画片、儿童电影。孩子们看到这些勇敢坚持的小英雄,会受到影响,从中获取力量。这样孩子很快就可以走出失败的阴影,学着积极上进。

(3)鼓励孩子寻找成功的方法

面对挫折,孩子产生消极情绪是认为自己找不到好的解决办法。因此,家长要鼓励孩子积极寻找成功的方法。比如,让孩子多实践几次,寻找成功的窍门;让孩子虚心向成功的小伙伴学习;让孩子多和老师交流寻求成功的方法;家长了解孩子的想法后帮助孩子做他确实做不到的事情。这样,孩

子面对挫折会轻松很多,不会再害怕挫折,而会勇敢地走向成功。

多多引导孩子,他们就不容易走向失败的极端,一蹶不振。所以当孩子遇到挫折时要给予适当的引导,鼓励他们积极上进。

8.让孩子学会激发自己的灵感

在解题、科研、创作过程中,常常有这样的情况,经过各种各样的假设、推理,采用多种途径去探讨、摸索,都没有成功。在这走投无路的时候,往往由于偶然机遇,受到启发而突然闪出一个念头,想出一个办法。这办法做起来是那么得心应手,好像有种神奇的强烈的创造力,这种种现象,便是所谓的灵感。

那么,什么是灵感呢?从心理学角度看,灵感是"人的精神与能力之特别充沛的状态","是浓厚的情绪的充沛状态"。这状态,保持着创造对象的注意力极度集中,创造过程的情绪极度专一,创造意识的极度明确。灵感是一种复杂的心理现象,是思维活动中由思想集中、情绪高涨而表现出来的创造能力。创造者在渊博的知识、丰厚积累和社会实践的基础上进行思考的紧张阶段,由于有关事物的触发、启示,促使在创造活动中所探索和捕捉的某些重要环节得到明确的解决,这就可以称为获得了灵感。

2000多年前的科学家阿基米德为测定一顶金王冠的体积,苦思冥想不得其解。有一次他进入澡盆要洗澡时,盆里的水就溢出来,他突然醒悟道:"溢出去的水的体积不就是自己身体体积吗?"由此,他发现了浮力定律。

俄国作家果戈理早就想写一部作品,描写与讽刺沙皇统治下的俄罗

斯官僚机构的黑暗腐败,因为找不到一个合适的故事去把那些生动素材串联起来,所以迟迟不能动笔。一天,普希金说他曾到奥伦堡去搜集创作材料,人家把他当成了彼得堡派来"私访"的"钦差大臣"。听了这则笑话,果戈理苦闷之情为之一释,捕捉到了构思链条上关键性的一环,找到了一个"突破点",于是思路豁然贯通、文思泉涌,以不足两个月的时间,一挥而就,写成传世之作《钦差大臣》。

由此可见,灵感并非"神力凭附"或"先天"固有的。它源于社会客观实践,是人脑对客观现实反映的一种机能。

简单地说,灵感就是一种高明的突发性的创造力。它并不是那么玄妙神秘,那么可望而不可及。它产生于社会的实践和积极的思考,谁在实践中付出的劳动代价越多,谁的灵感也就越多。

也许很少有家长会把灵感同孩子的学习联系起来。其实,灵感不一定就指发明创造,也并非为科学家、艺术家所独有。在平凡的学习与生活中,也会产生富有创造性的奇思妙想,也可能闪烁出星星点点的灵感火花。应当说,谁具备了产生灵感的条件,谁同灵感就有了缘分。

青少年产生灵感的条件及其在思维活动中的作用,自然比不上科学家、艺术家。但他们也有不少激发灵感的有利条件和良好素质,如勤于思考,思想敏锐,热爱幻想,勇于实践,等等。青少年只要善于诱发自己身上潜在的创造力,灵感就可能经常同他们做伴。那么,作为家长,具体该如何激发孩子的灵感呢?

(1)让孩子勤于思考

灵感同懒汉无缘,它是勤奋学习的报酬。高尔基说:"天才就是劳动,人的天赋就像火花。它既可以熄灭,也可能燃烧起来,而逼使它燃烧成熊熊大火的方法只有一个,就是劳动,再劳动。"灵感是天才的一种表现形式,是长期创造性劳动的必然结果,所以它自然需要由勤奋的汗水来浇灌。

灵感虽然带有偶然性和突发性,但它终究是长期努力、积累和思考的结果,即所谓"长期积累、偶然得之"。俗话说:"踏破铁鞋无觅处,得来全不费工夫",这看似"不费工夫"的"灵感",正是"踏破铁鞋"的长期努力换来的。

(2)让孩子广泛积累知识

灵感活跃于知识的"联系网"中,开拓知识领域能够产生灵感的机遇。

实践证明:知识广渊、经验丰富的人,比知识面窄和缺乏实际经验的人容易产生新的联想和独特的见解。这是因为知识和经验是创造的素材。

有了大量的素材,灵感才能"一触即发"、"俯拾即是"。在知识的汪洋大海中,不仅产生了越来越多的所谓边缘学科,而且各门知识的内涵和外延,也在日益相互渗透着。只有知识"面"的广阔,才可能有知识的"点"的深入。而灵感的产生,又往往有一个由此及彼、由表及里、触类旁通、举一反三的过程,亦即靠有关事物的启示、触发,引起联想与认识上的飞跃,进而产生灵感。

(3)教孩子学会从不同的角度和思路去进行思考

要激发灵感,很重要的是学会机敏地思考。为此,要善于从不同的角度和思路去进行思考。假如把灵感的获得比喻为一个目标,那么,通往这个目标的道路决不是一条,而是如"百川归海"那样,可以通过各条渠道到达目的地。考虑问题的角度狭小单一,常常会造成脑子的僵化,甚至将思路完全堵死。如果把那些想不通和暂时不得解决的问题,先搁置起来。过了几天再来看看,再来想想,往往会发现先前被疏忽的地方,会暴露出设想的缺陷和找到问题的疙瘩,新的设想、新的见解就可能突然间跃入脑际,于是可能在"山重水复疑无路"的困顿中,进入"柳暗花明又一村"的新境界。

(4)要教孩子善于抓住一瞬即逝的灵感

灵感的特点是突发性的,来得突然,去得匆匆,往往是一闪即逝,稍纵即过。在思索、演算、答题、实验以及游戏和玩耍中,有时是会"领悟"某

个道理,或突然想起某个有趣的事儿的。这时,就应当及时抓住不放,不让偶尔在脑际间出现的"闪念"溜过去。

(5)教孩子学会放松

灵感喜欢在清醒轻松时光临,保持最佳的精神状态,是获得灵感的妙方。

德国著名作曲家贝多芬在月夜的乡间小路散步时,耳闻农家女的琴声,顿发乐思,写成有名的《月光曲》。因为精神饱满,情绪良好,心情愉快,能使脑细胞保持良好的状态,使思维活跃,想象力丰富,注意力易于趋向集中,从而出现思路贯通的佳境;反之,只能使思路堵塞。为保持最佳精神状态,关键的一点就是切实搞好"劳逸结合"。当大脑疲惫时,绝不要搞所谓"头悬梁,锥刺股"的"苦"读法。勤奋,是指意志力的坚强和韧性精神,绝不等于搞加班加点的疲劳战术。

9.不要让你的孩子养成坐享其成的观念

"君子,当自强不息。"这是我们的祖先留给我们的一句励志语,历经沧桑变化,还能广为流传,说明这是一句贯通古今的真理,是成功人士应具备的基本素质。

所谓自强,就是自己努力图强。现代社会,日新月异,知识更新相当之快,具有自强精神尤显重要,无论是在生活中,还是在工作里,这种精神都是必不可少的,缺乏自强精神,人便不思进取,没有上进心,这样的人,要想成就自己的梦想和事业恐怕只能是空想。

事业有成的王先生妻子娇美儿子可爱，有一个让人羡慕的幸福三口之家，这个看似美满的家庭，却也有着不为人知的苦衷，王先生感慨道：儿子小鹏从不惹是生非，是个很省心的孩子，可是即将升入初三的孩子，却对什么都提不起兴趣来。

　　刚上初一的时候，班里选学生干部，小鹏像没自己事一样，甭说参加，就连问也不问。爸爸问他为什么不报名，他说觉得当干部太累，当班干部是为同学们服务的，他自己都管不过来，不想服务别人。爸爸妈妈一想，自己孩子比较内敛，对当干部没什么兴趣，反正也不是人人必须当干部，于是没太在意。

　　后来慢慢课程紧了，小鹏依然是一副悠然自得的样子。爸爸妈妈发现小鹏的成绩一直在班级中间晃悠，可也没见到他努力学习，就常常鼓励他，希望他可以努力学习，为考上重点高中打好基础。小鹏只是"哼哈"地答应，却不见什么行动，除了应付写完作业，就不再看书。周六日，总是和朋友出去疯玩儿，毫无努力的迹象。

　　对学习如此，对生活也是这样，15岁的大男孩了，什么家务也不做，有啥事还得70多岁的奶奶伺候着。见这孩子越来越不上进，爸爸实在看不下去了，就找小鹏正式地谈。经过了解才知道，在小鹏心里，没有什么事情是需要努力争取的，学习不好也没什么，不是没考倒数第一吗？学习那么好有什么用呀，还要天天回答老师的问题，上好高中和普通高中在他心里，也没什么区别。爸爸听小鹏这么一说，火冒三丈，就要打他。

　　可小鹏还振振有词地说："你说我干嘛还要努力呀，我还没上高中，你们就已经给我安排好了工作，我还没到谈恋爱的年龄，你们就把结婚的房子给我准备好了，我上进学好了不也就是为了个工作和生活嘛，你们都给我安排妥当了，我还上哪门子进呀，除非是傻子，可我一点不傻……"

　　现在的孩子备受娇宠，父母舍不得让他们分担任何事情，孩子份内

的事情也大包大揽。这样,在不知不觉中就养成了孩子坐享其成的习惯,成为"新精神贵族"。有的家长替孩子背书包,做卫生值日;有的家长帮孩子削铅笔,系鞋带。这种做法不仅剥夺了孩子动手的机会,也放任了孩子的懒惰。动手能力的强弱,虽然不能算是孩子的特长,但不动手的孩子普遍存在眼高手低的毛病,而这些孩子通常都不会意识到自己不做事是错误的,以为父母为自己做好一切是理所当然的。所以,在日常生活中,父母一定要培养孩子自强的精神,让孩子明白坐享其成是一种耻辱。

美国的家庭教育是以培养孩子富有开拓精神,成为一个自食其力的人为出发点。父母让孩子从小就认识到劳动的价值,树立自立精神,让他们自己动手做家务,到外边参加劳动。即便是富豪子女,也同样要外出打工赚钱。美国法律还规定,女孩子13岁就可以到别人家照顾孩子。前国家总统里根的儿子,就是不靠父亲的地位和权力来为自己安排舒适的工作,而是靠自己的能力去奋斗。

人类社会发展到今天,创新已是一种时代精神,它呼吁人们奋斗进取、锐意改革,而不劳而获、坐享其成则被人所不齿。有些人只想一劳永逸,甚至不劳永逸;有些人依赖思想特别严重,把希望全部寄托在别人身上,自己不劳动就等着享受别人的劳动成果……这些行为都不利于人类的自然发展,也跟不上时代的步伐,注定要被时代淹没,被历史遗弃。如果从小让孩子习惯于坐享其成,只会培养出依赖性强、自私自利、不懂感恩的懒孩子。只有从小培养孩子的自理能力,让他们去经历自己的成功和失败,将来他们才能独立地创造自己的明天。

10.强化孩子的竞争意识

如果孩子缺乏竞争意识,将是一个很严重的问题。成长中的孩子,在自己人生的每一个阶段,都会面临挑战和竞争,如果不想和别人竞争,总是处于退让的境地,就会越来越走下坡路,最后对自己的能力完全丧失信心。

强化孩子的竞争意识,是让孩子在自己暂时落后的状况下,还有勇气和力量去奋勇直追,战胜自我也战胜对手,创造更多更好的人生价值。现在的孩子在阴柔气质增强的同时,竞争意识却日益淡化。

黄升回家跟妈妈说:"这次班上又要选班干部了,老师让我们想竞选的人做一个演讲和拉票准备,可是我一点儿都不想去做这件事。"妈妈便问他是怎么回事,他说他觉得自己的成绩不够好,大家肯定不会选择他的。

妈妈对他说:"不一定学习好的同学就是受到大家欢迎的啊。你也有很多优点的,大家不是都爱和你玩吗?你可以去试试参加竞选,大家说不定都会选你呢。"黄升听后,还是觉得没有信心,鼓不起竞选的勇气。

要强化孩子的竞争意识,父母应该对此引起重视。为了培养一个更加自信勇敢的强者,就要让这个孩子敢于去与别人竞争,在竞争后能够坦然面对自己的失利,继续保持前进。

竞争意识和上进心也是紧密联系的。一个没有上进心的孩子,也就会懒于去与人竞争,也不会从竞争中得到乐趣。他们讨厌与别人比赛,对于胜负不愿去主动把握。一个竞争意识缺失的孩子,很难不断超越,取得成绩和成功。

孩子在敢于竞争、勇于竞争中,才能更好地发挥出自己的潜力,不断

去创造属于自己的精彩人生。

(1)让孩子制定合适的竞争目标

如果给孩子制定了过高的竞争目标,会打击他实现目标的积极性,而制定的目标过低,孩子在竞争中不能得到满足,也会逐渐丧失上进心和竞争意识。恰当的目标,是让孩子站起来、跳一跳、够得着,这样才会让孩子越学越有劲,越赶越快乐,竞争意识才会不断得到强化。

父母要先调整好自己对孩子的期望值,然后帮助孩子调整期望值,让孩子更安心地用合理的竞争目标来要求自己,这样才能让孩子一直保持高昂的竞争意识。

(2)用心理暗示强化孩子的自信

积极有效的心理暗示,能帮助孩子在竞争中取得成功。父母要让孩子在与人竞争时,善于利用积极的心理暗示,来保持自己的必胜信心。

张楠的数学成绩一直很好。他有一个竞争对手,这次考试张楠因为失误败给了对手,这件事对他打击很大,使他的自信心打了很大的折扣。妈妈知道这一情况后,就让孩子每天早晨起来都对自己说一句话:我喜欢数学,我一定能打败他。

由于这种心理暗示,张楠又充满了学习信心。他上数学课更加积极主动,每天放学就预习、复习,有不懂的问题就主动去问老师。每次看到对手,他就暗暗给自己加油,告诉自己一定能够超过他。果然,下次单元测试,他又跑到了对手前面。

当孩子碰到困难时,积极的心理暗示能帮孩子找回竞争的勇气和信心。让孩子多做正面的心理暗示,才能使孩子一步步走向成功。

(3)鼓励孩子发扬自己的长处

父母要鼓励孩子,不论是在学习上还是在生活中,都要去发挥自己的长处和优势。发挥优势能够让孩子在竞争中获得成功,反过来也促进

自身的进步。这样可以增强孩子的自信心,让孩子敢于在优势上与人竞争。父母还要教孩子在短处不如人时,避开不足,以免自信心受损。只有让孩子学会了扬长避短,孩子才能够取得更多的成就,这对于激励孩子的上进心,让孩子喜欢去和别人竞争,在竞争中求进步,是非常有帮助的,也可以提高孩子成功的概率。

(4)培养孩子的乐观心态

一个对生活充满希望的人,也会是一个敢于去竞争的人。一个乐观的心态,能够让孩子在困境中发现希望,敢于去竞争。

王东的生活态度有些消极,遇事也喜欢退缩。一次偶然的机会,他结识了好朋友阿南。阿南是一个充满了激情和活力的人,对自己每天的生活都抱有信心,也勇于去尝试各种美好的想法。

王东和阿南在一起后,刚开始只是被动地跟着阿南去玩。半年过后,王东的笑脸多了,爱开玩笑了,也更加自信了。现在的王东对于生活和学习都找回了那种上进心,也觉得自己有信心去把它们做好。

"近朱者赤,近墨者黑",多与一些快乐、自信、有竞争意识的人来往,也会改变孩子消极萎靡的心态。要想成为一个有上进心、有竞争力的孩子,就要多和一些对生活积极和热情的乐观人士交往。

(5)教孩子正确面对失败

培养孩子的竞争意识,首先就要让孩子不惧怕失败。失败是走向成功的阶梯,能够激励孩子更加努力进取。父母应教孩子要用乐观积极的心态,去面对每一次竞争失败,让孩子知道,有竞争就会有失败,而面对失败的态度决定了与成功的距离。要学会坦然、乐观地看待失败,积极主动地寻求解决之道。

孩子学会了正确面对竞争的失败,才会不惧怕竞争,勇于去竞争,在竞争中走向成功。

第八章

不狭隘,培养孩子更多的立身能力

1.敢于向权威说"不"

朱棣文说:"在学习中要永远抱着怀疑的态度,去寻找更好的方法,更好的创见,这样才有可能走在别人的前面。"

据报道,在对北京10所中学的1200名学生学习问卷调查中,敢于课后向老师提出问题的学生占66.8%,敢于课堂向老师提出问题的学生占21.5%,敢于当堂纠正老师错误的学生仅占5.5%。一位外籍老师在谈到中外学生差异时说:"中国许多非常聪明的学生,为什么课堂上不踊跃提问呢?"他得到的答案是:"没有什么可问的"。的确,在当代中学生中这种现象普遍存在。

亚里士多德曾讲过:"思维是从疑问和惊奇开始的"。

寒假时万芳到美国看望表姐一家,结识了他们的邻居利娅。利娅是以色列人,为人开朗大方,脸上总是带着微笑。利娅的丈夫是美国一家公司驻以色列的代表,经常在以色列与美国之间往来。利娅自己带着儿子拉米尔在美国生活,独立承担了抚育孩子的重任。

都说犹太人非常有智慧,做生意很成功,不知道教育孩子会不会也有一套?万芳开始不知不觉地观察利娅和拉米尔,希望能够发现犹太人精明的头脑在幼儿时期家庭教育的秘密。

没多久,万芳终于发现了这个秘密。

那天,拉米尔从幼儿园的接送车上回到家,正和万芳聊天的利娅马上迎了出去,陪他一起走进了房间。进门之后,利娅问拉米尔:"今天你提问了吗?"拉米尔连连点头。

"那么,你都问了些什么呢?"利娅继续问他。

拉米尔开始复述他今天一天中所提的问题,有的是问幼儿园老师的,有的是问同班小朋友的……问题千奇百怪:为什么树叶有红的也有绿的?为什么有的蚂蚁会有翅膀?为什么牛奶不能换你的饼干……万芳略数了数,这小家伙一天问了二三十个问题。

利娅满意地点了点头。

"这是怎么回事?"万芳好奇地问利娅。

"提问啊,"利娅笑眯眯地说,"拉米尔就是个问题篓子,总是问个不停。"

随着利娅的讲述,万芳渐渐明白了。原来,每个犹太人在很小的时候,几乎都会被长辈提问。利娅小时候,她爸爸就常问他,为什么今天与其他日子不同?刚开始时,她认为今天和昨天、明天并没有什么不同。爸爸没有责备她,而是让她每天都问别人十个她不懂的问题;如果没有人回答她，就自己去找出答案。从那以后，利娅觉得日子的确不一样了，因为每天都是那样新鲜……

"这没什么，"利娅说，"几乎每个犹太家庭的孩子，都是在提问中长大的。"

犹太人崇尚创新，认为学习应该以思考为基础，要敢于怀疑，并不耻发问，自己所积累的知识自然就越来越多。

几乎每个犹太人父母都会问孩子一个问题："如果现在房子失火，你会带什么跑出去？"如孩子回答的是金钱或贵重物品，母亲就会再问他一句："有一种无形、无色、无味的宝贝，你知道是什么吗？"孩子答不出来，母亲就会告诉他："孩子，你要带走的不是钱，也不是钻石，而是智慧。因为智慧是任何人都抢不走的，只要你活着，智慧就永远跟着你。"

小泽征尔是世界著名的音乐指挥家。一次他去欧洲参加指挥家大赛，在进行前三名决赛时，他被安排在最后一个参赛，评判委员会交给他一张乐谱。小泽征尔以世界一流指挥家的风度，全神贯注地挥动着他的指挥棒，指挥一支世界一流的乐队，演奏具有国际水平的乐章。正演奏中，小泽征尔突然发现乐曲中出现不和谐的地方。开始，他以为是演奏家们演奏错了，就指挥乐队停下来重奏一次，但仍觉得不自然。这时，在场的作曲家和评判委员会权威人士都郑重声明乐谱没问题，而是小泽征尔的错觉。他被大家弄得十分难堪。在这庄严的音乐厅内，面对几百名国际音乐大师和权威，他不免对自己的判断产生了动摇，但是，他考虑再三，坚信自己的判断是正确的，于是，大吼一声："不！一定是乐谱错了！"他的喊声一落音，评判台上那些高傲的评委们立即站立向他报以热烈的掌声，祝贺他大赛夺魁。原来，这是评委们精心设计的圈套。前面的选手虽然也发现了问题，但却放弃了自己的意见。

这个世界也许根本没有权威,把我们的思想交给别人,让别人的思想来填充我们的头脑,真的不一定是明智的事情。同样,我们也没有理由来填充孩子的思想,把我们的经验和体会强加在孩子身上,要求孩子无条件的来服从我们。孩子质疑的精神,无疑是充满生命活力的体现。

因此家长应该有效地激发孩子的质疑精神,这里给出一些建议。

(1)在家里鼓励孩子提问

在家里,父母应该鼓励孩子多提问题。只有在日常生活中养成了提问的习惯,在课堂上举手提问才不会遇到心理障碍。

(2)在家中设立"问题奖"

把孩子提出的问题记录下来,每周统计问题的总数,达到一定的数量就予以奖励。这对孩子是一种肯定,会产生积极的心理暗示,让孩子把提问看成是一件值得骄傲的事。

(3)对孩子提出的问题,要积极耐心地解答

当孩子向父母提出问题时,一定要积极耐心地给予解答。即使解答不出来,也要坦率承认自己不懂,并且孩子一起查找相关资料。如果不许孩子提出那些"没用的问题",孩子以后什么问题不会问家长了,在学校提问也会越来越少。

(4)训练孩子的语言组织能力

很多孩子不敢提问,是因为无法清晰表达自己的想法,这就需要家长专门训练孩子的语言组织能力。比较好的途径是让孩子在饭桌上,介绍学校发生的事情和学到的知识,坚持每天都练习,几个月就能让你的孩子完全变一个人。

(5)快速问答,训练孩子的反应能力

父母可以和孩子进行快速问答,来训练孩子的反应能力。题目可以从课本上找,比较好的是那些应该掌握的公式和定理。经常反复做这种练习,既能巩固孩子的基础知识,又能让孩子的反应力得到大幅度提高。

(6) 多提问多得分

父母应该给孩子讲清楚,谁在课堂上问题问得多,谁的思维就更活跃,对知识的印象就更深,学习的效率就更高。如果想让自己成绩好,就得多提问。讲明白道理,孩子会努力克服各种心理障碍的。

2. 教孩子学会安排自己的时间

"一寸光阴一寸金,寸金难买寸光阴",这说明时间无比宝贵。时间之所以如此宝贵,是因为时间就像流水,不经意间就流走了。人的一生就是时间的累积,任何成就都是时间的转化。所以,人们又说,时间就是生命。

一位科学家曾说:"时间最不偏私,给任何一个人都是一天24小时。时间也最偏私,给任何人都不是24小时。"究竟怎样利用这24小时呢?不同的人会有不同的选择。大凡有成就的人,都不虚度自己的年华,他们会珍惜生命中的每一秒,以体现自己的生命价值,这是对时间的尊重,也是对自己生命的尊重。

本田宗一郎1906年11月17日生于日本静冈县一个贫穷农家里。父亲在日俄战争结束后退役回家,和他母亲弃农开自行车修理铺,以修理自行车和打造小农器为业。

由于家中孩子多,经济又困难,幼小的宗一郎便帮助父亲拉风箱,经常在作坊间捡拾铁片。他看到父亲用灵巧的双手打出锄头、犁耙和小农具,感到好奇又好玩,便将捡到的铁片,学着父亲敲打,做成各种小玩具,

送给小弟弟玩。

宗一郎拉风箱学打铁,他看到父亲累得满头大汗,脖子上挂着的毛巾也被汗水浸湿了,觉得十分心疼,便问道:"爸爸,你不能慢慢地打吗?看你累成这个样子。"父亲十分严肃地说:"要是慢吞吞地打,铁坯冷却了,就不能打成农具。做什么事,都要讲究速度,要迅速,要快。"

幼小的宗一郎头脑灵敏,对什么事情都要提出为什么。一次,他见到父亲把三块烧红的铁坯放在铁砧上,不停地轮番敲打,父亲打铁技艺精湛,锻打的声音有板有眼。宗一郎好奇地问道:"爸爸,你为什么要三块铁一起打,不如一块一块去打,就不紧张了,也不会这么累呀。"父亲回头看了他一下,温和地告诉他说:"这几块铁坯体积小,可以放在一起打,能够一起打的铁,就不要分开去打。这样节省时间又多出活儿。你要记住,做工作要多动脑筋,能够集中干完的活不要分开去干,这样可以节省时间。当天的活要当天干完,每天都有新的工作。"

父亲打铁的启发,深深地印刻在宗一郎的脑海里,像一颗种子埋进了肥沃的土地中,直到后来他创办本田技术研究工业总公司,宗一郎一直把高效、高速贯彻始终,并作为本田公司的传统,一代一代传下去。

著名的物理学家爱因斯坦认为,人与人之间最大区别就在于怎样利用时间。在我们每个人出生时,世界送给我们最好的礼物就是时间。不论对穷人还是富人,这份礼物是如此公平,一天24小时,我们每一个人都用它来经营自己的生命。有的人很会经营,一分钟变成两分钟,一小时变成两小时,一天变成两天……他用上天赐予的时间做了很多事,最终换来了成功。

因此,父母应当培养孩子合理安排自己时间的能力,这是非常重要的。让孩子有了良好的时间观念,就等于给孩子美好的开端,也就是为孩子以后成为出色的人奠定了基础。那么,父母应该怎么做呢?

(1)帮孩子树立起时间观念

许多孩子之所以不珍惜时间,不懂得如何管理时间,根本原因在于

没有时间观念。时间本来就是一种非常抽象的东西,它看不见、摸不着,只有当我们意识到时间的重要性时,才会感受到它的存在。年幼的孩子生活节奏慢,也没有什么压力,所以很难认识到时间的重要性。

为了帮孩子树立起时间观念,我们不如为他买一块手表,让他经常看到时间。当他做某些事情的时候,我们也可以常提醒他时间的存在,如"再过5分钟就吃饭了"、"10分钟以后我在楼下等你"……这样可以经常让孩子"听"到时间。我们通过各种方式去提醒孩子,让他感受到时间的存在,就能帮他树立起时间观念。

(2)教孩子有效利用黄金时间

每个人都有自己的生物钟,孩子也是如此。孩子常常会感到自己在某个时间段内头脑比较清醒,学习效率比较高。比如,有的孩子在早晨和上午的学习效率比较高,而有的孩子则觉得在下午和晚上头脑比较清醒。每个人的具体情况各自有别,我们可以教给孩子注意观察自己在不同时间段的学习效果,掌握最佳的学习时间段。然后,把学习的重要内容安排在最佳时间段内学习,这样可以提高学习效果,最大限度地利用好自己的黄金时间。

(3)让孩子利用好时间的"边角料"

孩子除了拥有大块的学习时间和休息时间之外,还有许多时间的"边角料"。那么,如何才能让孩子利用好时间的边角料呢?比如,我们可以在梳洗台的镜子旁贴上英文单词,让孩子在刷牙的时候背诵一个两个单词;也可以教给孩子将需要记忆的公式和概念写在一个小本子上,让他在搭乘公交车的路上记忆一些知识。我们要告诉孩子,千万不要小看这些时间的"边角料",只要善于利用它们,就能够将知识积少成多。

(4)给孩子管理时间的机会

许多孩子之所以不会管理时间,是因为我们没有给他管理时间的机会。我们总是去安排孩子的时间,告诉他什么时候该玩,什么时候该学习,什么时候该吃饭,什么时候可以外出。孩子的行动完全在我们的支配

下,他的时间他不属于他自己,而是被我们所限制。这样,孩子就没有管理自己时间的机会,自然也就不会有管理时间的能力。

所以,我们应该少干涉孩子的私人时间,尽量让他自己管理自己的时间。必要的时候,我们可以对他提一些建议,但不要替孩子去管理时间。只有让孩子安排自己的时间,孩子的时间管理能力才能得到锻炼和提高。

3.让你的孩子心灵手巧

俗话说"心灵手巧",灵巧的手是一个人大脑发育良好的标志之一。孩子在探索世界的过程中总是试图通过自己的努力来满足自己的好奇心。比如,孩子看到花儿很漂亮,他自己会努力地把小手伸出去摘那朵花,这就是孩子最初的动手能力。动手实践能力对于孩子的创新有很大促进作用。实践是创新的源泉,没有实践就没有创新,而新的科学理论和方法也都需要通过实践来检验其科学性和合理性。所以,要培养孩子的创造力,就必须培养孩子的动手实践能力。

获得诺贝尔奖的著名华裔科学家朱棣文小时候,其父母就很注重对他动手实践能力的培养。

小时候的朱棣文活泼好动,他的母亲回忆说:"他没有一刻闲着的时候,很淘气,家里的沙发他总是爬上爬下。但他天资聪颖,酷爱读书,从小就有很强的动手能力。"

童年的朱棣文就有丰富的想象力及一定的思维能力,他经常将软肥皂捏成各种动物形状,连大人看到也感到惊奇。稍大一点,他就能用小刀在木

头上雕刻飞机、军舰等他感兴趣的玩意儿。小朱棣文还用他那双灵巧的小手制作了一架又一架的"飞机"和"军舰",客厅里到处摆放着他的杰作。

再后来,朱棣文喜欢上了拆东西,家里的东西几乎被他拆了一遍,但他的父母不但没有斥责他,反而很注重培养他的动手能力。他的父亲规定,东西可以拆,但前提是拆完后要自己组装好。这对朱棣文动手能力的培养是一个很好的锻炼。

此外,朱棣文还很喜欢玩积木,他跟一般人不一样,除了建房子模型外还会到库房找零件,将玩具改装成机器人。于是他的父亲就鼓励他通过学习物理知识来自己改装机器人。在这一过程中,他养成了自己动手做的习惯,也让自己的双手更灵巧。

在父母的鼓励下,上小学四年级的朱棣文已经成为一名"合格的"安装工了。父亲经常和他一起动手,花费许多时间陪他来建造一些毫无目的性的装置,把一大堆零件组装在一起,做成一个他也不知为何物的大东西。朱棣文自己回忆说,小时候"我花了许多时间用来制作一些无明确用途的器具。"通情达理的母亲允许朱棣文进行他的"工程创作",并且对他进行鼓励。

就这样,父母的鼓励给了朱棣文动手实践的勇气,而超强的动手能力极大地促进了他的创新能力的形成,使他在以后的科学道路上大胆实践,不断创新,最后获得了诺贝尔奖。

实践是创新的源泉,没有实践就没有创新,朱棣文之所以能够进入美国科学院,并且获得诺贝尔奖,这与他父母对他动手实践能力的培养是密不可分的。诚然,朱棣文的成功一定程度上也与其小时候所处的教育环境有关系。毕竟美国的教育方式比较先进,非常注重对孩子动手能力的培养。但是,我们的家长也应该从其中认识到实践能力对孩子创新力的重要作用,并积极在现有教育体制下探索各种方法锻炼孩子的动手实践能力,而不是对孩子过分溺爱,不让孩子动手做任何事情。

幼儿园开家长会，老师特意向孩子的父母布置了一项家庭作业——教会孩子剥鸡蛋皮。一位妈妈在下面小声地说："这多为难孩子啊，我家儿子还不知道鸡蛋长什么样呢！"老师觉得奇怪，孩子都这么大了，怎么会不知道鸡蛋什么样子呢。那位妈妈继续说："我总怕煮鸡蛋的蛋黄会噎着孩子，到现在还一直只给他吃鸡蛋羹。"在场的老师和父母都惊呆了。

这位妈妈真的很"爱"自己的孩子，在日常的生活中大包大揽，什么事都替孩子做好，孩子上幼儿园了连鸡蛋的样子都没见过。这样的"爱"摧毁了孩子的动手能力，最终导致孩子成为生活的奴隶，一事无成。

动手做事是孩子成长的基础，也是开发孩子创造力的前提条件。孩子的可塑性非常强，家长要在孩子成长的关键时期让孩子多动手做事。让孩子多动手可以锻炼孩子动作的协调性和准确性，促进孩子运动能力和思维能力的发展。让孩子多动手帮父母干些力所能及的事情，还可以让孩子体会父母的不易，从而懂得孝敬父母。

所以说，让孩子多动手实践不仅有助于培养孩子的创造力，还会带来许多意想不到的好处。那么，父母应怎样培养孩子的动手实践能力呢？

(1) 让孩子在日常生活中学会自理，自己的事情尽量自己完成

孩子学会走路之后，活动范围明显扩大了许多，这时的孩子非常愿意做些事情。但是他们手脚的协调能力还不完善，做起事来常常"笨手笨脚"。这时候，家长千万别因嫌孩子麻烦或碍手碍脚而剥夺孩子学习劳动的机会。家长应耐心地反复给孩子示范，让孩子跟着模仿，慢慢地就会从不熟练到熟练，最后运用自如了。另外，家长还可以教孩子自己逐渐学会系鞋带、脱衣服、放被褥、收拾自己的房间、洗一些简单的东西等等。

(2) 鼓励孩子帮助别人

家庭生活是一种集体生活，也可以看作社会的缩影。家长要引导孩

子多为家人做些事情,可以是一些很小的事情,如扫地、擦桌子、洗碗筷等等,从小培养孩子为他人着想的意识。

(3)父母要善于称赞孩子

当孩子努力去做了或做得很好时,家长要立即予以称赞和鼓励,以调动孩子的积极性,增强孩子的自尊心和自信心。这种称赞尽量不要总是以实物的形式,比如给孩子买玩具,好吃的东西等,因为这样容易刺激孩子的虚荣心。时间久了,反而会阻碍孩子的健康成长。

总之,生活中处处都有机会,孩子天生就具有动手能力,只要有足够的空间,他们就能玩出无穷的花样。父母要从传统的价值观中走出来,鼓励孩子多动手,在动手实践的过程中让孩子多看、多听、多想,关键是多动手,把孩子培养成为一个富有创造力的人。

4.训练孩子的敏锐的观察能力

孩子的创新能力是由多种要素构成的,包括观察力、记忆力、思维力、想象力和实践能力等。而其中一个很重要的方面就是能够以超常或者反常的眼界和方法去观察事物,发现问题、思考问题,从而获取有价值的思维成果,实现人的主体创造能力。

人类的很多科学发现都是靠科学敏锐和细致的观察完成的。观察是一种有意识的、主动的和系统的知觉活动,是有意识知觉的高级形式,是孩子实现创新的不可缺少的能力。

巴甫洛夫曾经说:"在你研究、实验、观察的时候,不要做一个事实的保管人。你应当力图深入事物根源的奥秘,应当百折不挠地探求支配事

实的规律。"巴甫洛夫主张对事物进行细致入微的观察,因为通过准确的观察能透过现象看到事物背后的本质,从而做到有所创新。

著名作家任寰7岁开始写诗,9岁就发表作品,10岁出版了自己的第一本诗集,12岁加入河北作家协会,18岁考入北京大学中文系。至今已出版诗文集7部,发表各类文章近500篇,多次获国际国内文学奖。她之所以取得这么大的成就,与她的父母从小就注意培养她的观察能力有着很大关系。

任寰小时候不爱说话,整天沉默寡言。由于患有过敏性哮喘,经常住院。每次住院、打吊针、输氧,她也不多说话。这种生活,使她自然形成了善于用眼睛观察、用耳朵倾听的习惯。父亲任彦芳根据任寰的个性特点,在生活中以自己的切身体会教她自觉地观察和思考,促进了任寰敏锐观察力的形成。

任寰上小学二年级时,父亲有意识地培养她观察、描写大自然。上小学三年级时,又教她注意观察人物,观察人的心理,进而观察思考社会和人生。《10岁女孩任寰诗文选》就是她观察生活、思考生活的结晶。著名诗歌评论家谢冕称任寰的诗具有思辨性。

任寰的父母非常善于利用平常生活中的小事来培养她的观察能力,开阔她的眼界,充实她的知识和生活。例如,让任寰观察家里养的花草、小鱼,晚上带任寰观察星空,讲讲简单的星系。白天观云,看到云的流动,讲一讲"云往东,一场空,云往西,披蓑衣"等谚语的简单道理等。

还有一次,任彦芳带孩子到森林公园玩。临行前父亲就告诉任寰要注意观察事物的特点,越细越好,以便回来之后写一篇日记。这样,到了公园里,任寰就非常注意观察花、鸟、革、虫等。任寰本来就好奇心强、求知欲旺盛,父亲很好地利用了孩子这一天性,经常带领孩子到大自然中去,让孩子在尽情玩耍之中观察万物的悄然变化。去看春天的绿芽、夏日的鲜花、秋季的果实、寒冬的落叶,去听蝉鸣鸟唱——这些都引起任寰的兴趣和思考。

此外，任寰的父母还经常引导她走向社会、走向大自然，接触生活，观察世界，扩大眼界。他们鼓励她遇事多问几个为什么，启发孩子思考问题，这对任寰后来的成功起了极大的作用。

如果没有任彦芳对自己女儿观察能力的培养，任寰就不会将平淡生活中的动人之处发掘出来变成文字。可以这么说，没有父母对其观察力的培养，就没有著名作家任寰的今天。

正如任寰一样，那些长大后有所创新的孩子无不具有超凡的观察能力，这种对外界事物敏锐的洞察力让他们具有了源源不断的创新能力。

孩提时代的牛顿对各种事物都喜欢仔细地观察，而且都力图透过现象看本质，把不懂的地方彻底弄明白。夜晚，牛顿仰望天空神往那眨着眼睛的大大小小的星星。心里想，这星星月亮为什么能挂在天空上呢？刻卜勒说，星星、月亮都在天空转动着，那它们为什么不相撞呢？刮大风了，狂风旋卷着沙石，人们都躲进了屋子里。牛顿却冲出屋子，独自在街上行走。一会儿，随风前进；一会儿，逆风行走。他要实地观察顺风与逆风的速度差，到底有着何种本质的差别。

正是牛顿从小就具有敏锐的观察力，他才能细致观察，认真思考，发现万有引力。

像牛顿那样观察能力较强的孩子，观察问题也能透过现象看本质，这也有助于孩子创新能力的培养。例如，有的孩子写作文"我的妈妈"，他不仅注意到了妈妈的音容笑貌、言谈举止这些现象，还能通过这些现象，发掘出妈妈的内心世界来。有的孩子观察大自然的景色，不仅注意到花草树木、气温云彩以及鸟类的活动、土壤的变化，还能从这些变化中找出哪些景色是春天到来的象征，哪些景色是寒冬来临的预兆……这些孩子之所以能够不落窠臼，没有陷入写作文通常的路子，是因为他们具有非常敏锐的观察力。他们是凭着自己的观察力在感知和认识这个世界,而没有照搬别人的经验。这样的孩子想不让他创新都不可能。

可见,敏锐的观察能力是孩子创新的前提,对孩子的观察力,父母要给予足够的重视,并下大力气加以培养。

5.从小就要培养孩子灵活的思维能力

思维能力就是一个人运用大脑进行思考的能力,它是人才的必备素质之一。一个人智力水平的高低,主要是通过思维能力来体现的。

一位著名的教育家说:"教育就是引孩子进行思考。"教育是教人知识,但是知识并不能代替思维。孩子学习知识的最终目的,在于运用知识进行思考,否则知识只是一堆无用的文字和数字的堆积。

诺贝尔奖获得者绮瑞娜是居里夫人的女儿,她小时候就很聪明。

有一天,英国物理学家郎之万给她和其他科学家的孩子们上课,讲述阿基米德在澡堂里发现的浮力定律,他讲得深入浅出,孩子们都被吸引住了。于是,他给孩子们提出了一个问题:根据阿基米德定律,物体侵入水中的体积一定等于排出的水的体积。但是,如果在水中放入一条金鱼,它却不会排出相应体积的水,这是为什么呢?孩子们一个个皱起了眉头,认真地思考了起来。有的说,金鱼有鳞片,它有着特殊的结构,因此,防止了水的排出;有的说,金鱼的身体有伸缩性,它到了水里会收缩身体,所以,就不会排出相应体积的水;还有个孩子说,阿基米德定律只适用于非生物,不适用于生物。孩子们一个个抢着回答,提出了许多个假设。郎之万见孩子们思维很活跃,心里十分高兴。

绮瑞娜也在思考着。金鱼真的不会排出相应体积的水吗?难道是因为它的身体会收缩?如果是一条大鱼,它也不会排出相应体积的水吗?她开始怀疑老师的问题是不是出错了。她决定亲自做个实验来验证一下。她找来一个量筒,倒进一半的水,记下刻度,然后,再提一条金鱼放进量筒里,哈,鱼一放进去,水面就上升了一大截。原来,金鱼和王冠一样,都会排出相应体积的水。孩子们向老师提出了抗议,责怪老师不该出错误的问题,害得他们白白地浪费许多的脑力和时间。

郎之万哈哈大笑,其实他是有意出这个错问题的,让孩子们自己从迷宫中找出一条正确的道路来。

绮瑞娜不盲目地跟从老师,正是因为她有了这种科学的思维方法和敢于怀疑的精神,才使她后来发现了人工放射性元素,并获得了诺贝尔奖。

从心理学上讲,思维是人脑对客观事物间接和概括的认识过程,通过这个思考的过程,人们可以把握事物的一般属性和本质属性。世间的万事万物都具有自己的独特性和共性,如果孩子只了解事物的共性,而不在实际情况中对它的独特性进行思考,那么他就不可能真正认识事物。

培养孩子的思维能力是有规律可循的,对孩子思维的训练宜早不宜迟,婴幼儿时期是训练思维的最佳时期。因为在这个年龄段,孩子的各种智力因素都呈上升趋势,缺少固有的思维定式、经验偏见,是一张白纸,可以描绘最美的图案,容易吸纳新事物。另外,从脑生理发展的角度来看,年纪小,机械记忆能力较强,随着年龄的增长,分析综合能力将要增加,而机械性记忆能力将自然衰退一些。

那么,具体该怎样培养孩子的思维能力呢?如下几点建议可供参考:

(1)善待孩子的"问题",激发孩子的好奇心

父母能否激发孩子的好奇心,是一种教育艺术。父母对孩子的好奇心要善于引导,给孩子提一些适合其心理发展水平的问题,比如,天为什么会下雨？凉水怎么会烧成开水等等。家长的发问又会成为孩子好奇心的动力。

孩子的抽象概括能力最好从直接感知事物中得来,他们的抽象概括离不开事物的具体形象。因此,在婴幼儿时期应尽量扩大他们的感知范围和知识经验。让他们尽可能多看、多听、多摸、多玩,从而获得大量的感性材料。在此基础上,父母可指导他们多动脑,对获得的材料进行初步的抽象概括。

(2)学会换位思考,保护孩子的好奇心

保持孩子好奇心的诀窍是大人要有童心,要换位思考。大人对孩子的好奇心不能理解,甚至不耐烦,是因为孩子问的问题,大人早就都知道了,站在大人的角度,这没什么可问的。正如作家桑姆·金丽所说:"我们的眼睛变得只盯着追求的目标,以至于对眼前的玫瑰花不感惊奇。"因此,首先要解决的问题是尊重孩子的好奇,允许他提问。

其次,不要敷衍孩子,要给孩子好奇心的提问以满意的回答,如果不懂就带孩子一起去找答案。另外,家长要学会说这样一句话:"我真喜欢你爱提问题。"有时对孩子的提问,还可以不马上提供答案,而是进一步提出一个疑问和悬念,激起他的更强的好奇心。

(3)鼓励孩子"异想天开"

对于孩子来说,思维和想象是密不可分的。明智的爸爸妈妈不要阻挠孩子的自由思维和发挥想象,应该鼓励孩子"异想天开",告诉孩子:做任何事情都没有绝对的标准答案,消除孩子对书本、对大人的话百依百顺的习惯。在家庭日常生活中,鼓励孩子自主活动,独立办事,鼓励孩子用新的办法来做事。

在孩子学习的过程中,父母不要轻易帮助他解决某个问题。对孩子来说,真正有意义的是独立思考、解决问题的过程,至于是否能做得完美,相对来说显得不是最重要。因为,这样不但能养成孩子主动学习、解决问题的好习惯,也能充分开发孩子的智力。

(4)要让孩子积极开发创造性思维

创造性思维是创造力的核心和关键所在。人的思维有形象思维、逻辑思维和直觉(灵感)思维三种基本形式。与直接和具体反映客观事物的感觉和知觉不同,作为人类认识的最高形式的思维,是对客观事物间接的和概括的反映。从思维活动结果来看,上述三类思维活动又可以分为"再现性思维"和"创造性思维"两大类。心理学界目前对创造性思维的理解有广义和狭义之分。狭义的创造性思维是指在发明创造中直接导致创新方式的思维活动形式。与"再现性思维"不同,"创造性思维"具有以下重要的特征:思维状态的主动性、思维方向的求异性、思维路径的综合性和变通性、思维进程的突变性和顿悟性、思维成果的新颖性和独创性。

6.让孩子插上想象的翅膀

想象力是创新的源泉,创新是一种求新求异、设法打破条条框框的束缚,使问题得以解决的能力。

创造性思维能力将会在未来的日子里越来越显示出它的重要性,也会成为我们衡量孩子智力水平的重要指标。遗憾的是,由于学校的应试教育培养的是孩子便于评分和使用标准答案的归纳能力,因而培养孩子的发散思维能力和创新能力,似乎家长承担起的责任更多了。

孩子的生活中充满着想象:他们把几个小凳子并排放,就把它想象成一列远道而来的火车；他们抱着洋娃娃，会想象自己是医生，在给洋娃娃治病。

如果孩子不会想象，就像鸟儿不能飞翔，即使再美丽的世界、再广阔的天空，也无法承载他们的梦想，因为他们已经感受不到，体会不到。与其把孩子教育成毫无活力的"废物"，倒不如放开他们，让他们在想象的世界中去徜徉！

想象力的培养，是建立在孩子自愿基础上的，父母要引导而不是干涉，因为孩子的想象力在某种程度上来说，是强于成人的。孩子天生就有很强的想象力，可是现在很多父母觉得孩子总是"异想天开"，经常出于保护孩子而加以反对，实际上这扼杀了孩子的想象力。

有一段时间电视里正播出一个地板广告，其中有一句广告词："好地板自己会说话。"

后来一天中午，茜茜一家正吃午饭，电视上又播这个广告。妈妈就顺嘴说："茜茜，地板怎么会说话呢？"

茜茜瞅着广告，说："假如把自己想象成一块地板，也许它们自己也会有家庭，也会有自己的生活呢？"

妈妈接着说："肯定是呀。有的木头本身就是药材，这药材就是树家族中的医生。人们有了病都会去找它看。"

茜茜听了妈妈的话，有了更多的想法，叽叽喳喳地就说开了："有的树是歌唱家，小鸟的叫声就是它练习唱歌呢。有的树还特别有学问，人们叫它博士。"

妈妈赶紧点头称是，并说："这些树都有自己的名字，你叫它们什么呀？"

茜茜想了一会儿说："有两块地板，一块来自智慧树，是一个善良的女孩子，人们叫她艾丽丝。小学生的作业她都会做，每次都能考一百分。她的哥哥，另一块地板，是用药树成的，叫凡卡。他能治很多人类治不了的病。"

妈妈听茜茜这么说,也插嘴替这两兄妹想象情节,说它们喜欢穿什么样的衣服,妹妹还扎着一对羊角辫。大家你一言,我一语的,好像生活中真有这样一对兄妹一样。

几天过去了,茜茜兴冲冲地从自己的屋里拿出一沓稿子,说童话写出来了,题目就是《神奇的地板》,并念给妈妈听。妈妈听了后,先是夸女儿写得好,肯定女儿的成绩,然后指出不足,提出了具体的修改意见。

女儿听了妈妈的意见之后,又改了很多遍,直到自己感到满意,才让妈妈打印出来,寄给了《中外童话故事》杂志,并很快在该刊发表。

孩子就是这样,他们具有丰富的想象力,只要父母多鼓励孩子发挥自己的想象,他们就能做出很大的创新。想象力在孩子学习的过程中也起到十分重要的作用。就拿孩子阅读图画书来说,图画故事书的阅读过程就是一个与图画故事书沟通、对话、交流的过程,是孩子充分利用自己的想象力学习的过程。通过想象,孩子可以把书中的画在心里转化成为生动的故事。丰富的想象力不仅可以帮助孩子生动地再现故事场景,体验故事中人物的心理,还丰富了孩子的审美体验。可以说,想象力是孩子创新的源泉,呵护孩子的想象力是父母培养孩子创新能力的有效方法。

《简爱》、《呼啸山庄》、《艾格尼丝·格雷》的作者勃朗特三姐妹文学才华出众,她们的作品内涵丰富,而这得益于父亲从小对她们想象力的培育。她们的父亲是才智卓越、文学修养深厚的人,受他的影响,孩子们也喜欢阅读。但是由于家境贫困,她们没有那么多的钱去买书籍。于是,他就带领孩子们编故事,而且他对于女儿们不经意间编织的故事给予了肯定。就这样,她们越来越喜欢运用幻想来编故事。

从1825年直到后来的5年多时间里,勃朗特一家的孩子们进行了一场持久的运用想象力的游戏。在他们丰富的想象中,安格里亚王国诞生了,为了让这个王国有声有色,她们又共同精心设计了王国的战争、政治、贵族社会以及他们的世仇和爱情。这些作为文学作品是不值一提的,但它却成了勃朗特家才女们练笔的园地,为她们三姐妹后来成为职业作家铺平了道路。

爱因斯坦曾经说过:"想象力比知识更加重要。因为知识是有限的,而想象力概括着世界上的一切,推动着进步,是知识进化的源泉。"培养孩子的想象力,对开掘其创造力,对孩子度过快乐的童年,具有十分重要的作用。同时,从小培养孩子的想象力将会使孩子受益终生,因为丰富的想象力能帮助孩子从书本、音乐以及其他所有的艺术和生活中获得更多的东西。

一般说来,想象的方式大致有如下几类:一是角色转换,二是时空变换,三是发散联想。而研究表明,在孩子们的梦境中,这三样是不可或缺的,这也是孩子想象力丰富的一个原因。

但即使如此,孩子的想象力仍需要后天的培养。培养孩子的想象力有多种方式,下面给父母们提供一些建议,供父母们参考。

(1)给孩子充分的自由

拥有足够的自由,孩子才不会被学习充塞他们全部的休息和娱乐时间,导致他们厌学。父母应该顺从儿童的天性,珍惜并热情保护他们的好奇心,重视激励他们的生活和学习兴趣。要做到这点,需要家长改变一元化教育观,要相信"人与人的差别,主要在于人与人所具有的不同智能组合"。家长要给予孩子充分的自由,鼓励孩子多元化地自我表现,及时抓住孩子的闪光点加以肯定,让他们的好奇心不仅不被扼杀,而且能转化成求知欲,进而再发展成学习兴趣。

(2)培养孩子独立思考的能力

父母要注重对孩子独立思考能力的培养,要学会逐渐放手,引导孩子试着靠自己的智慧去独立解决力所能及的事。陶行知说"发明千千万,关键是一问",希望孩子想象力丰富且有效能,就应培养他们好问的习惯。首先,应尊重他们的提问,对孩子的提问持认真倾听、认真回答的态度,不糊弄、不嘲笑、不指责。其次,要鼓励孩子自己去寻找问题的答案,别用父母的思考代替孩子的思考,更不应该把自己的答案强加给他们。要求孩子独立思考,并非父母可以甩手不管,而是应该花时间和精力,用可行的办法引导他们自己找到答案。这样一来既能促进亲子交流,又能让孩子学习思考。

(3)鼓励孩子参与实践

想象是人脑对已有表象进行加工改造而形成新形象的过程,想象力的特点是在记忆表象的基础上产生的。所以,让孩子独立思考的同时,提供他们亲历亲为的机会就显得弥足珍贵。家长应让他们勤看勤听勤动手,比如鼓励他们多看课外书、多接触大自然、拆装一些物品、搞点小实验等等。这些都可以增加表象的积累,有利于增添想象的乐趣。

家长多注意以上三方面,就会在培养孩子想象力的同时,让孩子收获自尊、自信,使孩子变得更加自主,感到求知是件快乐的事。

7.提高孩子的领导能力

很多家长可能会说:"我又不指望孩子长大去当官,培养领导能力有什么用呢?"家长这样理解领导素质是不全面的。具备领导素质不是为了当官,但不具备领导素质肯定当不了好官。具备领导素质是为了把事情做好,是为了做好有益的事情。

与成人相比,孩子之间的领导关系更注重强调的是孩子之间的一种有效的合作与交往。这种交往有利于增进孩子的群体交往能力。让孩子在尝试领导的过程中会逐步认识到自己在伙伴中的地位,从而会从心底产生适当调整自己以适应他人的愿望,并从中汲取一些领导与群体成员之间融洽相处的实际经验;在此过程中,他还会深刻地体验到与成人相处时没有的成就感,建立起自信。

每个孩子都具有领导者的潜能,而父母却常常忽略对这个潜能的开发。美国等西方国家的学校已经把学生领导力的培养引入正常教学实践中,中国的许多教育专家也越来越重视对这个问题的研究。他们发现在领导者的能力中,大多都是可以通过对孩子的培养获得,比如胸襟开阔、能与人合作、能支持别人等。

从小锻炼孩子的领导才能,让他们能够在群体中脱颖而出,使他们能够带领一班人完成更大的事业,对社会对个人都非常有帮助。任何一个家长都希望自己的孩子成为佼佼者,能够领导人们去实现自己的价值。

有些孩子看起来就像天生的服从者,他们经常说:"你看我适合做什么吧,你安排就行了。"这其实是一种消极的态度,在避免承担责任的同时,他们也失去了实现自己梦想的机会。

一群在山里野餐的小姑娘走错了路,在潮湿与饥饿中度过恐怖的一夜之后,她们无望地失声痛哭。

"人们永远也找不到我们"一个孩子绝望地哭泣着说,"我们会死在这儿。"然而,11岁的伊芙蕾·汤站了出来,"我不想死!"她坚定地说,"我爸爸说过,只要沿着小溪走,小溪会把你带到一条稍大点的小河,最终你一定会遇到一个小市镇,我就打算沿着小溪走,如果愿意,你们可以跟着我走。"

结果,她们在伊芙蕾·汤的带领下,胜利地穿出了森林,最后她们的欢呼声迎来了救护人。

人们也许会认为,像伊芙蕾·汤这样的人生来就是领袖的材料,而其他人命中注定是随从。可是领袖并不是天生的,而是后天造就的。如何培训孩子的领导才能,应从以下几方面着手。

(1)告诉孩子:你具有领导潜能

父母要告诉孩子,每个人都具有领导潜能,那些关于自己是否适合当一个领导者的忧虑是不必要的。目前的不成功,是因为缺乏丰富的知识和人生的历练。父母应该经常告诉孩子,不要怀疑自己,你同样具有领导潜能,只是这种潜能没有得到很好的引导和开发,没有形成真正的领导能力。父母应该经常给孩子这种积极的暗示,让他们从内心相信自己。

(2)鼓励孩子把握机会

领导潜能能否最终被激发出来,变成孩子的领导能力,重在锻炼,在于经验的积累。因此,父母应该鼓励孩子勇敢地把握当领导的机会,即使失败了,也积累了经验教训,这就是收获。许多次的锻炼之后,孩子的领导能力就会得到提高。

(3)鼓励孩子毛遂自荐

父母可以给孩子讲毛遂自荐的故事,告诉孩子,也许你平时默默无闻,也许你成绩一般,但当机会来临的时候,不是要老师或同学任命你当"领导",而是要自己勇敢地去争取。鼓励孩子站起来,向老师同学发布自己的"施政纲领",有了这种勇气,才具备当领导的素质。

(4)要孩子倾听他人意见

父母告诉孩子,领导者领导的是一个团队,他的一举一动都牵涉着团队的利益,因此,他必须学会倾听他人的意见。任何时候,一个自以为是、听不进劝告的领导者都是不合格的,也不能算是真正有领导能力的。

父母应该告诉孩子做这样的领导者:认真地倾听支持和反对自己的意见,听大家陈述自己的理由,善于收集大家的想法,尽量综合团队所有成员的意向和想法,最终做出最有代表性的结论。

(5) 告诉孩子把观念化为具体行动

父母应该告诉孩子,在组织活动时不要空喊口号,而是要把口号和活动的主旨化为一项项具体的行动,这样才能真正领导好团体,实现最终的目标。

(6) 告诉孩子领导者也是服务者

父母要告诉孩子,领导并不是居高临下的掌权者,也不是一个可以炫耀的身份。事实上,真正的领导者是一个团队的服务者,他懂得尊重团队的意愿,了解团队的需要和目标,并且为实现这个目标而领导团队的工作,服务于团队的利益。

父母应该抛弃那种领导者就是居高临下、高高在上的权威的象征的陈旧观念,而告诉孩子,要做一个真正的领导者,必须在心里把自己当成团队的服务者,为团队的利益做出贡献,这样才能真正赢得大家的信赖与支持。

8.培养孩子与人合作的能力

合作是以开朗、宽容、善解人意为基础,以能先人后己、富有一定牺牲精神和奉献精神为基础,能为他人着想的良好道德品质。学会合作,不只是一种认识、一种意识、一种情感、一种态度,更表现为一种行为和能力,是一个人的道德品质和心理素质的统一体。

培养孩子学会合作的美德,不仅有利于提高孩子的道德素质、心理素质以及与人共事的能力、适应社会发展的能力,也有利于提高孩子的社会化水平,有利于推动社会的发展和进步。

然而，当下很多孩子都是独生子女，成了全家人关注的中心人物，他们也自觉身价百倍，从而滋长了一些特殊化的思想、心态和性格，诸如破坏性大、脾气大、孤僻、不合群、与人合作能力差等。有些家长视孩子为不可多得的明珠珍宝，拿着怕丢了，顶着怕摔了。因此他们对孩子是百般顺从和迁就，结果使孩子只知道自己，很少想到家人、父母和伙伴们，逐渐养成了以我为中心的不良心理状态。这不仅会使孩子脱离周围的小伙伴和欢乐愉快的生活，而且也影响孩子的进取心，损害他们的身心健康。

13岁的岳磊以优异的成绩升入重点中学的初中部，开始了寄宿生活。可是开学不到一个月，他便向妈妈提出转学的想法。妈妈再三追问，可是他一脸不耐烦的表情，闭口不答。

于是，细心的妈妈悄悄地去学校做了一场"调研"。老师和妈妈反映，岳磊的学习成绩很好，但是凡事都太争强好胜，太以自我为中心。一次，岳磊和同学一起参加演讲比赛，获得了团体第二名，可是奖状只有一张，两人互相争夺。最后，岳磊一怒之下竟然把奖状撕了，说谁也别想要。平时，他和宿舍其他5个人相处也有很多小矛盾。久而久之，他不受同学欢迎，变成了"独行侠"。

了解儿子的这些情况后，妈妈开展了一连串的行动，让他认识到合作的重要性。

周末，一家三口参加拓展训练营，完成一些只有靠大家共同努力才能完成的任务，活动也都很有意思，岳磊玩得很兴奋。当教练讲评每一次活动胜利的根源都在于彼此信任、支持、互助时，有了切身体验的岳磊频频点头。在回家的路上，爸爸还趁热打铁地聊起了篮球，说一个再棒的球员，如果没有人传球给他，也不能取胜。如果每个人都想当英雄，没有团队意识，那就绝没有球队的胜利……岳磊听了，也若有所思地点了点头。

回到家，妈妈婉转地告诉他："刚开始住宿生活，一定有很多不适应的地方，但大家只要互相友爱、谦让，多替别人想想，就一定能和谐相处。下周你生日，请同学们来家里做客，怎么样？"岳磊小声问："他们会来吗？"妈妈笑着说："只要你有诚意，大家一定不会拒绝的。"岳磊的生日聚会开得很顺利。那天，他还以可乐代酒，发表了致词："希望这次聚会以后，我能和大家成为好朋友，以后如果有做得不对的地方还请大家当面指正。"

社会是一个竞争与合作并存的社会，学会交往、学会合作是时代赋予人才的基本要求。只有能与人合作的人，才能获得生存空间；只有善于合作的人，才能赢得发展。

英国作家塞缪尔·巴特勒说过："不管一个人的力量大小，他要是跟大家合作，总比一个人单干能发挥更大的作用。"

交往合作是现代人必备的性格特点，对孩子加强合作性的训练，是形成一个健康向上的集体的必要条件，也为孩子良好人格形成打下了坚持的基础。

俗话说，一个巴掌拍不响，众人拾柴火焰高。一个人的才华再出众，能力再过人，他所能做的事情也是有限的。但是三个臭皮匠真诚地合作，就能顶上一个诸葛亮的智慧。

父母为了让孩子更好地适应社会，充分施展自己的才华，应该重视对他合作精神的培养。要告诉孩子，一个人的能力是有限的，很多工作是无法独自完成的，因而合作是非常必要且关乎生存的。

合作是现代人的一项基本素质与品格。如果一个人不能与人真诚合作，他就难以取得成功。当今社会，竞争与机遇同在，只有懂得合作的人才能花最少的力气做最多的事情，把握住成功的机遇。因此，父母在培养了孩子各项技能和应有的品德后，也应该灌输他们合作的意识。

(1)让孩子懂得合作的意义

合作的重要性不言而喻，生活中处处可见合作。在生物界，众多蚂蚁一起搬家形成的巨大力量让人震撼；摩天高楼平地而起，也不是一个人、

一个团体能完成的,必须经过多个团体的很多人合作才能实现。还有国家经济、政治、文化等交往,这些现象背后,都隐含着合作的重要意义,合作可以产生强大的力量。

父母可以让孩子多观察一些合作的现象,例如,小蚂蚁搬家的时候,可以带着孩子一起在旁边看,让他体会到集体产生的巨大力量。平时父母也可以跟孩子一起观看球类等需要合作的体育比赛,让他们不仅看到进球队员的成就,更看到进球者身后为他创造成功条件的队员,明白合作的重要性。

(2)教孩子学会悦纳他人

三人行,则必有我师。父母要常给孩子灌输这种思想:任何一个人都有自己的长处,都有值得学习的地方。这样可以使孩子学会快乐地与人接触,善于发现他人的优点。这是与人合作的基础。

父母应该提醒孩子,多注意同学和朋友的优点。当孩子取笑别人或者老说别人的缺点时,父母就应该告诉他们,每个人都有自己的闪光点,能发现他人优点的人才真正厉害。只有注意到他人的优点后,才能学会愉快地接受他人,从而为合作打下基础。

(3)教给孩子与人协商的技能

人的合作意识不是天生就有的,而是在合作的过程中逐渐萌发并得到强化的,而合作技能的高低直接影响合作的进展和结果。孩子与同伴之间有矛盾发生是因为缺乏一定的合作技能。比如两个孩子都在玩过家家,而小锅子只有一个,谁都想要,就很容易发生纠纷。此时,如果父母能进行及时引导,教孩子掌握一些协商的技能,比如两个人可以轮流玩,或者分配角色,一个烧饭另一个出去买菜等,孩子就会从中体验到合作成功的快乐和满足,从而激发孩子进一步合作的兴趣和动机。怎样运用适当的语言与人沟通,怎样进行条件交换,怎样对别人表达愿望和好感,怎样推荐自己,怎样拒绝别人不合理的要求等,这些技能都需要父母在日常生活中结合情境教给孩子。

9.教孩子学会自我管理

现在家庭中,大多数孩子都是独生子女,随着生活条件的提高,再加上父母对孩子的溺爱、照顾,在这种环境下长大的孩子没有自我管理能力,很难适应社会发展的要求。

自我管理能力,是孩子从依赖走向独立的前提和基础,是他们学会生活的必备能力。它会帮助孩子逐渐摆脱对父母的依赖,成为真正独立的人。

如果父母从小培养孩子自己的事情自己做、自己的东西自己管、自己的生活自己安排的自我管理习惯,就能增强孩子行动的独立性、目的性和计划性,这对于孩子今后生活的幸福和成功无疑是有着巨大的帮助。

王辉小时候,妈妈总是会为他做好很多事情。他想自己试着穿衣服,妈妈不同意;他想自己吃饭,妈妈硬要喂他。王辉觉得自己可以做好生活中的这些小事,他将自己的想法告诉了妈妈,妈妈欣喜于孩子的想法,于是让孩子自己管理自己的生活。

他第一次穿衣服时,竟然将扣子系错了,妈妈看到很想笑,但是她觉得这是孩子的第一次,于是好好地表扬了他一番,见到熟人就跟别人夸奖一下:王辉会自己穿衣服了。王辉听到夸奖以后,自己的事情自己做的热情更高了。

明年他就要上学了,妈妈对他一点也不担心,她相信孩子自己会好好照顾自己的。

孩子能否管理好自己的生活,是自我管理能力中最重要的。如果孩子连自己的生活都无法管理,那么,就很难相信他会在其他方面更好地管理自己。

孩子的自我管理能力,有个从被动到主动,从低级到高级,从不自觉到自觉的发展过程。随着年龄的增长和年级的增高,自我意识水平也不断增强,孩子的自我管理能力及自我管理水平也随之提高。

那么,作为家长,怎样培养孩子自我管理的好习惯呢?

(1)不做"拐杖",让孩子管理自己的生活

当孩子逐渐长大后,自我管理的意识便随之增强,但可能由于经历尚少、经验也不是很丰富,孩子会感到困难,不知从何下手。这时就需要父母来指导孩子,教育孩子学会自我管理。

事情往往如此,父母替孩子想得太多,孩子就会想的太少,从而在父母无微不至的照顾中去享受;父母事事"不管",则能调动孩子的思维和四肢自己去管。孩子若能这样管下去,管好自己就是容易的事。从这个意义上说,父母对孩子少管甚至不管才是最好的管。

(2)大胆放手,让孩子管理自己的学习

孩子上学以后,父母要教给孩子有关学校生活的常识,要求孩子爱护和整理书包、课本、画册、文具,学会使用剪刀、铅笔刀、橡皮和其他工具,并能按老师的要求制作简单的教具等。许多父母都会抱怨:孩子不会整理书包,书包里乱得像"纸篓",只好每天帮他整理。

事实上,孩子形成这种毛病的主要原因就是父母包办一切,未能培养起孩子自我管理的能力。所以,在上学前的这段时间里,父母要让孩子自己整理图书、玩具,收拾书包和生活用品,以培养孩子自我管理的能力。

当孩子进入小学后,父母还要注意不要替孩子做作业或者检查作业,孩子应该自己去做这些事情。一旦父母帮助孩子做了,孩子不但自己不检查作业,反而觉得这是父母的事情,对学习的兴趣也会降低。

(3) 充分信任,让孩子管理自己的行为

孩子能不能控制自己的行为是非常重要的。一个孩子如果没有自我控制能力,就会盲目行事,很难干好与自己的发展密切相关的事情。

让孩子学会控制自己的行为,父母要帮助孩子建立"可"、"否"的观念,让孩子明确什么是可以做的、什么是不可以做的,事先在脑海中有一个判断是非好坏的标准,按照这个标准,孩子才能认识到自己的行为是否正确,才能学会控制自我。

10.注重孩子创造能力的培养

培养创造型人才要从娃娃抓起,这已是社会的共识。孩子能创造吗?教育家刘佛年先生指出:"什么叫创造,我想只要有点新意思、新思想、新观念、新设计、新意图、新做法就可以称得上创造……创造可以从低级到高级,知识少、能力不强的幼儿、少年也可以创造,当然,那是低级的……没有低级的创造习惯,也就不可能发展高级的创造。"

创造能力是人类最宝贵的能力,它推动着历史的前进,使人类更加文明和昌盛。纵观各个领域,都需要有创造能力的人去解决问题,去开辟新的天地,去创造新的东西、新的理论。世界因为创造能力的存在更精彩,个人因为创造的能力的存在更受人青睐。有着创造能力参与的任何东西都具有更高的社会价值和社会意义。

因为有创造的存在,人类才有美好的过去,同样因为有创造的存在,人类才可能有更加美好的未来。创造从宏观上来说,起着推动人类历史前进的作用,从微观上来讲,也是个人今后是否获得成功所不可缺少的基础。因此,父母应该从小注重孩子创造能力的培养。

然然与坤坤是同学,他们的父母又是好朋友,双方的父母经常带着两个孩子一起去玩,然然与坤坤的关系因此更进了一步。

有一次,然然与坤坤还有他们各自的父母一起出去玩。在然然与坤坤玩一个小游戏的时候,然然通过自己的思考,很快到达了终点,而坤坤按照平时一贯的做法,比然然迟到十来分钟。在旁边看着他们的然然的父母乐得眉开眼笑,而坤坤的父母却为儿子的落后脸上有些挂不住。坤坤的父母待儿子做完游戏走到他们身边时,冷着脸问儿子道:"你怎么不动动脑子啊,你看人家然然,很快就完成了,而你呢?像个蜗牛一样!"

坤坤本来看着然然比自己先到心里就有些惭愧,其实当时他也想到了一个办法,可以快速到达终点,只是他没有那样去做罢了。听到父母批评自己的言语,坤坤委屈地哭了起来,以后再也不愿意随爸妈一起出去玩与然然一起做游戏了。

孩子需要的是父母的鼓励,不是一味的批评。创造能力的获得,是需要父母在孩子还很小的时候就进行有意识地培养,在孩子遇到挫折时进行鼓励,通过各种途径和方式最终才能获得的。

如果自己的孩子不如别的孩子,父母应该做的不是批评,而是应该鼓励孩子不要放弃,相信自己的孩子一定能行,同时补救孩子以前的不足,这样孩子有了自信,敢于尝试,才会拥有创造能力,才会发挥出创造能力,才会走出别人没有走过的路。

一个人的创造能力,与天赋有关,但天才只有极少数,大多数人都只是普通人。普通人的创造能力的培养,需要从小时候进行培养,父母应从以下几方面做起。

(1)要充分相信孩子,不要总以家长为中心

对待困难和问题,要采取启发、引导的方法,指导孩子开动脑筋,寻

找解决问题的可能性答案,帮助孩子独立思考和探索,养成对问题、知识的好奇心与求知欲,以及对问题主动思考的质疑态度和批判精神。

(2)创建良好的氛围培养孩子的创新精神

心理学家认为,有利于创造性的一般条件是心理的安全和心理自由。当一个人的心理得到安全时,他就表现和发展他的发散思维,充分表现自己的思想。创造性活动从本质上讲必定是异样的,从而必定是异常行为。因此,家长应鼓励那些用不平常方式理解事物的孩子,教育孩子勇于标新立异,勇于提出与众不同的观点和看法,在家庭中形成浓郁的崇尚创新、尊重创新人才的氛围,使孩子知道,在未来社会发展中,不具备创新能力,就难以适应社会的需要。

(3)尊重孩子的个性发展

人才之所以称为人才,必然不等同于他人。我们传统的管制、说教、不能越雷池一步的教育方法,不但不能培养孩子的创造性,相反,很大程度上把孩子的创造性束缚起来,使孩子个性差别逐渐缩小,棱角磨平了,特点消失了,迫使孩子成了"小绵羊"。现代人才的培养,要求我们要为具有不同禀赋和不同潜能的孩子创造一个发展的空间,提供一个开发潜能的机会。要求我们认可孩子在智力、情感、兴趣、性格、气质、生理等方面存在的不平衡性,反对强求一律,鼓励超前发展,多一把尺子,会多出一项才能。

(4)培养孩子的创新思维

培养孩子的创新思维,主要是发散思维和逆向思维。让孩子自己在生活、学习中去思考、实践、感悟、内化,形成固有思维。鼓励充分发挥想像力,去异想天开,鼓励反方向思考问题。

创新意识、创新精神、创新能力不是天生的,它虽然和人的天赋有一定联系,但根本上是后天培养和教育的结果。

第九章

不苛求,让孩子拥有独立自主的发展空间

1.试着让孩子自己做决定

父母应该注意让孩子从小就养成自己拿主意的习惯,不必为孩子大包大揽,孩子就有自由发挥的空间。让孩子从小就学会由自己来决定自己的事,对孩子的成长具有重要的作用。

美国前总统富兰克林·罗斯福幼年时长着碧蓝的大眼睛,鼻梁挺拔端正,一头金色的卷发,显得英俊、神气,很招人喜爱。妈妈很喜欢富兰克林这头漂亮的卷发,并喜欢用各种服装来打扮年幼的富兰克林。但是,妈妈为他选择的衣服,富兰克林却并不喜欢。

有一次，妈妈想给富兰克林穿绉边的套装，富兰克林大胆地说出了自己的不满。

还有一次，妈妈想说服富兰克林穿苏格兰短裙，富兰克林又拒绝了妈妈的好意。最后，富兰克林和妈妈一致同意穿水手服。

关于这段故事，萨拉在她的《我的儿子富兰克林》一书中这样写道："我们做妈妈的对于衣饰的品味虽然高雅，可是我们执拗的儿女却并不喜爱。"可敬的是，富兰克林的妈妈并没有强迫孩子听从自己的意见，而是非常尊重孩子的意见。

萨拉是这样解释的："我们从来不曾试图对他施加影响，来反对他的喜好，或者按我们的模式规定他的人生道路。"

从这件事上可以看到。只要父母肯放手让孩子自己去做、自己作决定，孩子就会让父母惊喜于他的成长。所以要想要孩子具有自主性，家长应该适当放手，让孩子自己去做事情，信任他，尊重他，不要横加干涉，孩子会在家长的信任中成长起来。

在英美等西方国家，曾盛行开放式的教学理论，主张以培养学生的自立精神和独创性为办学宗旨，学生可以根据自己的兴趣和爱好自由选择听课内容，凭自己的意愿学习。这是尊重个人意志的一种体现，尽管他们还是孩子，但也有着自己独立的人格，自己的事应由自己来决定。用这种方法培养孩子的自主精神是十分可取的。

牧心到美国两年了，由于美国的课程都相对简单，因此他在学习小学课程的时候，总是游刃有余。

在小学三年级的时候，他的学习成绩十分出色，各个方面也都高人一等。

在学期快要结束的时候，老师海伦小姐问他："牧心，去问问你的父母，你是不是明年要跳一级？如果你想要跳级的话，就要参加一个跳级考试。"

牧心带着这个问题回到家里。

他们三个人坐在一起讨论跳级的好处和坏处。

经过讨论,牧心的父母提出了自己的参考意见,认为跳级的好处是加快了进度,使牧心觉得学习更有挑战性,而且不会因进度过慢弄得乏味而失去兴趣。

不好的方面是跳级后,面临的同学都是比他年龄大的,可能在交往上会有一些问题。

最后,牧心的父母说,牧心,爸爸妈妈的话只是给你的一个参考,最终的决定还要靠你自己。

当然这次谈话最重要的目的是让牧心知道父母对他的学习状况非常满意,这一点并不需要用考试成绩或者跳级来证明。

无论他的考试成功与否,父母都会认为牧心是一个好学生并为他感到骄傲。

这一点使牧心放下了心理负担,轻轻松松地参加了跳级考试。考试的结果证明,他达到了跳级的要求,于是牧心很愉快地升到另外一个班级学习了。

在孩子的心中,有时似乎也意识到自己应该做一些事情,但同时又有一种错误的观念:必须有父母的督促或帮助才能完成。比如自己应当早些睡觉,但他们却认为,督促睡觉是父母的事,他们应当保证孩子的睡眠时间。这种想法颇有些"反客为主"的意味,按时睡觉似乎成了父母的事情,而非孩子的事情了。父母如果利用作息制度和铃声来控制孩子,执行与否要看自己,那么保证睡眠也就真正成为自己的责任。至于清晨按时到校,那就更是自己应当做到的了。

让孩子自己拿主意,可以让孩子在很多方面受益。首先,可以培养孩子做事的积极性;其次,父母认真听取孩子的意见和想法,不是把自己的

意愿强加于孩子,这样孩子就能明确感受到父母的支持和信任,从而增强对父母的感情。最后,父母的这种态度也有利于培养孩子善于听取别人的意见。

诚然,对于像决定孩子的前途或是影响重大的事,让尚未成熟的孩子决断是不可行的。但父母应有意识地创造一些让孩子参与决定重大事务的机会,尤其是与孩子息息相关的事,父母应征求孩子的意见,让孩子开动脑筋参与决策。比如,家中要买新电视机,父母就可让孩子参与选择买什么牌子、什么型号的。孩子被委以重任后,肯定会兴致勃勃地去了解各品牌、各型号电视机的价格、性能。这有利于孩子增长知识,也利于孩子对自己选择的东西倍加爱惜。

2.不做复读机,培养孩子的主见

每个人都有不同程度的依赖心理,只有学会独立解决问题,才能走向成熟,孩子只有具备了这种能力才能成为生命的主宰者。

传统观念认为"孩子是需要保护的,更是娇嫩的花朵"。因此,很多家长都不愿意让自己的"花朵"受一点苦,经受任何牵绊或者磨难,为此,家长总是替孩子做决定,帮助孩子解决各种困难和问题。殊不知,正是这种"爱"吞噬了孩子的独立、自信、潜力等,从而使孩子成为别人思想的跟随者,遇到问题只会求助于人,丝毫没有自己的主见。

她是英国第一位女首相,也是任职时间最长的一位女首相,更是一位高瞻远瞩的政治家和外交家。在她任职期间,政绩卓著,领导才能不仅

征服了英国人民,而且征服了世界,她就是人称"铁娘子"的玛格丽特·撒切尔。

玛格丽特之所以能够成功,得益于父亲罗伯茨从小对她的教育。父亲是一个鞋匠的儿子,通过自己的努力,开设了一家小杂货店以维持生计。

罗伯茨的爱好很广泛,尤其热衷于政治,受父亲的影响,玛格丽特从小就博览群书,对政治、历史、人物等书籍更是钟爱,所以,从小就对政治有了深刻的了解。

在玛格丽特5岁生日那天,父亲语重心长地对她说:"宝贝,现在你要记住——凡事要有主见,用自己的想法和大脑来判断事物的是非,千万不要做毫无主见的跟随者,那种人云亦云的思维将会害了你!"

这就是父亲赠给玛格丽特的箴言,也是他送给女儿最珍贵的生日礼物。

为了把女儿培养成坚强、独立的孩子,父亲决定塑造女儿"严谨、准确、注重细节、对对与错严格区分"的独立人格。

在父亲这位"人生导师"的指引下,玛格丽特坚实、独立地成长着。

罗伯茨家的生活条件很艰苦,没有洗澡间、没有热水,甚至没有室内厕所,家中更没有像样、值钱的东西。

有一阵子玛格丽特迷上了电影和戏剧,几乎每周都去一趟电影院或是戏院,每次都是尽兴而归。

有一天,她的零用钱不足以支付日常基本开销,于是,她胆怯地向父亲"借钱",却遭到了父亲的断然拒绝。父亲并不是不爱她,而是有意识地为她营造一种独立、自强、拼搏向上的生活氛围。父亲要让她知道,只有经济上独立,才能不受制于人。于是,父亲要求她到店里站柜台,在家中做家务,为她安排力所能及的事情,他不许女儿说"我干不了"或是"这太难了"之类的话,罗伯茨就以这种方法培养玛格丽特的独立能力。

玛格丽特到了入学的年龄,随着年龄的增长,她才惊讶地发现同学

们都拥有比自己更自由、幸福的生活，原来在劳动、学习、礼拜之外还有如此广阔的天空。

她的同学可以和朋友一起骑自行车外出或是游戏。想想这一切，玛格丽特都觉得很诱人。

有一天，回到家的玛格丽特终于鼓起勇气对父亲说出了自己的想法："爸爸，我也想和小朋友们出去玩！"此时，威严的父亲说："你必须有自己的主见！不能因为你的朋友要做某件事情你就尾随其后，凡事你都应该自己做决定。"

见玛格丽特不说话，父亲的语气缓和下来，继续劝导她："孩子，不是爸爸要限制你的自由，而是你应该有自己的判断力，有自己的想法。现在是你学习的大好时光，如果你沉迷于游乐，那样的人生注定会一事无成，我相信你有自己的判断力，那好，现在你就自己定吧！"

听完父亲的话，幼小的玛格丽特依旧没有出声，父亲的话深深地刻入了她的脑海中，她想："是啊，我就是我自己，为什么要学别人呢？我还有很多事情需要去做，刚刚买回来的书还没有读完呢！"

罗伯茨经常这样教育女儿："做事要有主见和理想，独立行事，彰显与众不同的个性，而不是让光芒隐藏在芸芸众生之中，千万不要盲目迎合他人。"在这种家庭教育的培养下，铸就了玛格丽特高度的自信和独立不羁的个性。

玛格丽特所在的学校经常会请人来校做演讲，每次演讲结束后，总会给学生们留下自由提问的时间。此时，玛格丽特总是第一个站起来，大胆地提出自己的疑问，而其他同学都怯怯地不敢开口。

回家之后，玛格丽特会向父亲汇报一天的学习情况，父亲总是鼓励她说："孩子，爸爸为你拥有这样的自信感到骄傲，我相信你一定会成为出色的辩论家！"

有了父亲的鼓励和支持，玛格丽特对自己的口才充满了自信。上中学时，玛格丽特已经是学校辩论俱乐部的成员。

每一次上台演讲,她从来都不怯场,但是玛格丽特当时的演讲技巧并不高明,用同学的话说叫"不能振奋人心",然而,玛格丽特对此却毫不顾忌。一有演讲的机会,她就滔滔不绝地发言。

有一次,因为大家对玛格丽特的演讲内容都不感兴趣,而且她又讲了很长时间,尽管当时台下不时地传来欷歔声,但是,这丝毫没有影响她的兴致。

甚至到最后,讽刺、嘲笑随之而起,但这对一向自信、好强的玛格丽特来讲,根本就构不成威胁,她依然镇定自若地演讲着,即使台下所有人都走光了,她仍旧完整地讲完了。

很多同学对她的性格表示不理解,对周边人的议论,她毫不在意,一直保持着独立自信、我行我素的个性。

1974年,玛格丽特·撒切尔成为英国历史上第一位女首相,在处理重大国际、国内问题时,她清晰的思路、鲜明的观点、强硬的态度以及做事果断的风格征服了所有人,最终成为一位声名显赫的政治人物。

主见,也就是在遇到问题时,能够独立去面对和解决的决断力。在生活和学习上喜欢依赖别人,这对孩子将来走入竞争激烈的社会是很不利的。父母在孩子还小的时候就要培养他有自己的思想和见解,让他做一个果断、自信的人。

一个有主见的孩子必定也是一个自信的孩子,因为在面对事情的时候,他能够更好地把握自己。另外也要有责任心和勇气,因为做出了决定,就要有勇气去承担这个决定的后果,让孩子有主见,就是给了他一个独立的大脑、勇敢的精神。

(1)培养孩子勤于思考的习惯

没有主见的人一般都思想懒惰,面对问题不能积极思考。培养孩子勤于思考的习惯,是孩子有主见的力量源泉。只有善于思考的人,面对问题才会积极主动想办法,主见就是源于自己对所想办法的自信。

一个思想懒惰，遇事只知道问别人，从来不知道自己想办法去解决问题的孩子，永远都不可能独立起来，更别说主见了。所以，父母应该培养孩子善于思考的习惯。

(2)父母要给孩子信任

父母的信任，是鼓励孩子独自做事的强大的支持力。当孩子感觉到父母对自己的信任时，在做事情的过程中就会更加积极，遇到困难也不会轻易放弃。一想到父母的信任，就会努力地坚持去克服和解决。

父母给孩子自己做事情的信任，是对孩子能力的一种认可，是对他的一种无声的鼓励。孩子感觉到这种信任，也就感觉到了父母对自己决断能力的认可，这种激励也会让孩子敢于承担自己应该承担的责任和义务，能够去下决定，并对自己的决定去积极负责。

(3)让孩子自己的事情自己做

自己的事情自己做，是培养孩子主见的很好的办法。从小让孩子学会自理，其实也就是在锻炼他们能够更好地处理和应付自己的事情，自己思考和下决定。如果父母不能放手，让孩子学会自己的事情自己做，只会使他们丧失主见，依附于父母。

(4)给孩子一些自主的权利

父母不能因为孩子小，就不给他们自己做主的机会，事事都要自己给他们拿主意、做决定。这样只能让孩子失去自己的主见。父母从小就应该在孩子的吃穿玩上给他们自己做主的机会，不要去强迫他们按家长的意思来做。

(5)教会孩子说"不"

说"不"是面对别人不合理的要求，或自己不愿意的事说出自己的想法，这是自己做主的体现。

家长要有意识地培养孩子敢于对父母说"不"，这就是培养孩子主见的开始。有的时候父母还可以故意地做错一些事情，让孩子来指出父母的错误，然后再对孩子的指正给予赞扬。

这样能够让孩子明白,自己的思考也是很重要的,权威不一定就是永远正确的,要能够自我评判。

3.不要扼杀孩子的个性发展

父母不应该给孩子制定计划,要求孩子刻板地按照计划来安排自己的生活。长时间做单调、整齐划一的活动,没有一点自主权利,这样就会限制孩子的个性爱好,束缚孩子的手脚,对孩子成长发展是不利的。

如果我们放眼世界,看看欧美的教育侧影,也许会对我们有所启示。

(1)让孩子在独立中成长

美国幼儿教育专家维娜·希尔布兰德说:"家长和教师要牢记这一点:让幼儿在独立中成长。必须通过让幼儿自己做事、自己决定活动内容、自己选择玩具等,使幼儿感到自己是独立的个体,变得更加自信,更加努力。"

(2)以游戏为主

欧美幼儿园很少对孩子进行系统的、有目的的文化知识教育,主张"教育与游戏"相结合。挪威一所幼儿园一周的课程表上,安排的课程是:画画、到树林去、练习做饭、唱歌、跳舞、开音乐会、游泳、去图书馆,教课内容是:看大自然中的树木花草、动物、四季变化、讲故事、做不太剧烈的运动。

欧美国家的小学大多是四年制或六年制。学校除教一般读、写、算以外,还经常带幼童到森林、湖畔、博物馆、天文馆、宇宙航天馆等地方参观游览,边看边由老师讲解社会与自然科学知识。欧美小学一二年级设有家庭作业,三四年级的作业一般不超过1小时,五六年级的作业不超过2小时。小学生回到家中,书包一放就跑出去玩,对他们来说,学与玩很难区别。教育专家指出,玩耍是儿童天经地义的正事,爱玩游戏是儿童的天性。父母在家庭教育中,寓教于乐才更符合儿童的天性。

(3)创造自由的游戏环境

为了培养孩子的独立性,美国学校活动室的布置总是有利于儿童独立精神的培养,尽量让孩子独立地按照自己的意愿来选择活动。活动室中设有娃娃家区域、美术区域、积木区域、图书区域、科学区域、音乐区域,儿童可以按照自己的意愿,独立选择自己最喜爱的区域去活动,可以到图书区域去阅览书籍,到科学区域去探索,到音乐区域去演奏。

(4)不过多用"计划"限制孩子

为了培养孩子从小独立思考和自理、自立的能力,美国幼儿教育不把孩子限制得过死,不轻易责罚孩子。有这样一幕:

几个孩子在房间里玩,房门敞开着,他们要到外面去,却不从门里出来,而是在门口搭了一个架子,一个个爬过去,爬过去的孩子非常高兴,好像自己完成了一件很了不起的任务,似乎自己有多么能耐。在一旁的妈妈却不干预,似乎没看见。两个孩子扭打成一团,没有孩子去告状,妈妈也不理睬,一会儿,就有孩子主动去解劝,纠纷很快解决。

这种让孩子自发活动、自由游戏的教育,看来似乎是撒手不管,其实并不是。这种教育的目的是为了让孩子在自由中增强独立能力,掌握生活知识,培养个性和爱好。

4.不要过度指挥孩子

优优刚上小学一年级,妈妈就给他准备好了他自己的房间,说是给孩子一个独立的空间。可是,优优从学校刚回到家中,妈妈就开始管束优优,不能看动画片,不能玩玩具,要先把作业做好,然后再做妈妈给他买的课外练习题。

优优虽然不满意,可还是坐在自己的小桌子前,磨磨蹭蹭地开始写作业。妈妈不放心,过10分钟就进来检查优优做作业的进度。优优虽然很反感妈妈的做法,但也只是敢怒不敢言。

在孩子很小时,有的父母就会为孩子准备他们自己的房间,而且在孩子的房间里,有着最豪华的设备,让孩子在这里安心地玩乐,安心地做作业。可是父母是否会想到,孩子需要的不仅仅是形式上独立的房间,更要有属于自己的、自由的遐想空间。

和成年人一样,孩子们需要有自己可以支配的时间,有自己能自由玩耍的空间。如果时间上全由父母安排,空间也由父母支配,孩子的事情全由大人包办,孩子只是去执行,那么孩子的自主性就永远不会培养出来。

父母应该认识到,孩子是一个自由的人,他们有自己的思想、兴趣和爱、要想孩子更出色,父母就要这样做好。现在的父母把眼光和爱都聚集在孩子身上,对孩子监护过度,以致孩子完全没有个人空间,一举一动都在长辈们的关注与监护之下。父母按照自己的意志,想把孩子培养成自己心中设想的样子。这样一来,父母的爱就成为一种巨大的压力,使孩子

无所适从，失去自我。

孩子不是物品，不是可以随意摆放的东西。孩子是有思想的个体，是需要在宽松环境里健康成长的人。作为父母，你了解孩子的需求吗？你知道该怎样陪伴孩子快乐地成长吗？包办一切的爱会使孩子失去自我，失去独立思考的机会，失去锻炼的机会。最终使孩子无法制订和实现自己的人生目标，对生活感到迷惘。在这样的环境下成长的孩子非常痛苦，相信这也不是父母希望看到的。

如果父母不给孩子自由成长的机会，什么都替孩子想到了、做到了，孩子缺少独立精神和责任感，最终就会变成一个缺乏独立精神和怯懦无能的人。因此，每位父母都应该从以下几个方面改变自己的言谈举止：

(1) 放下权威架子，尊重孩子的人格

父母应放下权威的架子，把自己放在和孩子平等的位置上，真正做到尊重孩子，不把自己的想法强加给孩子，只是提出想法和建议，让孩子自己选择。很多父母之所以不让孩子自主选择，是因为担心他不能正确作出选择。但是，孩子正是在错误中成长的，父母应该给予孩子充分的信任。当父母的想法跟孩子有冲突的时候，不妨换位思考一下：如果有人不尊重我而只是要我听话，我会是什么感受呢？这样就会更多地理解孩子的行为和想法了。

(2) 不要对孩子过度关照

父母对孩子事无巨细地包办代替、照顾过头，对孩子来说绝不是什么好事。孩子一旦习惯了"饭来张口，衣来伸手"的生活，他们有大脑而不需要用，有手脚而不需要动，不参加任何实践活动，只是被动地接受。他们不会做家务，生活不能自理，一旦离开父母就会寸步难行，不知所措。父母适当的关心和照顾有利于孩子的健康成长，一旦照顾过了头，就会带来种种问题。

(3) 以宽容眼光看待孩子的成长

孩子是稚嫩的，不成熟的，容易犯错误的。回顾他们成长的过程，正

是一连串的犯错误和改正错误的过程。爱因斯坦曾说:"谅解也是教育。"对孩子的过错能宽容理解是优秀父母必须具备的品质。宽容使父母走进孩子的内心,变成可亲可敬、可以推心置腹的朋友,从而顺利帮助孩子健康成长。宽容也使孩子变得自立自信,勇敢坚强。

5.尊重孩子的兴趣和爱好

著名作家张洁也说过,任何一种兴趣都包含着天性中有倾向性的呼声,也许还包含着一种处在原始状态中的天才的闪光。兴趣是孩子最好的老师,有了兴趣就成功了一半,因此发现和培养孩子的兴趣对家长来说就成了至关重要的事情。

孩子虽小,但他们也有着鲜活的思想和情感,有自己的可塑性和广泛性的兴趣,但孩子的兴趣也表现出一定的不稳定性。孩子们的兴趣和我们成人的兴趣完全是两回事,两者之间完全是独立的。即使孩子的兴趣显得简单、幼稚,我们也不能因此而无视它的存在。成人需要做的是,主动积极地接受孩子的兴趣,尊重孩子自己的兴趣,而不是把我们的兴趣强加在孩子身上。此外,家长还可以积极地创造一定的条件和空间,鼓励孩子发展自己的兴趣。实际上,尊重孩子的兴趣就是让孩子拥有快乐,就是我们给孩子的最好礼物。

我国南北朝时代南朝的科学家祖冲之小时经常受到父亲的责骂。

祖冲之的父亲祖朔之是一位小官员,他望子成龙心切,总是希望祖冲之出人头地。祖冲之不到9岁,父亲就逼迫祖冲之去背诵深奥难懂的

《论语》。两个月过去了,祖冲之只能背诵十多行,父亲气得把书摔在地上,怒气冲冲地骂道:"你真是一个大笨蛋啊!"

几天后,父亲又把祖冲之叫来,对他说:"你要用心读经书,将来就可以做大官;不然,就没有出息。现在,我再教你,你再不努力,就决不饶你。"

但是,祖冲之却非常不喜欢读经书。他对父亲说:"这经书我是说什么也不读了。"

父亲听了祖冲之的话,气得伸手打了他两巴掌。祖冲之就大哭起来。

这时,祖冲之的祖父来了,当他得知事情的真相后,对祖冲之的父亲说:"如果祖家真是出了笨蛋,你狠狠打他一顿,就会变聪明吗?孩子是打不聪明的,只会越打越笨。"接着,祖父批评祖冲之的父亲:"经常打孩子,不仅不能起到任何好的作用,而且还会使孩子变得粗野无礼。"

祖朔之无奈地说:"我也是为他好啊!他不读经书,这样下去,有什么出息?"

"经书读得多就有出息,读得少就没有出息?我看不一定吧。有人满肚子经书,只会之乎者也,却什么事也不会做!"祖冲之的祖父批评说。

"他不读经书怎么办?"

"不能硬赶鸭子上架。他读经书笨,说不定干别的事灵巧呢。做大人的,要细心观察孩子的兴趣,加以诱导。"

听了父亲的话,祖朔之同意不再把祖冲之关在书房里念书,还让祖冲之跟着祖父到建筑工地上去开开眼界,长长见识。

祖冲之不用再读经书了,他感到非常高兴。

有一次,祖冲之问祖父:"为什么每月十五的月亮一定会圆呢?"祖父说:"月亮运行有它自己的规律,所以有缺有圆!"

看到孙子对天文感兴趣,祖父对祖冲之说:"孩子,看来你对经书不感兴趣,对天文却是用心钻研,正好,咱们家里的天文历法书多得很,我找几本你先看一看,不懂的地方就问我。"

就这样,祖冲之的天文兴趣被祖父发现了,父亲祖朔之也改变了对

儿子的看法。从此，父亲不教祖冲之学习经书，祖冲之对天文历法越来越有兴趣。后来，成为一名科学家。

我国童话大王郑渊洁说："不要在孩子不感兴趣，还没有能力理解的时候，让他做任何不感兴趣的事情。"当孩子做自己感兴趣的事情时，他往往能够全力以赴；相反，如果父母要求孩子放弃他极感兴趣的事情，做一些孩子不喜欢做的事情，孩子必然会与父母发生冲突。

谢军是享誉世界的国际象棋特级大师，曾获得过多项世界冠军。很多人都羡慕她的辉煌成就，但很少有人知道她之所以能够取得这样的成就，完全是因为父母给了她自主的机会。

1982年，12岁的谢军小学即将毕业，但她却面临了两难境地。是升重点中学还是学棋，在这个分岔口谢军举棋不定。小学6年中，谢军曾有7个学期被评为三好生，对这样品学兼优的孩子，学校当然要保送她上重点中学。但是，国际象棋的黑白格同样牵引着谢军和她的一家人。在这个节骨眼上，母亲的一席话给了谢军莫大的勇气，让小小年纪的她学会了自主，学会了对自己负责。

母亲叫来了谢军，用商量的语气说："谢军，抬起头来，看着妈妈的眼睛。你很喜欢下棋，是不是？"这是母亲对女儿选择道路的提问，从某种意义上讲，也是对女儿将来命运的提问。这个家庭是民主的，对孩子采取了审慎的商量的办法，充分尊重女儿的意见和选择。谢军目光坚毅、严肃地看着母亲的眼睛，坚定地说出7个字："我还是喜欢学棋。"听到女儿的话后，母亲同意了她的选择，同时又严肃地说："很好，不过你要记住，下棋这条路是你自己选择的，既然你做出了这个重要的选择，今后你就应该负起一个棋手应有的责任。"

虽然一个12岁的女孩很难懂得和理解这段话，但她却理解了父母的良苦用心。正是母亲的这段话，使谢军受益一辈子。假如当初没有这段

话，或者是父母包办决定了女儿的前途，都不会有今天的谢军，也不会有中国这位国际象棋"皇后"。

美国教育家斯宾塞曾经说过："身为父母，千万不能太看重孩子的考试分数，而应该注重孩子思维能力、学习方法的培养，尽量留住孩子最宝贵的兴趣与好奇心。绝对不能用考试分数去判断一个孩子的优劣，更不能让孩子有以此为荣辱的意识。"

兴趣进一步发展，则成为终身为之奋斗的志向。儿童兴趣爱好非常广泛，但保持时间短，特别是新鲜劲儿一过或一遇到困难便会退缩、回避。所以，培养正当爱好和兴趣，对一个孩子成才至关重要。

孩子的兴趣是一种非常宝贵的资源。保护孩子的兴趣是为了更好地合理开发、利用它，任何形式的不尊重、限制或否定态度都不利于保护孩子的兴趣，同样，对孩子的兴趣进行任何形式的过度挖掘都是涸泽而渔，都是极不负责任的行为。

兴趣是在较大的生活背景下对其中某些事物的偏好和主动关注。趣味是吸引孩子关注的最佳方式，而快乐是维持孩子兴趣的稳定剂。抓住这两个环节，就掌握了培养孩子兴趣的金钥匙。不要让孩子在许多种兴趣之间穿梭，那样会使孩子应接不暇，疲于应付。不要指望孩子的兴趣会在一夜之间就奇迹般地开花，也别认为"狂轰乱炸"有利于培养孩子的兴趣，相反，那将破坏孩子的兴趣。

6.给孩子真正自由的空间和时间

捧一把清沙,握得越紧,反而手中所剩越少,而那些从指缝中间漏掉的,全是因为自己太用力,太想拥有的缘故。人生中许多事情都一样,过犹不及。

反观时下的家庭教育,很多父母管得太多、太严,孩子吃什么,穿什么,玩什么,业余时间干什么,上哪儿去,都要接受父母的严格管教,使孩子找不到自我发展的空间。就像给掌心的沙子留点空间,也许就不会有沙子从指缝中漏掉了。不要把孩子抓得太紧,适当的时候就该学着放手。在日常生活中,家长要从尊重孩子的角度出发,从孩子的发展出发,给予孩子足够的学习时间和空间,尽可能满足他们的合理要求,让他们自己去干,使他们的想象、创新、动手能力都得到充分的发挥;给予孩子较大的自由度去探索研究自己感兴趣的问题,促使孩子去关心现实、了解社会、体验人生,积累更丰富的人生经验和实践知识。

总之,现代父母应成为孩子学习的激励者、辅导者,各种能力和积极个性的培养者,而不是包办者、束缚者。

在一个小店里,店主夫妻二人有一个正上小学的女儿,前段时间晚上出门经过此店,总能看见小女孩独自坐在店门口弹琴。初冬的夜晚已让人觉得冷飕飕的了,可孩子还得赤手在风中练琴,练了几遍之后,她回头望望身旁的母亲,那眼神好像在问:我可以休息了吗?可母亲却严厉地说:"又想偷懒,时间还早,接着练。"小女孩无奈,只得极不情愿地继续着。琴声在我的身后回荡,那声音虽然清脆悦耳,却分明夹杂着一丝无奈。

和成年人一样,孩子们需要有自己可以自由支配的时间,有自己能自由玩耍的空间。如果时间上全由父母安排,空间也由父母支配,孩子的事情全由大人包办,孩子只是去执行,那么孩子的自主性就永远不能培养出来。

孩子也是独立的个体,也有自己的观念和判断。也许他们的生活经验还不足,在生活中会犯一些错误,但孩子犯错误是可以理解,也是必要的。孩子在成长的过程中需要吸取教训,积累经验。只有父母给孩子独立的空间才能培养出健康的孩子,他将来才能独自撑起一片天。

那么,我们应如何做到从小给孩子真正意义上的独立空间呢?具体应该注意以下几点:

(1)树立目标、构建理想的自由

家庭教育对孩子兴趣、爱好、理想的形成,应是潜移默化的,通过自身榜样的力量,施加影响。家长不该将自己的理想、愿望强加在孩子身上;应该明白,孩子虽然是父母生命的延续,但并不能当做实现父母理想的替代品。他们有寻找与选择的权利,考理工大学还是农学院,将来当音乐家还是新闻记者,是他们应有的自由。如果家长刻意控制孩子的愿望,那么,孩子会产生沉重的心理负担,甚至行为逆反。

(2)交友的自由

比如,高中阶段的孩子已有趋于成熟的价值观,对友谊的认识也上升了一个层次,不再局限于一起玩玩闹闹,他们渴望寻找到与自己志同道合的伙伴,进行深层的思想交流。这有利于宣泄他们生理与心理方面的不适,缓解精神负担。家长当然应该给他们定几条交友原则,讲清道理,但不能采用专制手段,为孩子选择朋友,限制他们的自由交往。否则,不仅限制无效,还会使孩子产生压抑感,甚至影响心理健康。

(3)学习的自由

上了中学的孩子学习方面的要求,应是具有自主学习的意识,他们良好的学习习惯已基本养成。所以,家长无须频繁地督促、激励,即使有些科目成绩较差,也要想出除了频频"唠叨"以外的办法。有些家长,认为孩子上了中学,学业繁重,升学压力又大,不惜付出自己的全部业余时间,为孩子"伴读",想从精神上给孩子以鼓励和安慰。但是,这样的做法,无论是对孩子当时的学习效率,还是孩子终身的学习习惯,都没有益处。过于关注他们的学习,还会加大其心理负担,或者产生依赖心理,丧失了自主学习的意识,后患无穷。所以,家长应有意识的培养孩子自主学习的能力。包括针对自身情况,制订学习计划、时间安排;有选择地进行课外阅读等。家长应尽量避免频繁地督促孩子学习,有意地留给他宽阔的自主学习的空间,让他体会到自己是学习的主人,满足他学习的成就感。

(4)休息、娱乐的自由

有些家长认为中学生学业重,时间紧,就应该放弃一切娱乐、休息,一切活动以高考为核心,全力以赴地准备"跳龙门"。其实,越是学习紧张,压力大,越要讲求休息的质量。娱乐与睡眠同样重要,适当的娱乐可以调剂精神状态,使紧张的心理放松些,刺激大脑处于兴奋状态,有利于提高学习效率。睡眠直接影响着情绪、胃口以及学习效率。充足的睡眠,为大脑提供充足的氧,有益于大脑的工作。所以,适当调整学习状态,劳逸结合,给孩子休息与娱乐的自由是必要的。

7.适当放手,让孩子自己去交友

一个人的个性总是在特定的社会环境下,通过与他人的交往逐步形成的。人们兴趣的培养、情绪的控制和能力的发展,都离不开交往。正是交往,才使孩子有了更多的学习各种知识并获得社会经验的机会。哈里·哈洛博士曾通过实验证明:让孩子多与外界接触和交流,不但可以促进孩子的智能发展,同时也有利于培养他们的协调性和社会性。

而限制孩子的交友权既影响孩子的交往能力,也不利于孩子良好意志品质的形成,还会造成孩子长大后不能适应复杂的社会生活,产生自卑、抑郁、厌世等不良心理。

孙蟜是一个性格内向、成绩优异的好孩子,可他在学校里却总喜欢一个人独来独往,几乎没有什么朋友。

原来孙蟜的这种情况与他父母的教育方式有着极大的关系。在孙蟜还很小的时候,父母嫌外面空气污染严重,就很少抱孩子出门玩。再往后抱着孙蟜出门的时候,父母也不太愿意让别人碰孩子,一怕孩子沾染上细菌,二怕孩子以后没有警惕性,被陌生人拐走。这样做的结果就是孙蟜见到陌生人常常吓得大哭。到孙蟜五六岁的时候,父母又怕孙蟜跟着别的孩子学坏,除了上学外,回到家一般情况下都不让他出门去玩。

父母的做法,使孙蟜从小就养成喜欢自己一个人玩的习惯,平时总喜欢自己待在家里玩,很少出去。在幼儿园里虽然偶尔也愿意跟小朋友一起玩,但玩一会儿很快就吵翻了。上学以后,孙蟜对周围的环境极不适应,总是一个人坐在角落里发呆,不爱参加集体游戏,而同学们也觉得他

是个"怪人",不愿与他亲近。父母原本认为,随着年龄增长,孩子会慢慢学会与他人交往,但现在看来,孙蟒虽然上四年级了,但依然没有改正独来独往的习惯,没有要好的朋友,也很少与同学交往。

有的父母出于怕发生危险的心理,总喜欢把孩子关在家里,不让他们奔跑、爬高、过多地限制孩子与外界接触;有的父母因自己的孩子体质差,经常生病,对孩子更是加倍保护、照顾;有的父母怕自己的孩子交上不三不四的朋友,索性不准孩子与他人来往,甚至把他禁闭在家。这种过分照顾、过分疼爱、过分保护的方式,剥夺了孩子与人交往的机会,完全隔断了孩子与外界的接触和交流,使孩子依赖、胆小,对新环境难以适应,与人交往则显得十分笨拙。对待孩子的交友问题,父母应该做的是引导、鼓励,而不是限制和打压。

父母需要明白的是,朋友是一个人的人生中极其重要的一笔财富,孩子也需要朋友。如果孩子没有朋友,那么他的童年将极为孤独,对孩子的身心健康也极为不利。因此,父母不要剥夺孩子的交友权,而应鼓励孩子多与他人交往,培养孩子团结友爱、协作互助的良好习惯和健康的心灵。必要的时候,父母还要善于为孩子的交友牵线搭桥。例如,可以把别的孩子请到家里来玩,发展到让他和别的孩子一起出去玩。除此之外,父母还应该尽可能地为孩子打开生活空间,鼓励孩子参加集体活动,让孩子在了解他人的基础上了解自己,学会用集体交往的规则调节自己的言行,学会尊重他人、信任他人、谅解他人、乐于助人,学会调节集体和个人的关系。

8.不要随意打断孩子

每个人都希望获得别人的尊重,受到别人的重视。当你专心致志地听对方讲话,甚至是全神贯注地听时,对方一定会有一种被尊重和重视的感觉,双方之间的距离必然会拉近。所以说,倾听是一种礼貌,是对讲话者的尊敬,更是对讲话者的一种最高的赞美,也是对讲话者最好的恭维,它能使对方在最短的时间内喜欢你、信赖你。对孩子来说,父母的认真倾听就是最好的爱护。

双休日,爸爸妈妈陪伴5岁的儿子去郊游,玩到中途的时候,妈妈口渴难忍,便对儿子说:"儿子,把你背包里的苹果拿出来给我解解渴,好不好?"儿子毫不犹豫地拿出3个苹果,但让妈妈没想到的是儿子居然挨个咬了一小口。见状,爸爸很生气,正想严厉训斥儿子一通时,妈妈耐着性子对儿子说:"好孩子要懂礼貌,你这样做好吗?"儿子奶声奶气地说:"我想先尝尝,把最甜的留给爸爸妈妈。"妈妈听后心头一震,不禁为儿子精彩的回答而自豪,同时也暗暗庆幸自己没有随意打断孩子的话而冤枉孩子。

有时候,孩子的思维方式与大人的思维方式是有所不同的。如果父母不让孩子把话说完,随意打断孩子的话,不仅不利于孩子表达能力的提高,久而久之,还会使孩子产生自卑情绪。因为孩子在对父母诉说内心感受的同时也可以提高表达能力、交往能力,如果父母剥夺了孩子的表达机会,孩子就会产生语言表达能力、交往能力上的障碍,容易出现自卑

情绪;另一方面,父母不能认真倾听孩子说话或和孩子缺少沟通,使得彼此间缺乏信任,导致"代沟"产生,甚至产生敌对情绪,对孩子的成长非常不利。

有一天,翔宇的妈妈接到老师打来的电话,要她去学校一趟。等她赶过去时,看见翔宇正低头站在教室门口。老师生气地说:"上课时翔宇影响同学听课,我说了他很多次,但他都不听,所以让他出来冷静冷静。"翔宇妈妈心想,儿子一向很乖,今天怎么会对老师做出这么反叛的事?尽管有些疑惑,但她还是笑着对老师说:"不好意思,给您添麻烦了。"这时,旁边的翔宇听了这话,似乎显得不高兴,他狠狠地推了妈妈一下,然后大步走掉了。

翔宇妈妈与老师道了别,然后追了出去。她见翔宇快速地向前走着,眼睛红红的。妈妈温柔地问:"翔宇,刚才为什么要推妈妈?"翔宇嘴唇动了动,但没有说话,眼泪却流了下来。妈妈挽住了翔宇的胳膊,说:"儿子真是长大了,你看,你现在的个子都超过妈妈了,是个大男孩啦!刚才推妈妈那一下,还真有劲儿啊!"

翔宇终于哭出了声,他抽泣着说:"妈妈,对不起!"妈妈笑了,说:"儿子,你真傻,妈妈把你养大,会不了解你的性格吗?我一直对老师的话有所怀疑,你和老师之间一定存在什么误会,我想你会告诉我原因的,没想到你就那样走掉了。"

翔宇说:"同桌把我的文具盒藏了起来,我要他还给我,他不还,我上课没法记笔记,只好去翻他的书包,没想到被老师看见了。妈妈,对不起,我错了。"

妈妈笑着说:"有问题要及时说出来,不然别人也不知道真实情况。好啦,儿子,过去就过去了,现在,我们逛超市去!但是下不为例啊。"

孩子会在生活中遇到各种各样的困难,他们也会为某件事黯然神

伤,也会被无数的烦恼纠缠。因此很多时候他们需要一个聆听者,而父母往往是他们最值得信赖的人选。因此,作为父母,你应该及时留意孩子情绪的变化,当你觉察出他的情绪有异样时,应积极引导孩子把憋在心里的不快说出来。

一份调查显示:80%的孩子心理障碍和家庭教育有关,特别与父母和孩子缺乏沟通交流有关。孩子虽小,但他们有人格尊严,认知世界有自己的独特视角,他们有表达内心感受、阐述自己观点的愿望。父母应耐心地让孩子把话说完,只有这样,才能互相沟通理解,建立健康、和谐的亲子关系。

孩子是一块洁白无瑕的璞玉,孩子是否成器的关键是父母如何去雕琢。当孩子在学习和生活中遇到问题而向父母倾诉时,父母要做孩子忠实的听众,耐心地和孩子交流。

身为父母你要明白,倾听有时候也是一种爱。只有通过倾听,你才能得到重要的信息,才能做出恰当的判断。

美国有一位非常有名的主持人,主持一个与孩子对话的节目。一次他问一个小孩说:"假如你驾驶飞机载着乘客在空中飞行,突然发现飞机有问题,出现故障,没油了,你怎么办?"

这个小孩直截了当地说:"我就赶快跳伞,让他们在飞机上等着我,我要第一个跳伞!"

坐在台下的许多观众都哈哈大笑起来,有的观众还笑得东倒西歪的,觉得孩子真鬼头,一发生故障他第一个跳伞,先想到自己跳伞逃生。

这位主持人接着问道:"然后呢?"

小孩说:"我去取汽油,我还得回来救他们。"

听到这句话,那些大笑的观众止住了笑声。他们没想到在孩子单纯的、幼稚的举动当中,包含着一颗博爱的心。但是如果不能鼓励孩子说下去,并认真听孩子说话,大人们就很可能会忽视了孩子的爱心。

孩子越小越愿意倾诉,父母应充满耐心与兴趣地倾听,因为这是与孩子沟通的黄金时期。为什么会有许多父母抱怨孩子越大越不愿意和他们交流,其实部分原因是源于孩子在小的时候倾诉的意愿没有得到家长完全的重视,因而渐渐地孩子也就不愿意和父母交流了。其实,孩子年纪越小,越是代际沟通的黄金时期。如果坚持下去,孩子即便大了,也会习惯于与父母交流。

9.要把孩子的权利还给孩子

在国外,无论是多大的孩子,他都有自己选择的权利;而在中国,这种权利基本上没有,这也就是为什么中国孩子的自主能力要比国外孩子自主能力差很多的原因之一。当然,这将直接导致中国孩子在以后的生活中遇到重重困难。

所以,教育专家一直在呼吁:要把孩子的权利还给孩子,给孩子自己做主的机会。那么父母应该如何做呢?

(1)给孩子自己选择的机会

很多家长以为孩子还小,他们根本没有分辨事情的能力。所以在选择方面不可能做得很好,所以干脆大包大揽,帮助孩子选择。然而这样做的后果就是,孩子不喜欢父母的选择,导致父母和孩子之间产生矛盾。久而久之,孩子会屈从父母的选择,而放弃自己的思维,从而转向依赖自己的父母。所以,作为家长,应该给孩子适当选择的机会。

(2)不要强迫孩子做他不愿意的事情

生活中,常常会发生这样的故事:孩子不愿意去做的事情,家长有时就强迫孩子去做。刚开始时,孩子可能会反抗,久而久之他们就不再反抗,而是事事听从父母的安排,限制自己的思考。因为在这些孩子心目中,觉得思考根本就是多余的,父母会帮助自己思考。当然这样的孩子肯定不会生活得快乐。

(3)给孩子应有的尊重和信任

要想给孩子做主的机会,很重要的一个前提就是家长必须信任自己的孩子,尊重自己的孩子。只有充分地尊重孩子、信任孩子,才能走进孩子的心灵,父母与孩子之间才能有愉快的沟通。而这种沟通往往能达到意想不到的效果。

(4)让孩子对自己的事情说了算

当今,孩子都有一个疑问:这件事情明明是自己的事情,可是为什么自己说了不算,为什么自己的事情要听父母的呢?或许很多家长也有同样的疑问:我为孩子好,孩子为什么不接受、不理解甚至反抗呢?

每个孩子都是某一方面的天才,关键就要看家长有没有发现这方面的能力。很多家长在发现孩子对某一方面有兴趣的时候,会拼命扼杀这方面的兴趣,因为他怕孩子因为这些方面而耽误了学习。这种方法其实是愚蠢的,因为根据人的天性,越是得不到的东西就越想得到,孩子也是如此,家长越是不让他做的事情,他越想去做。所以,与其扼杀孩子的兴趣,不如让孩子对自己的事情说了算,让他自己去选择。

除此之外,父母要善于发现和培养孩子生活细节中的兴趣,对孩子的点滴进步要及时进行表扬。凡属孩子自己的事情,既不越俎代庖,也不横加干涉,而是怀着爱心加以关注,以平等的态度进行商量。

(5)让孩子决定自己的发展方向

现在的孩子,对兴趣班并不陌生,对它也没有多少好感,因为这是一个扼杀孩子快乐的"地狱",有的孩子有这样一个"地狱",而有的孩子却有好几个这样的"地狱",而将他们带入这些"地狱"的,就是他们的父母。

那么家长这样做能达到好的效果吗?这是一个很大的疑问。家长因为有"望子成龙,望女成凤"的美好期望,所以就倾自己最大的能力帮孩子报名参加各种各样的兴趣班、补习班,弹琴、跳舞、画画、英文……一个都不能少。

他们没有更多地考虑孩子的兴趣爱好和能力,而是一味地用自己的思维来决定孩子的发展方向。这样做的最终结果,往往与父母一厢情愿的预料相反,不仅让孩子出现了心理问题,也让家庭出现了矛盾和冲突。

孩子的未来,他们的发展方向,应让孩子自己去构思、去选择。父母能做的,也只能指导而已,而不是越俎代庖,强行替孩子选择。

(6)别把孩子当成"哆啦A梦"

在现代社会,很多孩子做的事情,都是他们的父母没有完成的事情。即使在孩子的愿望被父母剥夺,而父母将自己没有完成的心愿传递给了孩子,让孩子帮着完成自己的心愿。

对孩子来说,是不是有些残忍呢?是的,但是却很少有家长能考虑到这一点,他们唯一做的事情就是不断地将自己的思想强化给孩子,利用孩子帮自己圆梦。

把孩子当成哆啦A梦,是很多家长都容易犯的一个家教误区,也正是这个误区,扼杀了多少"画画天才"、"音乐天才"……很多家长一直都在寻找培养天才的方法,却不知道,自己在寻找的过程中已经在扼杀一个天才了。

10.限制太多,就是让孩子丢掉自己

父母溺爱孩子,不仅代替他做生活中的事,更代替了他思考与做出选择。这样依赖,孩子便没有了自主思考与自主选择的余地,只好抛弃自己的思想,用父母的思想填充自己的头脑。遇事,孩子就成了父母手里的一块柔软的橡皮泥,任其随心所欲地"捏"。父母本想塑造出成功的孩子,结果却造就了一个没有头脑、缺乏独立性格的人。

夏令营前一夜,妈妈把整理好的东西放在孩子床头,并对孩子说:"孩子,你要带的东西,妈妈帮你整理好了,明天别忘记了啊。"

孩子外出玩耍刚回家,妈妈便对孩子说:"孩子,以后别总是和那些调皮的孩子一块玩。多和楼上的欣欣玩,人家学习多好,多向人家学习学习。"

超市里,妈妈拿过孩子手里的玩具,对孩子说:"这个玩具不好,还是那个能增长些智慧。"

从这些场景当中,我们都可以看到,父母在限制孩子的行为和思维。孩子到底要什么、喜欢什么,父母并不知道。他们只是在按照自己的思维、经验、习惯来"帮助"孩子选择,强行告诉孩子这个不能做,那个不能拿,这个人不能交,那个人有什么缺点。

在家庭教育中,听话的孩子比不听话的孩子更讨父母喜欢。但是不知道父母们想过没有,要求孩子听话,实际上是使孩子丧失独立的性格,变成一个没有责任感、不用头脑而且怯懦的人。

有一个心理学家做过一个分析和研究。他认为,当被问及"你要喝什么"时,回答"我想喝咖啡,不想喝红茶"比回答"什么都可以"的人将来在社会上更有作为。因为这样的人遇事能有自己的主张而且敢于表达自己的主张。因此,父母要试着让孩子表达自己的想法,不要总被父母牵着手往前走。

事实上,独立的见解是孩子可以受用一生的宝贵财富。父母在家庭教育中,可以给予孩子必要的建议和引导,但不要事事替他做主,应该尊重孩子的看法,鼓励他坚持自己的见解。

因此,在日常生活中家长就要做到一点:不要给孩子过多的限制。

(1)让孩子自己决定吃什么

很多父母担心孩子的健康,强行要求孩子今天吃什么、明天吃什么。即便其中的很多食物,孩子并不喜欢。其实家长完全没有必要这样去做,完全可以不再影响孩子饮食均衡的情况下,让孩子自己选择吃什么。

(2)让孩子决定自己穿什么

父母在保证文明着装、安全的前提下,可以让孩子自己决定穿什么衣服,切忌随自己喜好而不顾孩子的感受。因为时代在变,父母的眼光和现在的时代已经脱轨了,用孩子的话来说,就是父母的眼光"太老土"了,跟不上时尚了。对于父母来说,要承认这一点,只要孩子不穿得奇形怪状,就让孩子自己选择吧。

(3)让孩子自己决定玩什么

不少孩子在玩游戏时,并不想让父母教给他们游戏规则,更愿意自己决定游戏的方式,并体验其中的乐趣。父母可让孩子自己选择玩具和玩的方法。这样做可以极大满足孩子的自主意识,帮助孩子成为一个有主见的人。

(4)询问孩子的想法

任何一个人如果没有自己的想法,就等于他是一个"没用的废人",一辈子都将在浑浑噩噩中度过。这是很可怕的事情,任何一个父母都不希望自己的孩子以后过这样的生活。而孩子不要过这样的生活，关键在于父母会不会给孩子过多的限制，关键在于父母懂不懂得询问孩子的想法。

(5)让你的孩子参与进来

孩子做事缺乏主见，没有自己的想法，通常与家长缺乏和孩子的沟通、做事武断、不注意尊重他们的要求有关。所以，要想解决这个问题，就要让你的孩子参与你所做的事情当中，咨询孩子的意见和建议，让孩子有充分表达自己愿望和独立思考的机会。

第十章

教孩子安全自救常识,为独立保驾护航

1.应变能力让孩子的一生更从容

所谓应变能力,指的是能够根据各种环境及状况而作出适当的调整,同时还能充分掌握自我,沉着而不失理智。

英国作家笛福曾经说:"人的最高智慧就是适应环境和反抗外来威胁的本领。"

一个人如果没有适应和应变能力,就无法生存。可以说,适应和应变能力的大小,决定了其生存能力的大小。当然,这种能力不是天生的,要在日常生活中学习和加强。这和学知识一样重要,要一点点积累,从每一件事情做起,特别是从每一件不顺心的事情做起。

施特劳斯是举世闻名的音乐大师。一次,施特劳斯率领他的交响乐团赴美演出,观众如潮,他们听得如痴如醉。一曲演毕,场内便是雷鸣般的掌声和欢呼声。观众们高呼:"施特劳斯先生,再来一首!"然而,一曲之后,观众继续嚷道:"再来一首吧!"又一曲之后,热情的观众仍不肯离去,还在狂呼:"大师!请再来一首,就一首!……"

施特劳斯和他的乐团既高兴又忧虑:观众这么喜欢自己所带来的音乐,谁能不高兴呢!可是,每天都演出到深夜,人人都精疲力尽,长此下去,该如何是好?但是,他又不忍挫伤观众的热情,使观众扫兴……这实在让人左右为难。

施特劳斯不愧是一位伟大的作曲家,他很快创作出一支优美的新曲。第二天晚上演出时,当最后一支曲子演奏完毕,在观众热烈的欢呼声和恳请中,施特劳斯开始演奏这支新曲——观众们静静地聆听着,忽然,只见施特劳斯的指挥棒轻轻一挥,小号停止了吹奏,一位小号演奏家悄悄离场而去。过了一会儿,在节拍的过渡处,施特劳斯的指挥棒,又是轻轻一挥,一位中提琴演奏者停止演奏,悄然退场……

乐手相继退场,但演奏仍在继续。观众们以为这是演奏的一部分,仍陶醉在美好的遐想之中。

当最后一位乐手也停止演奏,退了场后,施特劳斯彬彬有礼地向观众们深深地鞠了一个躬,然后走下舞台。

大幕徐徐落下,演出很自然地宣告了结束。

施特劳斯的表现就是一个典型的随机应变的事例,我们常用"山穷水复疑无路,柳暗花明又一村"来形容一个人在逆境中的变通能力,其实变通也是一种创新。

由此可见,应变能力是一个孩子必不可少的一种潜在能力,人生在世,挫折和突如其来的事件谁都无法预料。孩子在以后的人生中同样也要面对很多措手不及的事情,如果他们不具备较强的应变能力,就可能被未来的社会淘汰。只有一个具有应变能力的孩子才能够坦然地面对生活中的挫折;才能够不畏风雨地打造自己的天空;才能够在未来的人生道路上走得矫健。

(1)告诉孩子遇事要冷静

父母要告诉孩子,保持冷静是面对变化时要做出的第一反应。如果不能保持冷静,那么就不能理智地分析当前的形势,更不能想出化解危机的办法。

浩洋虽然是个6岁的孩子,但是他遇事从不慌张,因此父母对他也很放心,让他独自坐车去上学。在他小时候,妈妈就经常训练他遇变不惊的能力,不允许儿子遇到什么情况都表现得惊慌失措的样子,总是要求他先想清楚,然后把事情的来龙去脉说清楚。

妈妈经常告诉他,只有冷静才能让人理清思绪,想出解决问题的办法。她要儿子遇到意外情况时,克制自己的恐惧心理,告诉自己要冷静。在妈妈有意识地指导下,浩洋慢慢养成了遇变不惊的好习惯。

父母应该告诉孩子遇到事情时先不要被事情吓倒,因为这样就连反击的机会都没有了,一定要保持冷静,才能及时有效地破解困境。

(2)培养孩子当机立断的魄力

遇到合适的时机就马上出击,这是应变能力的基本要求。灵活的应变能力最终都要化作行动,如果孩子分析完了当前的局势,但就是不敢行动,那么一切都白费了。因此,父母应该培养他们当机立断的魄力。

孙启阳是个初二年级的孩子,他胆大心细,做事毫不含糊。有一天晚上九点半,他下了晚自习独自一人骑着车、吹着口哨愉快地往家里赶,突然前面有三个人骑着自行车朝着自己的方向过来,为首的一个人用自行车的前轮别住孙启阳的前车轮,另外两个人围在他的左右两边。很显然,他们想抢劫或威胁他。

孙启阳看到为首的这个人很瘦,灵机一动,突然用哭腔向后喊了一声:"爸爸,快来啊!"那三个人的注意力都被转移了,孙启阳迅速撞开为首那个人,疯狂地往家骑去。

父母在平时的生活中,要鼓励孩子勇敢一点,不要让他们养成犹豫不决的不良性格,这样孩子在关键时候才能拿出行动的魄力。

(3)带孩子参与未预设情景的场合

给孩子创造一个可能会出现许多不定因素的环境,让孩子自己去面对,去解决问题。

高阳的母亲带他去公园玩,高阳只顾着往人群里钻,看里面的猴子表演,等看够了才发现妈妈不在身边了,找了半天也没找到。怎么办?高阳又没带手机,正在他愁眉不展的时候,发现前方是个游客中心,他跑过去,向工作人员说明一下情况,用那里的电话很快就联系到了妈妈。

意外能激发孩子的应变能力。父母应有意识地带孩子到特定的场合,对孩子给予暗中观察、保护、引导,孩子的应变能力才会逐步提高。

(4)教给孩子基本应变技巧

如果孩子不懂一些基本的应变技巧,那么他面对变化时很可能因为无知而不知所措,这不利于培养孩子良好的应变能力。

父母应该教给孩子一些礼貌地拒绝别人不合理要求的措辞,例如,先道歉,再寻找一个合适的借口,以免当他人提出不合理要求时,孩子不知道该如何开口。而在遇到危险时,告诉孩子不要慌张,要弄清对方的意图,再想办法逃脱。

(5)引导孩子做模拟情境训练

父母可以假设一些意外的变化和情况,让孩子去模拟处理。如果孩子的处理方法不当,父母可以给他们指正。有了充分的心理准备,当孩子以后真正遇到这种事情时,就能够灵活应变了。

在平时的生活中,父母可以有意无意地问孩子,如果你一个人在家,陌生人来敲门应该怎么办?如果在商场走丢了应该怎么办?父母应该鼓励儿子说出自己的处理办法,并对他们的办法进行指导,或者针对这些意外情况进行情景训练,这是一个很好的方法。

2.教会孩子学会自我保护

自我保护能力作为生存教育的一个主题,是一个现代人所具备的素质之一。而孩子是祖国的未来,民族的希望,他们的健康和安全时刻牵动着父母的心。因此,从小培养孩子的自我保护能力具有重要意义。

但现实生活中,一些家长为了防止孩子遭遇危险和意外,习惯将孩子置身于自己的庇护之下,对孩子进行过度的保护,其实,这是孩子成长中的一大障碍,是对发展中的孩子的一种伤害。因为孩子总要长大,自己走上社会,在激烈的社会竞争中,最好的保镖是孩子自己,家长的过度保护会使孩子的独立能力得不到很好的发展,一旦走上社会就会相形见绌。

据有关调查显示,平均每年都有大约两万名14岁以下的孩子非正常死亡,而导致他们非正常死亡的最大原因是交通事故。另外研究人员还发现,大部分的事故发生在家里或者家的周围。因为孩子一回到家

里，父母就放松了警惕，认为孩子们没有什么危险了。更重要的是，孩子没有相应的自我保护意识，这导致一些事故频繁地发生在家里——这个本是父母认为最安全的地方。其实最安全的方法，是让他们学会自我保护。

舟舟是个六年级的孩子，他很贪玩，但是父母对他非常放心，因为儿子的自我保护能力很强。有一次，舟舟在同学家玩到将近九点才想到回家。同学家离他家不远，但是要穿过一条车流人流比较少的街道。九点的时候这条路上的灯火都已经熄灭了，他一个人走在路上，突然感觉身后有一个黑影闪来闪去，他知道这个人肯定有什么企图，要不然不会这么鬼鬼祟祟的。他迅速使自己冷静下来，分析现在离家还有一段距离，跑肯定会让对方追上。他想既然逃不了，那就不逃了。他转过身后，用非常惊喜的口气喊道："爸爸，你还真快呢！"那个人没有说话。

舟舟装作不好意思地笑了笑说："不好意思，叔叔，我还以为我爸爸追上我了呢！"那人心里有鬼，支支吾吾地说了点什么，便快步超过了他，逃走了。见那人走了，舟舟才感觉自己腿都要软了。

自我保护教育是素质教育的基本内容。如果孩子连自己的生命都保护不了，谈什么长大成才呢？孩子学会自我保护是他们进入社会、适应社会必须学习的第一课。

许多父母为了让孩子成长在一个安全的环境里，便限制他们走出家门，努力为他们营造一个没有危险的空间，但这是非常有害的一种方法。父母的过度保护是孩子缺乏自我保护能力的重要原因。作为父母，最重要的是要让孩子学会自己保护自己，毕竟父母不可能陪伴孩子一辈子，他们最后还是要走上社会，独自去面对人生中的风雨。

作为家长，我们要想尽办法让孩子远离危险，教会自己的孩子如何识别危险，以及在发生危险的时候怎样保护自己。

(1)训练孩子喊"救命"的能力

也许有的父母感到非常奇怪,"救命"还用教吗?孩子连救命都不会喊吗?事实上,曾经有个学校开了一堂自我保护的课,许多孩子就不会喊,怕别人笑话。父母应该想到,当孩子遇到危险时,如果不能第一时间反应过来,那么他可能就会错失自救的机会。

因此,平时在家里,父母就应该训练孩子学会喊"救命",让他们在遇到危险时能够顺利地脱身而出,争取到最及时的救援。

(2)培养孩子冷静从容的态度

面对危险时失去理智,无疑会让孩子陷入一个更为危险的境地。冷静从容、处变不惊,是孩子自我保护能力的基本前提。如果他们遇到危险时失去了理智,那么平时学习到的自我保护技巧就都想不起来,更用不上了。

父母应该告诉孩子,要学会隐藏自己的惊慌。遇到危险谁都可能惊慌,但是惊慌只会让犯罪分子得寸进尺。因此,父母应该告诉孩子,遇到危险时,要不断地在心里对自己说:一定要冷静下来,想办法。这种心理暗示能在关键时刻让孩子保持冷静的头脑。

(3)给孩子灌输交通安全意识

据有关调查显示,交通事故是孩子非正常死亡的主要原因。这主要是由于孩子缺乏交通安全意识。父母主观地认为这没什么好教的,不就是看个红绿灯吗?在这个交通事故发生越来越频繁的今天,父母应该重视给孩子灌输交通安全意识。

高军是个四年级的孩子,他平时都是自己走路去上学,放学后自己回家的,父母对他也很放心,因为他们给孩子讲了许多安全知识。那天,他和许多人一起在等绿灯过马路,好不容易等来了绿灯,人群迅速地往前涌。

可是高军没有,他依旧仔细地观察着来往的车辆,这是爸爸告诉他

的,因为可能有人违章驾驶会闯红灯。这时,果真有一辆车以极快的速度向人行道飞奔,高军马上向后退,迅速地保护了自己。事故造成了两死三伤,经调查,事故原因是司机酒后开车。

父母应该告诉孩子,不要在马路上追跑嬉戏,这不仅是违反交通规则的行为,更容易把自己推向危险的边缘。另外父母应该告诉孩子,即使是绿灯,过马路走人行横道时,也要注意观看来往的车辆,以防意外。

(4)告诉孩子日常自救方法

孩子的主要活动场所是家里和学校,但是家里和学校同样存在着危险。家里的电和气的使用等,父母应该耐心地跟他们讲,不要试图用禁止他们使用的方法来避免事故。学校里与同学一起游戏时应该注意哪些,父母都应该耐心地给孩子们讲讲。

另外,父母还要给孩子讲讲,遇到各种暴力犯罪时,应该如何保全自己;遇到火灾时应该如何自救;遇到地震时应该怎么逃生等。提前学习这些知识,会让孩子在遇到危险时,能迅速转危为安,顺利地逃生。

3.镇定自若地面对突发事件

遇事沉着冷静才能够理智地处理问题,尤其是在碰到危机事件时,更是要具备一颗沉着冷静的心,只有这样才能够更清楚地看清事情的来龙去脉,积极思考,想到最好的方法来解决。沉着冷静表现了一个人良好的心理素质。

一架正要降落的飞机在开始接触地面时,突然滑出了跑道,飞机上的乘客和乘务人员根本没有任何心理准备,因为飞机在降落时有强烈的震动是很平常的事情,但这架飞机的机头突然往前撞向了地面,并且立即有烧焦的气味弥漫了机舱,惊慌失措的乘客们开始大声呼喊着:"请打开门,打开门!"

此时的情况万分危急,有些乘客甚至已经陷入昏迷,机舱内的能见度几乎为零,如果再不想办法出去,那么整个飞机上的人都会失去生命,于是乘客开始骚乱、哭喊,仿佛世界末日。就在这种混乱不堪的情况下,一名飞机上的空姐费力地挪开乘客散落在舱内的包裹和个人用品,然后在黑暗中摸索到了机翼上面的舱门杠,并打开了舱门,于是位于飞机中间座舱内的几十名乘客跟着她跑出了飞机得以生还。

空难发生后的一天里,那些幸存的乘客一个接一个来到医院去见那位拯救了他们生命的漂亮空姐,他们都说,如果当时没有那位空姐的镇定自若,那么死亡就会降临在他们身上。

由此可见,如果一个人无论何时都能做到镇定自若,那么他不但可以彰显自己的魅力,还可能改变原本的逆境。

那么何谓镇定自若呢?镇定自若就是要人们做到临危不惧、处变不惊、泰然处之,那么便可化险为夷。例如在顺境中,我们要教导孩子不要盛气凌人、狂妄自大;在逆境中,我们要教导孩子不要垂头丧气、沮丧不安;在舒适安逸的环境中,我们要教导孩子不要盲目攀比、奢侈放纵;在危难时刻,我们要教导孩子不要惊慌失措、恐惧不安。

(1)培养孩子自信、乐观的心态

培养孩子沉着冷静的心理素质,父母应该先培养自信乐观的孩子,乐观的人往往能在面对很多意想不到的事情时仍能够用积极的心态去思考,不会惊慌失措,被困难吓倒。自信能给孩子一颗勇敢的心,帮助她们勇敢地面对各种困难。

丁晓是个遇事沉着冷静的孩子，这种性格的养成与父母平时培养她乐观自信的态度分不开。很小的时候，她遇到什么事总感觉天要塌下来似的，认为自己没有能力解决，总想着让妈妈帮忙。

妈妈觉得这样孩子以后无法面对更多的社会、人生问题，于是总是想方设法培养她自信、乐观的人生态度。慢慢地丁晓的性格改变了，也能很好地独立面对问题了。

父母在日常生活中应该注重培养孩子自信、乐观的生活态度，只有拥有自信、乐观的心态，当"灾难"来临的时候，孩子才能沉着冷静地面对，积极主动地去迎接。

(2)培养孩子的胆量

一个胆小如鼠的人，当危险来临的时候，就会被吓得不知所措，更别说去积极思考怎么样解决问题了。勇敢的人在面对危险的时候，不会感到害怕，会沉着地面对。培养孩子遇事沉着冷静的心理素质，就要给孩子一颗勇敢的心，在培养孩子的胆量上下功夫。

夏芸小时候很胆小，什么都会吓得她大叫。父母很为她这种胆小的个性着急，担心如果父母不在身边时，怎样对待生活中让她害怕的事物。为锻炼女儿的胆量，妈妈经常带她去动物园，看那些平时她感觉害怕的动物。

一开始看到蛇在地上爬来爬去，她会吓得离开，看到老虎，她会躲到妈妈身后。妈妈告诉她它们都在笼子里不会伤害到她。"没什么可害怕的，你看看老虎是不是和小猫长得很像啊？"夏芸认真地观察起来，笑着对妈妈说好像一个大猫咪一样。

渐渐地，夏芸就接受了生活中让她感觉可怕的事物，胆子也越来越大了。

培养出孩子的胆量,当她在面临危险的事情时就不再感觉害怕,当然更能沉着冷静地面对了。

(3)锻炼孩子的快速思维能力

思维反应敏捷的人遇事能快速调动大脑细胞,对事情发生的现状、原因及可能出现的趋势做出分析和预测,对事情有清晰的认识,这样就不会出现慌乱和不知所措的现象了。

培养孩子快速思维的能力,父母可以通过脑筋急转弯、谜语、侦查故事、快速组词训练等方式不断加强锻炼孩子快速思维的能力。

(4)加强孩子的心理训练

心理素质强的人,面对突发问题,遇到困难挫折时能够很好地面对和处理;心理素质弱的人往往遇事会不知所措、感到无能为力或消极悲观,甚至造成一定的心理问题。因此父母必须注意加强孩子心理素质的培养。

父母不要太宠溺孩子,什么事都顺着她,要让孩子从小学会自己的事情自己做,懂得吃苦耐劳。要让她知道有些事情是做不到的,经历一定的打击能够锻炼孩子的心理承受力。父母可以让孩子自己去处理一些事务,鼓励孩子要有冒险精神。

(5)培养孩子有一颗平常心

平常心是面临任何事情都能做到宠辱不惊,自己内心不为外界事物所干扰的、一种平静、平和的心态。有一颗平常心的人看待任何事情都会很冷静,不会有得失心就能平等、客观地看待问题,这是合理处理问题的一个重要因素。

培养孩子沉着冷静的心理素质,通过一颗平常心就能达到,所以父母在和孩子的交流中,要注重对孩子灌输追求内心平静的思想,"笑看花开花落,坐观云起云飞"的心态。生活中总有一些不如意,困难、挫折、误解等经常会发生,只有保持一种置身事外的态度,才能不被苦恼所扰,才能沉着冷静地对待任何问题。

(6)让孩子遇事情先思考

无论碰到什么事情,父母要教育孩子要先思考再行动。说话之前也要做到先思考再说,这样孩子就能够用一种更加理智平和的心态来面对事情。做事情是不能够让自己的情绪先行的,热血沸腾只会让自己推开理智。

现在的孩子缺乏沉着冷静还有一个很重要的原因就是自己的意愿,只要一提出来,父母就会马上来满足,让孩子没有形成必要的耐性,也就缺乏必要的忍耐力,这样的孩子在社会中也会给自己带来很多的麻烦,让机会错失。

4.防患未然,培养孩子的安全意识

人的一生中常会遇到很多危险和各种各样的灾害,学会在危急时刻逃生,应该成为人们生存的一种能力,是对生命的一种尊重。即使当灾难不幸降临,命运也会掌握在自己手中。珍爱生命,发挥生命能量,提升生命质量,是教育的终极价值观。学校开设的安全教育是希望通过安全知识宣传唤醒学生的生命意识,提高学生的生存技能,促进学生的生命发展,展现生命历程的完整与充实,这是很有必要的。

在这个变化万千、日益复杂的社会中,要有意识地从小培养孩子的安全意识、自我保护意识和自我防范意识,做到未雨绸缪。

孩子们单纯天真,好奇心、求知欲、模仿力等都很强,但他们的生活经验、社会阅历却又少之又少,因此危险常常与之相伴。所以从小教给孩

子一些必要的安全防范知识，培养孩子的安全意识，也是孩子成长中不可缺少的、至关重要的一课。

有些家长或许还没有意识到安全教育的意义，那就让我们来看一个数据吧。

据了解，我国平均每年因安全事故、食物中毒、溺水、自杀等死亡的孩子大约有1.6万人，平均每天有40多人，就是说，几乎每天都有一个班的鲜活的生命消失在我们身边。

另据我国疾病检测和伤害流行病学调查的结果测算，估计全国每年约4000万孩子遭受各种意外伤害，致残达40万人。

这是一个多么惊人的数字啊！消失的生命时时敲响安全的警钟。对于普天下的父母来说，孩子可谓自己生命的全部，但遗憾的是，尽管教育部门和媒体一再就学生假期安全发出警示，每年还是会有类似悲剧上演。

要知道，生活中潜在的不安全因素来自各个方面，比如出行、玩耍、煤气、水、电、雷雨，还有不法分子的抢劫、拐骗、欺辱等。因此我们的父母就要在平时的日常生活中，反复地告诉、提醒孩子需要注意的问题，给孩子讲述一些预防的方法，以及告诉孩子如果发生意外时，应该采取怎样的措施来实现自救等。在不断的灌输中，使这些安全防范常识深深地在孩子心中扎根。

具体来说，家长可以从以下几个方面入手，来增强孩子的安全防范和安全自救意识：

(1)结合真实案例，树立孩子的安全意识

结合电视或书刊杂志中报道的一些发生的真实案例，和孩子一起从中学习、吸取教训。面对真实的案例，孩子的触动一般比较大，孩子们会更加积极而用心地接受父母讲授的防范措施。父母可以结合案例，问问孩子案例中的人因为什么导致了悲剧的发生、怎样就可以避免、如果孩子遇到了这种事情的时候他该怎么办等，在循序渐进中，启发孩子，让孩子不断加深安全的意识,并在孩子的回答中,及时纠正、补充,使孩子学会正确的、科学的防范措施。

(2)教孩子掌握基本的安全知识

对于小学生,完全可以把一些安全知识教给他们:家用电器的使用和安全注意事项;煤气炉具的安全使用;化学物品、药品的标志及使用;出门如何遵守交通规则;上学放学路上要与同学结伴走,不要随便与陌生人搭话或吃陌生人给的食物;注意保护自己的身体,不能让硬物、锐器损伤身体任何部分等。儿童天生好奇好动,不能硬性限制其活动,但一定要让其掌握安全知识,否则后果不堪设想。例如,有一个小学二年级学生,看到灯泡会亮,就自己找来一个灯泡,用金属丝去接电源,结果触电而死。如果事先孩子已懂得用电安全,又怎会发生这类悲剧?

(3)让孩子在不断的锻炼中,逐渐掌握多种生存技能

安全知识不是卷面的考试,是要和生活真实对抗的。我们不能让孩子由于"无知"而出现意外,更不能让孩子因"纸上谈兵"而在真正面对危险时束手无策,导致悲剧的发生。因此,我们一定要使孩子的安全意识切实地融入孩子的自身素质之中。请多教孩子一些生存技能,放手给孩子一些空间,让他们在生活中锻炼摸索,不断使自己完善。

(4)从小培养孩子分辨是非、善恶的能力

自我保护意识要深深扎入孩子们的心里,不随便跟着陌生人走、不轻信陌生人的话、不要陌生人给的东西等,提高自我保护的警惕性。

(5)培养孩子的自控能力

孩子天性淘气,贪玩,贪吃,自控力差,因此,有时玩起来忘了安全,造成自己受伤或损伤别人,或控制不住自己,吃陌生人的东西而上当受骗。因此,父母平时要锻炼增强孩子的自控力。

当然,我们的父母也不必过分担心,只要在点滴的日常生活中不断提醒孩子增强安全意识、传授安全防范措施等,相信我们每一个孩子都会是幸运的、快乐的。

5.地震发生时躲在哪里更安全

2008年5月12日,在那场举世震惊的大地震中,多少生命长埋地下,让人不忍提起。但是,我们又看到,在那场灾难中,又有多少死里逃生的感人故事在上演。也许我们无法阻止天灾,但是,只要我们多掌握一些安全自救知识,还是能够劫后余生的。

地震和爆炸不同,从地震最初发生到房屋被破坏,其间大约有12秒左右的时间,这段宝贵时间对逃生极其重要。

在地震过程中,一定要保持冷静,千万不要由于惊慌失措而失掉逃生的机会。由于高楼的特殊性,除非你在底层,否则地震时跑出高楼显然是不可能的,而应该抓紧时间躲到最近的安全的地方。

地震发生时怎样才能最大限度保证孩子的安全?哪些自救常识我们有必要教会孩子?

①在操场或室外时,可原地不动蹲下,双手保护头部,注意避开高大建筑物或危险物。不要回到教室去。震后应当有组织地撤离。千万不要跳楼!不要站在窗外!不要到阳台上去!必要时应在室外上课。

②地震预警时间短暂,室内避震更具有现实性,而室内房屋倒塌后形成的三角空间,往往是人们得以幸存的相对安全地点,可称其为避震空间。这主要是指大块倒塌体与支撑物构成的空间。室内易于形成三角空间的地方是:炕沿下、坚固家具附近;内墙墙根、墙角;厨房、厕所、储藏室等开间小的地方。

③在公共场所要听从现场工作人员的指挥,不要慌乱,不要拥向出口,要避免拥挤,要避开人流,避免被挤到墙壁或栅栏处。在影剧院、体育

馆等处:注意避开吊灯、电扇等悬挂物;用书包等保护头部;等地震过去后,听从工作人员指挥,有组织地撤离。在商场、书店、展览、地铁等处:选择结实的柜台、商品(如低矮家具等)或柱子边,以及内墙角等处就地蹲下,用手或其他东西护头;避开玻璃门窗、玻璃橱窗或柜台;避开高大不稳或摆放重物、易碎品的货架;避开广告牌、吊灯等高耸或悬挂物。

地震是一个可怕的词,很多父母避讳和孩子谈论类似的灾难。可是你想过吗?当地震发生时,平日积累的正确的自救知识或许就是让孩子躲过一劫的救命稻草。当然一些流传于生活中的急救知识,也有可能是毫无依据的。所以家长要注意防止进入避震的误区!

(1)楼房向外跑

破坏性地震从人感觉到震动到建筑物被破坏,一般只有几十秒。如果家住平房,周围也没有高大建筑物和高墙,可以迅速跑到屋外空旷地避险。如果家住楼房,在家中找到合适的位置避险,比盲目向外跑,生存几率会更大。切忌不能使用电梯,更不能盲目跳楼。

(2)躲进厨房

很多人都知道,跨度小的房间适合地震避险。因此,有些人会认为小小的厨房是个不错的选择。而且厨房中还很容易找到食物,被压埋后有食物来源能争取更多的等待救援的时间。但是,你忽略了地震避险的另一重要原则,那就是——远火近水。厨房里不但存在煤气灶、天然气灶等火源和有毒气体,而且微波炉、电饭煲、电磁灶等电器也很集中。电路、火源和有毒气体都是威胁生命安全的隐患。因此,卫生间或书房等跨度小的房间,比厨房更适合躲避。

(3)发生地震靠自己

遇到危险找妈妈是孩子的本能反应。可是地震发生只有几十秒的时间,正确的自救显然比找妈妈更有效。平日里,要教会孩子正确的地震自救方法。比如要躲在靠近暖气管、床铺、衣柜、桌子等支撑物的地方,或是内墙根、墙角等易于形成三角空间的地方。要远离外墙、门窗和阳台。用靠垫、枕头等柔软的物体护住头部等。尤其对于大一些的孩子,一定要让他树立"自救"就是"自己救自己"的观点。

(4)被压埋后不停哭闹

地震发生瞬间的自救很重要,而更重要的是在被压埋后,如何积极寻找自救方法,等待救援。告诉孩子,一旦被压埋,不要害怕,也不要丧失信心,更不能惊慌失措,不停哭闹,或盲目地大喊大叫。这样很容易在短时间内消耗掉体力。要沉着冷静地观察周围环境,寻找通道设法爬出去,如果实在无法爬出去。就要注意听地面上的动静,听到有人靠近时,再大声呼救,或是利用口哨等发声工具,甚至用敲击水泥管等方式向外界传递信号。要知道,保存体力是争取救援时间的关键。

(5)找到水源,一次喝个痛快

积极寻找食物和水源是被压埋后最重要的工作。告诉孩子,一旦找到水源或食物,不要一次全吃光。一定要按照10天计划分配。实在没有水源时,要接饮自己的尿水,以维持体力,等待救援。

对于一些较为灾难性的事情,家长对孩子总是遮遮掩掩,希望孩子不要去接触这些不好的事情。可是,如果家长一味的去遮盖灾难的本质,让孩子认为这个世界是由各种各样的美好而构成的,那么一旦地震等灾难发生了,孩子不仅在身体上会受到伤害,心理上也会受到重创。他们会觉得,这个世界怎么会和他们想的不一样呢?身体上的受伤,经过调养会有恢复的可能,可是心灵上的伤害要想得到解决,似乎没有那么容易。所以,家长在灾难这件事情上一定要利用"残忍",让孩子去了解和明白这些事情,这样一旦发生危险了,他们也会知道该怎样去保护自己!

6.学会科学的避雷

初中三年级的某学生在一次放学后,与同学结伴回家。由于当时正值下雨,她与另外两名同学共打一把雨伞。一路上三个人有说有笑,突然她的手机响了起来,于是她本能地按下了接听键。让人做梦也想不到的是,伴随空中一声炸雷,一道闪电不偏不倚地劈在了她的身上,另外两人也被当场"电"倒在地。不幸触电的她当场化作一团火球,等到同伴奋力将大火扑灭之后,她已经全身尤其是上半身严重烧伤。奄奄一息的她随即被送到附近的医院抢救,然而仅仅数分钟之后,她便因伤势太重宣告不治。

最近几年,雷电伤人的现象时有发生。进入雷雨季节,雷电发生频次高,突发性强,危害性大,严重威胁着人们的生命财产安全。所以,家长要教给孩子一些科学的避雷知识和避雷方法。

雷电对人体的伤害,有电流的直接作用和超压或动力作用,以及高温作用。当人遭受雷电击的一瞬间,电流迅速通过人体,重者可导致心跳、呼吸停止,脑组织缺氧而死亡。另外,雷击时产生的是火花,也会造成不同程度的皮肤烧伤。雷电击伤,亦可使人体出现树枝状雷击纹,表皮剥脱,皮内出血,也能造成耳鼓膜或内脏破裂等。

打雷时,应迅速到就近的建筑物内躲避。在野外无处躲避时,要将手表、眼镜等金属物品摘掉,找低洼处伏倒躲避,千万不要躲在大树下。不要站在高墙上、电线杆旁或天线附近。

如何防范和规避雷击悲剧的发生:

①雷雨时最好留在室内,关好门窗,不宜进行户外活动,特别是室外球类运动。

　　②无法躲入有防雷设施的建筑物时,要将手表、眼镜等金属物品摘掉,不宜把锄头、铁锹、羽毛球拍、钓鱼杆、高尔夫球杆等扛在肩上。在空旷场地不宜打伞,穿雨衣比打伞更安全。尽量降低身体高度,双脚尽量靠近以减少跨步电压,不宜快速行走和奔跑。野外最好的防护场所是洞穴、沟渠、峡谷。

　　③千万不要在离电源、大树和电杆较近的地方避雨,不要进入孤立的棚屋、岗亭等低矮的建筑物,不宜停留在铁栅栏、金属晒衣绳、架空金属体以及铁轨附近,切勿站立于山顶、楼顶上或接近导电性高的物体。

　　④尽量减少使用电子、电器设备,特别是手机,因为手机发出的电磁波会增加引雷概率。

　　⑤不宜使用无防雷措施或防雷措施不足的电视、音响等电器。不要靠近打开的门窗、金属管道。拔掉电器用具插头,关上电器和天然气开关。切忌使用电吹风、电动剃须刀等。不宜使用水龙头。

　　⑥切勿游泳或从事其他水上运动或活动,不宜停留在游泳池、湖泊、海滨、水田等地和小船上。因为水的导电率比较高,较地面其他物体更容易吸引雷电。另外,水陆交界处是土壤电阻与水电阻的交汇处,会形成一个电阻率变化较大的界面,闪电先导容易趋向这些地方。

　　⑦不宜骑马、骑自行车、驾驶摩托车和敞篷拖拉机。汽车是极好的避雷设施,因其有屏蔽作用,即使闪电击中汽车也不会伤人。

室内防雷击:
①依然不要接打电话。
②不要使用家用电器,以免造成不必要的损坏。
③不要开门开窗,不要接触金属水管等导电物品。
④不要用太阳能热水器洗澡。

救护知识:

如果被雷击中后衣服着火,应就地打滚或找有水的地方,避免烧伤面部;如果触电者陷入昏迷或停止呼吸,要让他躺平,解开衣扣,立刻进行人工呼吸、胸外心脏按压等复苏抢救;如遭受雷击者被烧伤或严重休克,但仍有心跳和呼吸,则很可能会自行恢复,应该让受雷击者舒适平卧、安静休息后,再送往医院治疗。

心肺复苏步骤/方法:

①判断意识。轻拍伤病员肩膀,高声呼喊:"喂,你怎么了!"

②高声呼救。大喊"快来人啊,有人晕倒了,快拨打急救电话"等。

③将伤员翻成仰卧姿势,放在坚硬的平面上。

④打开气道。成人用仰头举颏法打开气道,使下颌角与耳垂连线垂直于地面90°。

⑤判断呼吸。一看,看胸部有无起伏;二听,听有无呼吸声;三感觉,感觉有无呼出气流拂面。

⑥对口人工呼吸。救护人员将放在伤员前额的手的拇指、食指捏紧伤员的鼻翼,吸一口气,用双唇包紧伤员口唇,缓慢持续地将气体吹入。吹气时间为1秒以上,吹气量为700~1100毫升(吹气时,病人胸部隆起即可,避免过度通气),吹气频率为12次/分钟(每5秒吹一次)。正常成人的呼吸频率为12~16次/分钟。

⑦胸外心脏按压。

按压部位:胸部正中两乳连接水平。

按压方法:

①救护员用一手中指沿伤员一侧肋弓向上滑行至两侧肋弓交界处,食指、中指并拢排列,另一手掌根紧贴食指置于伤员胸部。

②救护员双手掌根同向重叠,十指相扣,掌心翘起,手指离开胸壁,双臂伸直,上半身前倾,以髋关节为支点,垂直向下、用力、有节奏地按压30次。

③按压与放松的时间相等,下压深度4~5厘米,放松时保证胸壁完全

复位,按压频率100次/分钟。正常人脉搏每分钟60~100次。

重要提示:按压与通气之比为30:2,做5个循环后可以观察一下伤员的呼吸和脉搏。

注意事项:

①操作过程中注意保持伤员气道开放。

②判断呼吸及循环时,应"1001、1002……"数数,以保证判断时间足够。

③人工呼吸时,吹气要深且慢,并观察伤员有无胸廓起伏。如胸廓无起伏,可能是气道通畅不够,吹气不足或气道阻塞,应重新开放气道或清除口腔异物。

④吹气不可过猛过大,以免气体吹入胃内引起胃胀气。

⑤判断循环时,触摸颈动脉不能用力过大,或同时触摸两侧颈动脉,并注意不要压迫气管;颈部创伤者可触摸肱动脉或股动脉。

⑥按压部位要准确、力度要均匀,注意肘关节伸直,双肩位于双手的正上方,手指不应压于胸壁上。在按压间隙的放松期,操作者手掌根部不能离开胸壁,以免移位。

7.野外遇火,千万别慌张

孩子到野外去游玩的时候往往由于过度投入,而忘记潜在的危险所在。如果是在干燥的天气中到野外去游玩,那么一定要预防山火的发生。一旦陷入山火之中,就会十分危险。

在森林火灾中对人身造成的伤害主要来自高温、浓烟和一氧化碳,

容易造成热烤中暑、烧伤、窒息或中毒,尤其是一氧化碳具有潜伏性,会降低人的精神敏锐性。中毒后不容易被察觉,因此掌握必要的逃生要领就显得十分重要。在干燥的天气中,茂密的丛林和草原火灾发生的概率较大,火势蔓延速度极快,我们绝不可轻视山火的威力。由于山火在白天比较难看见,应随时留意空气中的飞灰和火烟味。如发现山火,尽速远离火场,如果实在无法脱险,应当尽力保持镇静,就地取材,尽快做好自我防护,将山火浓烟的危害降到最低。

又是一个星期天,一年级的思凯和其他几个男同学一起去爬山,春天的山可真美!小草从沉睡一冬的大地里探出小脑袋,小树枝也发出了嫩芽,在嫩芽中间还夹杂着含苞欲放的花蕾,小鸟在树枝上蹦蹦跳跳地唱着欢乐的歌。远处的云朵不时隐藏在山后面,好像是在和小朋友们玩着捉迷藏的游戏。

同学们正沐浴在这美好的春光中,突然,思凯看见对面的山头上冒出一股股浓黑的烟。渐渐地被风拂过,飘散开去。他马上意识到发生了山火,他对大家说:"你们看,对面山头的烟越来越多,我感觉是山火发生了,在这里是非常危险的,我们回去告诉大人去救火吧。"于是,在思凯的带领下,大伙开始焦急地往回走。

不一会儿,浓烟随着风力的加大迅速增大。小朋友们也加快了奔跑的脚步,最后终于安全地回到了家中。这时消防队已经在赶往火场的路上了,站在村外远望,烟已经变少了,却能够看见火光了。又过了一段时间,山上火光冲天,将半边天染得通红,此时的风也更大了,火势也更加猛烈,不一会儿,就看见大片的火焰窜上山顶。最后消防队员经过10多个小时的努力,才把山火扑灭。

在干燥的天气,山火于较斜的草坡上顺风向上蔓延速度极快,远足者绝不可轻视山火的威力。不管是为己为人还是保护大自然的生物及美

景,任何时间都应小心火种。切勿在非指定的烧烤地点或露营地点生营火煮食;吸烟人士应避免吸烟;烟蒂和火柴必须完全弄熄才可抛弃于垃圾箱内或带走。

切记山火蔓延速度极难估计,如发现前路山下远处有山火,也不应冒险尝试继续行程,以免为山火所困。遇到山火时应保持镇静,切勿惊慌。切勿随便试图扑灭山火,除非山火的范围很小;你确实处于安全的地方;你有可逃生的路径。不过最为重要的还是让家长培养孩子主动预防火灾的意识:

①到野外游玩时要随时留意空气中的飞灰和火烟味。要小心火种,避免人为引起的火灾。

②在没有成人带领的情况下,孩子尽量不要在野外生火,如野炊煮食或燃篝火。如果在特殊情况下需要这样做,那一定要选择在适合的或指定的地点。做好防火措施,如用石块垒砌防火墙或建防火带。

③因为大多数户外用品和露营装备都是易燃织物,所以不要在帐篷内放置火源及危险物品。

④如果夜间露营生了营火,在要休息时,要把营火灭掉。可以用土掩埋或用水浇灭,火灭后不要马上离开,要仔细检查一下,确定火源真正熄灭后再离开——在离开野炊地点或露营地点时也要用同样的办法把火熄灭。

如果一旦遇到火灾。家长可告诉孩子按照以下步骤进行:

①发现前路出现火情,要引起自己的重视,千万不要冒险继续前进,更不要试图扑灭山火。应改变路线远离火灾。

②如遇到山火一定要保持镇静,切勿惊慌失措,要正确判断火患情况,判断哪条路线能够尽快逃离火场。

③冷静观察野火的蔓延方向、火势大小、着火时的风向等,逃离方向切不可跟火蔓延的方向一致,即不要顺风跑。要选择已烧过火或者草长得比较稀疏、坡度比较小的地段,用衣服蒙住头,很快地逆风冲出去,进

入已燃烧过的地方。

④观察周围的环境,选择自己熟悉且障碍物较少、斜度小、易逃走的道路逃生。

⑤选择植物较少的方向,切勿走进矮小密林及草丛中,山火在这些地方可能会蔓延得很快而且热力也较高。一般来说,山火都是顺坡从下向上蔓延,所以在逃生时,切勿往山上走。通常火势向上蔓延的速度要比人奔跑快得多。如果被大火包围在半山腰,要争取快速向山下跑。

⑥当烟尘袭来时,用湿毛巾或衣服捂住口鼻迅速躲避。躲避不及时,应选附近没有可燃物的平地卧倒避烟。不可选择低洼地或坑、洞地带,因为低洼地和坑、洞地带容易沉积烟尘。如果烟雾很大的话,就在地上扒个土坑,紧紧地贴住湿土呼吸,这样可以避免烟雾的伤害。

⑦要用水淋湿手绢或棉布织物,捂在口鼻上阻挡吸入有害的气体,避免由于呼吸引起的窒息发生。如烟不太浓,可俯下身子行走;如为浓烟,就要匍匐前进。在贴近地面30厘米的空气层中,烟雾较为稀薄。因为烟火上行,所以人要下行。

⑧如果已被火围困,应利用一切可利用的水资源淋湿衣物包裹住裸露的肌肤,逃进已焚烧过的地带,可减少身体受伤的概率。

⑨如果衣物已经被点燃,应该迅速脱掉丢弃,避免烧伤皮肤和引燃头发。如果自己穿的是化纤衣物要提前脱掉。

⑩顺利逃离火灾现场后,还要注意在灾害现场附近休息的时候,防止蚊虫或者蛇、野兽、毒蜂的侵袭。

都说大火无情,很多意外事件的发生都是我们难以预料到的。为了孩子的健康成长,家长一定要防患于未然,要告诉孩子一些逃生的本领。这样即便家长不在孩子身边,孩子也不至于手忙脚乱、不知所措。再说了,孩子多懂得一些安全常识,也不是什么坏事!如果能用这些安全知识,将危险拒之门外,那是不是很划算呢?

8.告诉孩子：建筑工地不是"新奇"的游乐场

建筑工地对于天真活泼、好奇心强的孩子来说，存在着极大的危险。有些父母会蜻蜓点水式地对孩子说："宝贝，不要到建筑工地上玩。"而有些父母，干脆什么也不说。可一旦发生事故，家长便开始后悔没有提前给孩子打好"预防针"。

星期天，6岁的男孩明明趁父母午睡时，跑出去到小区附近的建筑工地上玩。工人中午不休息，正在热火朝天地干活。明明被工地上的铲车吸引住了。正在明明抬头看铲车的时候，铲车上有一块小石头从高处抛过来，正砸到明明的头上。石头虽小，但从高处落下，冲击力强，明明的头上鲜血直流。幸好，工人听到哭声跑过来，抱起明明直奔附近的医院。当父母赶到时，明明头上的伤口已经包扎好了，缝了四针。

明明受伤，幸亏有人及时送他去医院。铲车上掉下的是块小石头，如果掉下块大石头，明明就没命了。明明才6岁，还是个小孩子，他出了事不是因为他不听话，而是父母没有对孩子进行过这方面的安全教育。

正在施工的工地，机器隆隆作响，车辆驶进驶出，这对孩子来说是一个不小的诱惑。可是，孩子们却不知道建筑工地存在着诸多安全隐患。拆迁工地的断墙、残壁摇摇欲坠，钢筋、碎砖头遍地都是，很危险；建设工地机械设备多，掘土机、打桩机、搅拌机、起重机，孩子走过很可能会被撞伤；建筑工地电线遍布，常常是漏电或者火灾的多发地。这些，都是父母应该教给孩子知道的。

那么我们该如何做呢？

(1) 告诉孩子，玩耍打闹时，要远离建筑工地

8岁的志辉觉得工地上工人焊铁窗很有意思，便跑过去看。半个多小时以后，志辉觉得眼睛疼痛难忍，便哭着回家找妈妈。妈妈发现儿子的眼睛又红又肿，还不停地流泪，便马上带着孩子去看眼科医生。医生告诉妈妈，孩子因长时间盯着电焊火花发出的刺目的光，而使眼睛轻度受伤。

建筑工地危险重重，玩耍时注意力不集中，很可能会被绊倒、擦伤、撞伤、砸伤、扎伤，甚至会因为一时不小心，付出生命的代价。这样的事故在各种媒体上不断出现。要叮嘱孩子绕道而行，远远经过建筑工地，眼睛不要盯着工地上闪烁的电焊火花，不要以为距离远就不会受到伤害，它的火花含有高强度紫外线，也会灼伤你的眼睛的。

(2) 带孩子到建筑工地看看

做父母的都知道，孩子的好奇心十分强烈。如果只是单纯地教育他"要远离建筑工地"，不一定起到什么作用。父母可以带孩子到建筑工地实地参观，最好选择停工的时间。进入工地前，要戴好安全帽，穿宽松的衣服、轻便结实的鞋子，给孩子讲解工地上的安全知识。这样，既满足了孩子的好奇心，也让孩子了解了建筑工地的"秘密"。这样，再经过建筑工地时，孩子就不会再想进来"探险"了。

建筑工地有多种危险源，即使是成人，也要注意安全，更不用说年幼的孩子了。家长是孩子的第一任老师，有责任告诉孩子建筑工地危险，一定要远离。年龄很小的孩子，即使有大人陪同，去工地上参观也不安全。父母可以买一些楼房、机械设备的玩具和模型，找一些碎石散沙，模拟建筑工地对孩子进行教育，也能起到很好的作用。

9.让孩子掌握游泳安全常识

十一长假的时候,悦悦一家人去郊外玩。郊外空气清新,一家人其乐融融。吃完农家饭后,全家人去小湖里划竹排。由于悦悦从小生长在北方,很少有机会在水上尽情玩耍,所以,她一登上竹排就十分兴奋,后来竟在竹排上欢蹦了起来。她这一蹦不要紧,竹排一下子晃悠了起来,本来就不会划竹排的爸爸顿时也慌了手脚,结果几个人都掉进了水中。几个人都不会游泳,幸好身上穿了救生衣,水也不算太深,最后有惊无险地回到了岸上。

现在有许多学游泳的地方,家长不妨利用节假日带孩子去学学游泳,一方面锻炼身体,同时也能学习一些游泳安全常识。

以下一些安全游泳常识是家长必须要教给孩子的:

(1)不让孩子去不安全的地方游泳

尽量不让孩子到江、河、湖、海及水库里游泳,这些地方的水看似平静,可是由于水下暗藏旋涡,一入水中便有可能被旋涡卷走。如果要去这些地方,也务必要有家长相伴,并带上浮漂等安全装备。在地理环境不清楚的地方游泳更要小心,如果水下有障碍物的话,撞上硬的东西或被水下之物缠住就会出现危险。

(2)让孩子在家长的视线内游泳

孩子年龄还小,对安全缺乏必要的概念。所以孩子游泳时,家长必须随时留意,以确保孩子的安全。即使孩子学会了游泳,或者所在的区域看起来比较安全,家长还是最好时时将视线放在孩子身上,这样,才能在察觉到情况不妙时立即采取行动。

(3) 要预防孩子腿抽筋

孩子初学游泳,心存恐慌,加上水凉,泡在水里时间一长,就有可能腿抽筋。这个时候家长与孩子都不要太过紧张,要立即让孩子停止游泳,仰面浮在水面上。有效的防止抽筋的方法之一是在游泳前做好准备工作,头、颈、双肩、双臂、腰腿、手、脚的关节都要活动开。有时家长还可以先往孩子的四肢泼点水,让孩子逐渐适应水温,然后再下水游泳。还可以让孩子预先喝点淡盐水。

(4) 防孩子恶心呕吐

孩子游泳时由于鼻子呛水、喝进水、疲乏劳累、情绪紧张,有的会造成一时性的反胃,应及时上岸,用手指压中脘、内关穴或服几粒人丹。

(5) 防孩子耳痛耳鸣

孩子游泳时如果耳朵灌进水去,则应该让孩子将头歪向进水的耳朵一侧,用力拉住耳垂,用同侧腿单脚跳让水流出;也可以用手心对准耳道,用手把耳朵堵严压紧,然后迅速将手挪开,水就会被吸出来。接下来,用消毒棉签送入耳道内将水吸出即可。

(6) 不让孩子在不适宜的情况下游泳

不适宜的情况包括有开放性伤口、皮肤病、眼疾不宜游泳,感冒、生病、身体不适或虚弱等,有这些情况的孩子都不应该去游泳。此外,饭后一小时才能下水,太饿时不宜游泳。

10.被烫伤怎么办

放暑假了,为了让孩子能够有一个快乐的假期。爸爸妈妈决定带着4岁的萧萧一块出去旅游。萧萧听到这个消息后,心里别提有多高兴了,兴奋地围着屋子蹦蹦跳跳地绕了一圈又一圈,突然,一不小心碰倒了放在桌子上的暖水瓶,开水顿时洒到了她的小腿上。萧萧疼得立即大哭起来,爸爸迅速抱起萧萧,把烫伤的部位在水龙头下冲了10分钟左右,然后将她的长裤袜脱下来,立即送萧萧去医院治疗。

医生为萧萧敷了点药后,称赞萧萧的爸爸对烫伤的急救处理及时有效,大大减轻了孩子烫伤的程度,她的腿伤恢复后也不会留下明显的疤痕。

大多数孩子都爱动,而且由于年龄尚小动作协调性较差,如果家长在照看孩子时粗心大意,那孩子在家里很容易发生烫伤、烧伤等一些意外事故。特别是在夏天,孩子穿的衣服减少,不仅烫伤的事故逐渐增加,而且受伤程度也会严重很多。当然了,之所以会出现这些状况,除了父母对孩子照看不周之外,也与孩子缺乏一定的自我保护意识有关。烧伤、烫伤的意外事故是非常危险的,轻则会带给孩子难忍的疼痛,重则会留下终身的疤痕或者残疾甚至危及到生命。不过,如果平常注意预防,掌握一些烫伤的急救常识,就可以避免烫伤,或者是减轻烫伤的程度。

调查表明,在幼儿意外事故中,烫伤占很大比例,而这又往往与家庭护理的失误有关。所以,如果家长在日常生活中能处处留心,孩子的许多烫伤事故是完全可以避免的。

据调查,0~6岁发生烧烫伤的比率为烧伤患者中的23%,其中以1岁(34.3%)为最多,2岁(29.5%)居次,3岁(13.7%)为第三位。受伤原因以热液烫伤46%最多,其中被热开水、热汤、热饮料泼洒所造成的烫伤有显著增加趋势,因洗澡水过热造成的则明显下降。发生地点则以厨房最多,其次是客厅。

你的家中是否有一个安全的环境呢?如果等到烧烫伤发生后,再来慌张已嫌太迟,所以爸爸妈妈倒不如从婴儿时期就为宝宝准备一个不会发生烧烫伤意外的环境。特别要警惕孩子掉落热水浴缸中,因此而导致全身烫伤的意外最多。其实,只要花点心思,在浴室门口加个简单的钩环

以避免宝宝闯入,这些不幸的意外都是可以避免的

烫伤原来是这么的可怕!其实与被火烧伤比起来,烫伤的危险系数并没有低多少。所以,在日常生活中,作为家长不仅仅要防火,更要知道被火烧伤后怎么治疗,同时也要小心保护自己以及孩子不要被开水、热锅等烫伤。

为了避免类似的意外事故发生,家长应该注意以下几点:

①家长在给孩子洗澡时一定要多加留意,应该先放冷水再加热水。如果先放热水后加冷水,在倒入热水后,家长又去提冷水,如果这时站在一旁的孩子迫不及待地把手伸进去或将双脚踏入盆里,就会由此引起烫伤。家长洗衣服时,也不应该先倒开水,孩子跑来跑去,不慎跌入盆里容易被烫伤。同时家长也要教育孩子,看见滚烫的冒热气的水盆不要去碰,不要在开水盆附近玩耍,以免发生事故。

②孩子的好奇心强,又好动,总爱攀高爬低,特别爱到桌面上去抓弄东西,有时稍不留神,刚刚端上来的热菜、热茶、粥汤之类的就会被弄翻,这样也可能引发烫伤。因此,家长要嘱咐孩子:对于刚盛出来的热饭、热汤等,不要擅自翻弄、触碰。如果想食用就告诉爸爸妈妈,让他们盛到小碗里,等凉一会儿再吃。另外,不要让孩子触碰暖水瓶,以防止碰倒水瓶溅出开水洒到身上。

③有些妈妈因地方窄小,常把取暖炉放在门口或楼梯附近。孩子调皮,常在门口或楼梯口跑来跑去,不小心在炉边摔倒,就有可能被炉子或炉子上的水壶烫伤。对于这些情况,家长要常教导孩子,经过火炉时要小心。

④不要让孩子玩弄家中的燃气开关,以防止燃气泄漏引起烧伤。父母要告诉孩子万一自己真的被烧伤、烫伤了,也不必紧张,以免手忙脚乱。首先要脱离热源,千万不要去揭受伤部位的衣物、袜子等,应该先用冷水冲10~30分钟,这样可以减轻疼痛,降低受伤程度;然后再脱去衣物,或用剪刀小心剪开。如果皮肤仅仅有点红肿,而范围比较小,没有起水疱,用烫伤

膏涂抹即可，也可暂时涂抹牙膏以缓解疼痛。如果烫伤部位出现水疱，不要挑破，用干净纱布覆盖，再用绷带包扎好。对于面积较大的烫伤，则应用干净的棉质毛巾或纱布包住受伤部位，及时到医院用药治疗。

即便是爸爸妈妈再小心不过，但是孩子还是会趁着爸爸妈妈疏忽的时候发生点意外。所以一旦孩子真的出现烧伤、烫伤的情况，爸爸妈妈或家人都应先冷静下来，作各种正确的紧急处理，才能尽可能地降低烧烫伤对皮肤所造成的伤害。伤口范围占整体面积的10～20%左右的深度伤口时，都有入院治疗的必要。烧烫伤的安全检查大多无法立刻判断，万一受到感染还会使得深度的组织发生障碍，所以千万要避免不干净的处理手法。

烧烫伤紧急处置的第一步，是降温。穿着裤子和袜子被热水泼洒到时，若无法马上脱下，可泡到浴缸里再脱掉，接着再用洗脸盆、舀水盆或浴缸中的水浸泡烧伤的部位，用自来水大量冲洗，替伤口降温。30分钟到1个小时左右的降温时间即可。

伤口面积过大时，孩子身体容易受到风寒，最好能中间稍事休息后再继续降温的工作。冷水降温不只可以延缓烧烫伤所引发的组织障碍的速度，还具有镇痛的效果，但最好不要涂抹油膏。降温后直接盖上消毒药布、干净的手帕或纱布送往医院治疗。

在我们居家生活中，烫伤有时候是不可避免的，所以家长一定要记住上边所说的处理方法，如果被烫伤了就赶紧照着上面说的做，懂得保护自己、保护孩子！柔弱的孩子需要爸爸妈妈小心看护才能健康快乐地长大，家长在提供孩子更好的物质条件之余，应该尽可能地为孩子营造一个安全舒适的环境，并且防患于未然。